思想觀念的帶動者

文化現象的觀察者

本土經驗的整理者

生命故事的關懷者

心靈工坊 PsyGarden

Master

對於人類心理現象的描述與詮釋
有著源遠流長的古典主張，有著速簡華麗的現代議題
構築一座探究心靈活動的殿堂
我們在文字與閱讀中，尋找那奠基的源頭

宗教療癒與生命超越經驗

Religious Healing: Virtual Realization of Life

作者——余德慧（Yee Der-Heuy）

成書說明

整體說明

療癒發生在有別於現實的「他界」，一直是余德慧老師的主張，而他的整個療癒思考，也是從「how」的角度不斷去探問進抵他界的各種徑路之機巧，並對不同修行的「境界」進行現象學描述。本書的輯一與輯二，是余德慧老師不同時期（二〇〇七和二〇一二年）對同一問題意識下的不同思索，分述如下：

關於「輯一、現實之非」

輯一中四個講次，是四次余德慧教授公開演講的謄稿。時間是二〇〇七年九月二十九日至十二月二十二日，每月一次的週六下午二：三〇—四：三〇，一共四週，余教授在台北心靈工坊文化公司進行四次私塾講座，主題為《從後現代觀點看心靈療癒》。對於諸如夢幻空間、無為之道、生命美學、柔適照顧等統攝在「現實之非」（otherwise than the actual）這個概念下的療癒思想，進行講述和發揮。

關於「輯二、幻化生成」

余德慧教授在二〇一二年於慈濟大學宗教與人文研究所上完整學期的「宗教療癒」課後，曾口頭請託一位研究生協助其對上課的錄音檔案進行謄稿，希望未來可以出書，並表示「近年來的研究成果，差不多都在裡面了。」

這是一個重要的訊息，余老師雖然辭世，但他留給世人的禮物可能有待開採。於是，我們開始了相關資料的蒐集，為他的講課內容做出書的準備。尷尬的是，余老師唯一交代要出書的課——「一〇〇學年度宗教療癒」，找得到的錄音資料卻只有最後的七個講次，闕漏將近十講，且錄音亦有闕漏不全之處，成書實有困難。另一方面，九八學年度（二〇一〇年）的課堂錄音相當完整，謄稿的價值很高。於是我們有了一個構想：以九八學年度的課程為主體，並將一〇〇學年度資料中堪稱完整的部分依主題之分各別置入九八年度的不同講次中，如此或能既保有整學期課程安排的完整性，又能呈現余老師離世前最新的思考成果。

然而，計劃趕不上變化，在文字謄稿出來後，我們發現九八學年度和一〇〇學年度的稿子難以透過「主題相同」的中介來彼此接枝，主要原因是：余老師的每一個「時期」（粗糙地說，余老師經歷過「海德格時期」、「列維納斯時期」、「德勒茲時期」，不同時期皆揉合出屬於當下獨特的語言和思想風格）甚至每一次講課都「自成一格」（如同一顆其內部光芒無限地進行自我輝映的水晶），這使得不同年度的某次「宗教療癒」課堂即便處理的是相同的主題，也無法用「以九八學年度為基礎↓以一〇〇學年度為延伸／補充」的概念來進行接合，否則將會讓每份接枝而成的文稿都顯得斷裂而怪異。

於是，我們試圖切分開這兩個學年度，也幸運地找到了不同年度各自的核心課題：九八學年度（十三個講次）的是「身體的人文空間」概念（集結為《宗教療癒與身體人文空間》），一〇〇年度的（七個講次）則主要是法國哲學家德勒茲（G. Deleuze）「純粹內在性」思想洗禮後的療癒論述，這份文稿也構成本書輯二〈幻化生成〉的主體。

編輯上，我們未依時間順序安排這七個講次，原因在於：這個順序無法帶來理解的循序漸進。經過一番考慮，決定以作為本書理解之關鍵與門檻的德勒茲理論概念作為主要考量，編排出比較適合讀者循序理解的講次順序。然而，由於這些講次是被「擷取」和「搶救」出來的（與九八學年度的錄音保存完整的情況迥異），它們雖然還稱不上是「碎片」，但彼此間的邏輯關聯性不高，嚴格說來仍各自「自成一格」，儘管存在著彼此間的互文性和呼應性。其中，各講與德勒茲概念的對應性如下。

第一講	內在空間	「內在性」理論模型的三個層次
第二講	無人稱主體的兩種樣態	兩種內在性、時間理論、晶體—影像

這七個講次中，與其說余老師「講解」德勒茲，不如說：余老師在其「療癒」（healing）的搜索目光中直接「攫取」了德勒茲的重要概念，對它們簡要講解後，隨即試圖將這些具有一定抽象高度的概念具現（embody）在療癒的經驗現象（特別是終極性的）場域中。總的說來，都是在其療癒思想的「光照」下進行的解讀、延伸與運用。對於課堂來說，這是一個飛越性的冒險與賭注，至少對學生來說是的，儘管對余老師來說可能是其一貫的操作手法——余老師總認為，讀「大部頭」的書是每個人自己的事情，而他上課就只講「他的」xxx（xxx=海德格、梅洛龐蒂、德希達、德勒茲……），其他的，修行在個人。儘管近年來他似乎改變了這個態度，而改變以「帶著學生讀書」的循循善誘的身影，然而，某種「飛越性」和「加速度」質性從未在余老師的講課和思維中消失過。

關於書序、導讀與文章

未上過余德慧老師課堂的讀者，對本書的思維和理解可能會有些艱辛（特別是輯二）。於是，我們希望透過書本的編輯稍稍化解此困難：首先，我們邀請了熟悉余老師的學者寫序及導讀，李維倫老師從余老師療癒思想的轉折與延伸，為讀者做一引導；林耀盛老師從德勒茲的脈絡，補充理論上的說明；其次，補上了余德慧老師此系列講課的文字結晶：〈轉向臨終者主體樣態—臨終啟悟的可能〉。

期盼：序言及導讀能讓余老師這份文件定錨於（be anchored in）合適的「學術脈絡」和「個人思想歷程」的說明上，提升其可理解性以及和相關論述的關聯性。其次，余老師的文章則在同樣論題上（內在性理論／超越經驗論 vs. 療癒）給出了「口語表達」和「文字書寫」彼此呼應、對質、激盪與辨明的詮釋空間。

推薦序

在存在的根本處奮鬥

李維倫

一、

二〇〇六年六月二十四日在東華大學的退休講座，余德慧教授準備了一百六十套自己的作品並親筆簽名送給參加講座的朋友，但仍然不足於現場的人數。余教授在會上說：「我把大家的名字寫一遍，覺得自己做為大家的mediator的任務就告一段落了。」

余德慧教授說的mediator到底是什麼意思？

余教授過世後，我再一次閱讀他的《台灣巫宗教的心靈療遇》[1]一書時，我突然明白了。當時我寫下：

> 余老師描述了經驗，他是現象學家，他抵達了經驗的核心；也就如此，他說出了我們自己，那個我們尚未認識的自己。
>
> He is the mediator who mediates us to the life every one of us belongs to.

想來余德慧教授對於學問探索，是他自己的興趣，也是追問著人類存在的經驗核心，並且中介（mediate）著師友學生回到人所屬的生命經驗根本處。

上面的這段話其實也可以用來說明余德慧教授的作品跟讀者之間的一種特別關係：人們多半感到余教授的文字朦朧而難以捉摸，但在品嚐過生命浮沉滋味後，卻經常在他的字裡行間獲得被瞭解的安慰。余德慧教授所目擊而寫下的，是人的存在（existence）經驗，是每一個人活著的核心可能性，但卻也是每一個人眼光穿視而過，視而不見的存在核心。

心靈工坊的編輯來信邀我為這本集結余德慧教授生前最後幾年授課講座內容的《宗教療癒與生命超越經驗》一書寫序時，特別希望我為讀者引導理解余德慧教授的思想內容，我想是因為余教授思想「朦朧難以捉摸」。然而如我前面所述：「他說出了我們自己，那個我們尚未認識的自己」，那麼讀者要理解的，並非余德慧教授，而是自己屬於人的存在根本經驗。

二、

在這本書中，余德慧教授要帶我們去看到的，是什麼樣的存在經驗地帶呢？那樣的地帶，在本書中余德慧教授將之命名為「非現實」。「非現實」不是虛空，而是「現實」之非，就是「現實」的盡頭之後，或說「現實」破裂之後。可是有人會問：「現實」怎麼有盡頭？怎麼會破裂？

我們眼前所見的「現實」，我們賴以生活的「現實」不就是最根本、最穩固的嗎？

答案或許令人遺憾，余德慧教授要我們面對的就是，我們投注予那麼多信任的「現實」，其實不但不是永恆，大多時是來自於遮蔽，甚至是自我欺騙。不過，只要我們知道如何限縮「現實」加諸於我們認識世界與經驗的框架，我們就會開始「看見」、「進入」原本被「現實」所排斥、貶抑的現象地帶。那是不同於「現實秩序」的生命流轉地帶，是比「現實」更加原初根本的地帶。

「這樣說來，『非現實』比『現實』更好、更正確、更值得追求囉！」如果讀者這樣想，那就仍受限於「現實」思考的框架，難以抵達「非現實」的風景。「現實」並非來自事實性（facticity）而是語言的建構。舉例來說，「癌症是生命的敵人」這句話幾乎是絕大部分罹患癌症者的「現實」，在此之上有了各式各樣的藥品、儀器、與醫療作為。然而在「非現實」地帶，「生命」與「癌細胞」卻有完全不同的顯現，兩者不見得互斥。因此，熟練於「非現實」存有經驗的人也就會有不一樣的相應作為。

我們的日常生活中充滿著如此這般的「語言現實」。「學生中輟現象是要被消滅的」、「進入明星學校標示著成功與優越」，以及「免費的或物超所值的東西是一定要去拿的」等，乃至一般社會道德倫理，都是語意邏輯架構所生產出來的「現實」。除此之外，這樣的「現實」依循著，也主張著，線性時間性（linear temporality），指的是對「過去—現在—未來」依序排列永不改變的信念。在「現實」中的行動如果無法以線性時間來說明前因後果，其可信度與合法性就是可疑的。

相對於「現實」的語言性與線性時間性，「非現實」是影像的與體感的，其中的時間經驗是折疊複合的。「非現實」的性質與進入方式正是余德慧教授研究的重點以及本書的主要內容，就請讀者仔細琢磨，我不在此贅述。要提醒讀者的是，在閱讀這些內容時要盡量限縮「現實」的思考模式，像是「語言是沒有價值的，感受是有價值的」的斷言式理解，恰好背離了「非現實」的存在現象地帶。

那為什麼要拆除「現實」，讓「非現實」透光呢？其實並非有什麼高超的目的，而是人生的不得不然。「非現實」的生命流轉是人生的本，早已瀰漫在我們週遭，只是我們視而不見，或將其誤認為不值一顧之事。然而「現實」最多只能困住我們一時，即使人人認可「死亡是不幸」的「現實」，也無法阻擋我們抵達「死亡」。從「現實」看來，這真是一齣悲劇，終究沒有任何一種治療可以就此封閉死亡的大門。然而，余德慧教授說：「療癒不是一種治療，而是一種看見。」那是一種能夠進入「非現實」的看見，是「死亡」瀕臨所賜予的啟悟通道。本書《宗教療癒與生命超越經驗》描述的就是超越「現實」之療癒的「開」與「覺」。

三、

余德慧教授對於「非現實」存在經驗的追索，正是「死亡」的贈予。余教授一九九五年移居花蓮不久後即進入花蓮慈濟醫院緩醫療病房開始臨終照顧的研究，發現臨終過程中病人從相繼相續的心理狀態中斷，進入另一不同心理性質的現象，他將這個發現稱之為「臨終兩斷階論」[2]。這可說是余德慧教授開始對「非現實」經驗地帶有系統探究的開始。後來他理解到在病房中遇見的「現實」斷裂經驗地帶並非只出現在臨終過程，而是人們生活底層的原初狀態，從而主張了「存在的兩層次論」。做為一位臨床心理學家，余教授隨之發展出契合於「非現實」存在地帶的心靈撫慰技術，稱之為「柔適照顧」[3]。也就是說，余德慧教授對於「非現實」的探究與人們受苦療癒出路的追尋是源自於「面臨死亡」的經驗而非發展於「朝向健康」的目標。讀者若能將自己置入這樣的倒轉，就比較能夠透過余德慧教授的中介，進入自己存在的核心經驗。

「非現實」對一般人來說雖然幽邈，但當代許多同樣在探索人類存在經驗的學者，如胡塞爾（Edmund Husserl）、海德格（Martin Heidegger）、梅洛龐蒂（Maurice Merleau-Ponty）、巴塔耶（Georges Bataille）、柏格森（Henri Bergson）、德勒茲（Gilles Deleuze）、巴舍拉（Gaston Bachelard）、畢來德（Jean François Billeter）、與許密茲（Hermann Schmitz）等，都早有所識。對余德慧教授而言，這些學者是他的同路人，同樣在認識人類自身存在經驗的道路上奮鬥，因此也是他對話討論的伙伴。不過，曾有部分學者對於余教授「自由地」引用論述這些思想家的概念感到不安，認為他不尊重他們作品的思想背景與學術脈絡，因此常會錯誤詮釋。但我知道余教授對這樣的批評毫不在意，因為對他來說，把哲學家分門別類是「現實」的操作；而他深入「非現實」地帶，在意的是如何將這些學者的論述還原為人類存在經驗的目擊見證，而不是將他們的話語當成目標來考究。因此，讀者面對余德慧教授作品中論及其他思想家的部分，我會建議還是先以自身的經驗來做為理解的引渡。若有興趣找來出處原著，可以像余教授一般，將哲學論述還原到活著的經驗。有人或許與余教授有不同的領悟，若是如此，就要恭喜這位讀者，已然踏上人類存在經驗的追問之途，跟余德慧教授成為同伴。

人活著，但通常對活著這件事毫無瞭解。余德慧教授採取面對死亡的路徑，在人類存在經驗的根本處奮鬥，為我們捎來生活經驗的核心訊息，說出了我們自己。本書即是余教授這番事業的一個記錄。透過余德慧教授的引渡，台灣的心理治療思考、宗教療癒思考、乃至個人生命的深刻經驗，得以向「非現實」開一扇窗，讓我們有機會悠遊於存有的廣闊之中，獲得我們自己。

本文作者為國立東華大學諮商與臨床心理學系教授

註釋

1 余德慧等（2006），《台灣巫宗教的心靈療遇》，台北：心靈工坊。

2 余德慧、石世明、夏淑怡、王英偉（2006），〈病床陪伴的心理機制：一個二元複合模式的提出〉，《應用心理研究》二十九期，p.71-100。

3 余德慧、李維倫、林蒔慧、夏淑怡（2008），〈心靈療遇之非技術探討：貼近病人的柔適照顧配置研究〉，《生死學研究》八期，p.1-39。

目錄

輯一

現實之非

第一講・視野的移轉：從心理治療到心靈療癒

非現實的合法性要被承認，非現實包括你的夢想、夢、遐想、幻想，很多在現實中不存在的東西。它可能是你靈魂的懷抱，有靈魂的重量。如果你在現在的社會中，被蒙蔽到去相信只有眼睛看得到的東西才存在，那你就被制約在這裡，你的苦難就在這裡循環。

自從我搬到花蓮，我的研究便從心理治療轉到療癒。但是什麼叫療癒？一直沒有很多人說它。在座的各位也許一直想知道，療癒與心理治療有什麼不同。這是一個簡單的問題，但要回答卻很複雜。但再怎麼複雜，都有幾個關鍵之處需要處理，我今天就是要講這個關鍵的點。

從「治療」到「療癒」

在講關鍵之前，我先講一下背景。兩三週之前，凱博文1，這位任職哈佛大學精神醫學部門的教授來台灣，他過去曾在台灣研究乩童，他認為乩童是healing，這個字我們現在都翻成療癒。他一九六九年接受美國海軍研究所委託來台灣做研究，跟人類學家李亦園教授一起工作。那時他剛從史丹佛拿到醫學博士，因為他是專攻精神科，所以他主要研究台灣的精神醫療，跟台灣的乩童治療。為了區分這兩者，他把治療跟療癒區分出來。他早在七〇年代就一直要回答一個問題：台灣人或閩南人，到底是什麼樣的文化，會創造這樣一個 healing 的系統。他說這個系統裡面沒有專業、沒有研究、沒有scientific、沒有science，那它裡頭到底有什麼？

這是一個很重要的問題。他注意到中國人在談心裡的東西時，往往講不太出來。這不是因為中國人笨，而是會顧到別人的面子，有些事情礙於面子不好講。例如你傷了我的心，傷到五分，我可能只會講三分，不要講到滿，講到滿了對中國人來說就叫殘忍。美國式的殘忍，是我做早餐給你，你不要，我就微笑著整個往水槽倒下去。這是個很殘暴的動作，中國人是不做這種事的。

這種事對我們來說是不仁。他認為中國人習慣「減少社會殘酷性」。

這個社會有時候會很殘酷，例如最近電視台在播「臥薪嘗膽」，我覺得那很可怕，畫面是陰森的，裡面的人都是爾虞我詐，講的和做的都不一樣。從壞處來看，可以說這個社會怎麼會發展出這麼多面孔、多聲道的東西，從西方人來看是不夠真誠，但從東方人的角度看，中國人何其厲害，有多聲道，多元複式運作，講難聽點就是政治手腕。就是舞台上、舞台下，正面、背面，前方、後方，八面埋伏，空間無限大。在這情形下，很奇怪的，個人的 suffer（受苦）就不容易被說出來。他有沒有表達？有。用什麼表達？用身體表達。用偏頭痛等等身體症狀來表達。例如我不想吃東西，就說我肚子痛，在表達系統中，使用身體語言變成一個和緩的管道。好處是，人與人之間語言的寬容度會比較好，不那麼尖銳。但缺點是會令外國人有錯誤的理解，以為中國人能力不夠，心理語言太差，只好使用身體語言，身體語言在他們來說是層次比較差的，是勞工階級、窮人、教育程度低的人使用的。

他來的時候，我問他這個問題，他說我錯了。這不是中國人特有的情形，其實是全世界皆然。只要有同樣的處境，自然會有類似的情形。我講這個故事是要說，healing 這個字在我們中文是半隱埋的，一定有很多人沒聽過這個字，直到最近十年美國人大量使用以後，台灣人才慢慢熟悉。

但重點是，很多人以為，「療癒」不就是心理治療嗎？我想先引用一位台灣的心理醫師李清發的觀念。他是一位怪才，不會寫文章，不是「不要寫」，是「不會寫」，書寫不能症。但他的思想非常敏捷。我們常聚會討論學術上的東西，我請他到花蓮來演講兩次，他就強調一個很根本的區別：我們這些談心理的人，所談的都是「身體的心理」，也就是「肉體的心理」，但他認為若要真正討論心理，要往上走，叫做心靈。或者他寧願引用榮格（C.G. Jung）的話，稱其為「靈魂」。如果你是學佛的，並不難理解他所謂「身體的心理」之意，那就是宗教界講的，你面臨的現實有兩種，一種是感官的現實，這方面在台灣是越來越蓬勃，美食、華服、舒適的休閒，這全都是感官的現實，也就是李醫師所說的「身體的心理」；另外一個，叫做「心靈的現實」。心靈的現實出發點不一樣，不一定要跟感官掛勾。

不在場的現身

我跟李醫師討論這問題，是三、四年前的事情。近年我接國科會的計畫，也是延續研究這個問題。這次私塾所要跟大家分享的，也就是這三年來基本研究的成果。李醫生所謂「靈魂」從不一樣的地方出來，那是從哪裡出來呢？他引用海德格的概念：「思」。一般講到「思」，會想到現代心理學或現代醫學的自我或大腦，但李醫師的意思不是這個。他所謂的思，是回到中國古詩時代的「青青河畔草，綿綿思遠道」，是在飄渺中我看不到你，只看到青青河畔草。這在海德格的思想來說，是「你的不在，構成了你的另一種存在」。最俗的比喻，就是潘安邦那首歌，「思念總是在分手之後」。用哲學的話來說，就是「你的現身，總是在你不在的時候」。你不在，本身給出了一種現身的方式。一般人是以為，一個人出場，才是現身。但海德格的說法剛好相反，他說在我們靈魂的深處，presence（在場）是因為你的absence（缺席）。這觸動了我們研究的起點。

Absence 就是人不在，分手是一種不在，遠離、出征、死亡都是。死掉的你，應該就是沒有了，但我們都知道其實不會沒有，人死了以後反而變成另一種存在。而且，這種存在的強大力量，不亞於你在我面前。你在我面前所造成的 impact（衝擊），跟你不在所造成的 impact 不一樣，但不會相差很多。甚至，人不在所產生的 spiritual reality，所謂精神上的實在，或精神上的衝擊力，說不定更強。我們不會停留在把 absence 當作 mode of presence，一種現身的狀態。我們要先確立，有所謂的精神狀態、靈魂這東西，從一開始就用這種方式存在。

例如談到鬼，我們一定是認為他不在，才會說他變成鬼。用「身體的心理」角度去想鬼到底存不存在的問題時，有人說是用理性，用科學方法去檢驗，說是「心裡有鬼」，次之則是斥之為迷信。但若一直用這樣的眼光來看這問題，就不能解釋「靈魂」存在的意涵，以及如果靈魂真的存在，它對你的幫助是什麼。你一定無從進入。例如有個美國式的笑話：甲狗與乙狗很要好，我們就說牠們是 soul-mate（靈魂伴侶）。它的不莊重不是壞處，但顯然有東西被遮蔽住了。

探問「靈魂」的問題

用莊子的話來說，我們用「身體的心理」來感受世界時，這叫做「小知」，小知無法進入大年[2]。譬如心理治療時，心理治療師會苦口婆心地對病患說，這裡卡住了，那裡過不去，我們來把問題解決，等等。心理治療的心理，大部分是指現實的心理，亦即用現實感官的心情，來談人的過往，解決人的困擾。心理治療碰觸靈魂的例子非常少。因為心理治療中，並沒有「人不在了才是現身」這種概念。治療師還是要看到實際的情況，例如你先生「有沒有」罵你，之類。萬一是「沒有」，或「他沒有，但是我懷疑」，治療師就會覺得又是你自己在幻想了，對方又沒有對你怎樣。所以我們可以很清楚看到，心理治療所處理的範圍。如果要處理靈魂問題，有沒有可能重新思考呢？

立緒有一本書叫《靈魂考》[3]，很多人喜歡看，看西方歷史是怎麼處理soul（靈魂）這問題？我翻閱的時候，覺得寫得最好的一篇，是一位神父寫的。他說靈魂就是一種能量，在人最痛苦、快要破裂的狀態下，能量就開始迸發，迸發的此刻我們就感受到靈魂。這已經是那本書中談靈魂談得最好的了。但能量的觀點對我們來說也不希罕，因為我們常講「磁場」，「你的磁場很棒、我被你的磁場感動」，就是所謂的「心靈物理學」。但在我們的研究中，真正的問題還不在此。我要講一下我們的研究都是怎麼來的。我的案例多半來自臨終病房，我印象最深的當然是死亡那一刻。最初，我是看人死亡的樣子，做外表的描述，例如皮膚白白灰灰的，指甲變白，皮膚有屍斑等等，就是用簡單的物質面來看他。直到有一次，有甲乙兩位女性病友，一直很要好，治療過程中一直陪伴彼此。甲先過世了，乙一聽到她過世，眼淚就掉下來。那時我坐在乙旁邊，她告訴我甲跟她聊到，死的感覺到底是什麼，當時乙回答說：「我不知道」。乙停了下來，我一直等她，看會不會再說下去，但她便沉默不再講了。隔幾天乙也過世了。

這裡面有一個最基本的事實：我們不可能去探問，死的感覺是什麼。死的時候，你已經沒有感覺了。當你還有感覺時，你還活著，所以你永遠感覺不到死。這已經是哲學家的名言了。死亡是人在活著時碰不到的東西，也就是說，「死」在你活著的時候是缺席的。人對「死」念茲在茲，絕對是因為我們對它一無所知。但人在接近死亡的過程中，會慢慢接受自己將死的事實，不會說：「唉呀，我快死了」，然後自己嚇死。很多人一開始會說我好怕死，但接近臨終時就不說了。

問題在於，人活著的時候，如何面對那巨大的缺席，那個「不在」。佛教中常講「生死是大事」，但是沒辦法斷。這也是我的研究開始之處。表面上我是要回答心靈療癒、靈魂存在的問題，但到最後，卻不得不跟這些實際的現象畫上關連。我們研究時並不是關起門來讀哲學書或冥想，而是直接進入現場，從案例說出來的話去揣摩他們沒說出口的東西。這沒說出口的話，到底是什麼？這才是我們想探討的。

我何以懂得靈魂？這問題牽涉到「療癒」這個字的意思。很多人問，「療癒」是指治療到痊癒嗎？如果是痊癒了，為什麼那些說「我解脫了」的人還是死了？這就是把你必朽的身體跟不朽的想像混淆在一起了，這兩者間是有衝突的。到底是什麼不一樣？我引詩人策蘭[4]的一段話：「不管命運的腳步是如何沉重，不管心如何執迷於虛妄，……不管心裡是充滿幾多創傷，不管你在忍受怎樣殘酷的憂悶，只要你碰到非現實的核心之後，這豈不是一切就隨風飄去？」「非現實」三個字是我改的，他的詩裡不是這樣寫。我是用他的文字，把我所想表達的意思鑲進去，那就是今天我們要講的關鍵字「非現實」。

非現實

為什麼叫做非現實呢？你離開之後，我對你產生巨大的思念，這到底是不是我的現實？這巨大的思念是摸不到的。例如你的寵物過世了，你心裡很哀傷，但對一個不明白你心情的人而言，他會覺得你很可笑，死的是一隻貓，又不是你爸媽，你幹嘛哀傷到這種程度，不可以這樣，要趕快走出來。像這樣用現實來對待這個失去寵物的人，其實是弄錯了溝通的平台。旁人可能會說，再買一隻貓就好了，但當事人一定會生氣地說不要。他不要的原因是，在一個看不見的地方有個很強烈的動機在，他對那隻貓的忠心，想跟牠在一起的忠心，強過想找另一隻寵物來代替的慾望。「想念」不是想想就沒了，是一種氛圍，是種環繞的狀態，彷彿環繞型音響一樣，會在不同的角落裡迴響出來。譬如你坐在沙發上就哭了，因為已死去的狗狗不會過來靠在你身邊。

就像昨天我去做民俗治療，診所裡怕病人無聊擺了個電視，在播一個我沒看過的電視台，叫

MOMO，演日本卡通，主角名叫一路，是個受了傷的小朋友，腦袋上貼了紗布，可以看到別人看不見的東西。有一隻懷孕的母狗死了，狗媽媽的靈魂來找一路，一路便出發去找狗，終於找到了牠。在卡通中，靈魂可以用幻影來表達，但在現實中，我們沒有這種方式。

其實我們有能力看「看不見」的東西。我覺得我們的眼睛有兩層瞳孔，第一層是用來看現實美好的東西，第二層是用來看看不見的東西。任何東西，只要是你強烈喜歡但卻消失了，此時第二個瞳就長出來，這另一個世界就為你開啟。這就像有些人皈依信仰時，他跟上帝的關連突然打開了。我們明明知道這個現實是存在的，卻把它稱做非現實。「非」字不是否定的意思，「非」有很多種意思，其中一種是「看不出來它是」，也就是說表面上你是認不得它的，但是一旦開啟了，你就會認得。

很多在災難中經歷瀕死經驗的人，都有共同的「開」的經歷。「開」了之後，他們的共通處是變得不愛錢財、不在乎世俗計算、去做以前不做的事情，例如義工。我們以前以為那是性格改變，其實不是。有一些測驗測試他們，到底知不知道要活在這世界上還是需要經濟生活、美好食物。結果，他們是知道的，他們沒有瞎掉，依然看得見世俗的需要，但他的另一個眼瞳更亮，以致他會覺得：那又怎麼樣。

今天我要談的就是，當人可以進去這「非現實」的眼界，才會進入我們所說的療癒。如果你進得了這個非現實的領域，你會不在乎人在現實世界的衝突，你會不太在乎貧困、經濟上的損失，但若這個眼瞳沒有開，一點點經濟上的吃虧，你想原諒都原諒不了自己，縱使你不敢表達，心裡面也是恨死自己。人有能力進入非現實世界，享受那邊的自由。那邊的世界，會主動給你那種自由。一般形容詞會用飄逸、灑脫、淡泊、不在乎，但這都只是語言的層次。你想要淡泊想要灑脫，但腦袋還是塞住，你也知道其實沒有用。

我們過去在研究王陽明的心學，心學有一個泰州學派，是一群農夫，因為喜歡王陽明，就每天用他的方法格物致知，格自己內心的骯髒污穢。王陽明的學說其實沒有什麼知識論，所以他們學得很辛苦。但他們很努力，像教徒一樣群聚在一處，一起耕種生活。我在看他們的紀錄時，看到很有趣的東西。有一條紀錄說，某年遇到壞年冬，我們去跟隔壁莊借點米。去借米時，那人突然想占對方一點便宜，多拿一點，但這只是個念頭，他回去就痛哭流涕說我怎麼會有這種貪念。這表示心學的訓練，已經讓他們能夠領悟到人在現實中會不得不有貪念的時候。

可是人在現實中，往往沒辦法有這種領悟。像以前有一個很有名的鴻源吸金案，我很多叔叔伯伯的退休金全部都送給鴻源，他們那時講了一句讓人心裡很疼的話：「辛苦一輩子，不就是希望錢能保住以外，還能賺一點錢過日子嗎？」他們講的不是貪，而是「要過日子」。那時其實是政府不對，沒有改革金融體系，讓民間游資無路可走，給鴻原集團一個吸金詐騙的機會，小老百姓的錢全被騙去了。你說這些受害者貪嗎？也沒有，不就是「為了賺點錢過日子嗎？」這說起來合情合理，要去責怪這些伯伯叔叔嗎？能說他們貪嗎？這話怎麼說得出口。

這就是說，人在現實中，是依循一個現實的機制在轉動、運作，在轉動中有世俗自己的邏輯，這邏輯與非現實世界的邏輯是完全不同的。你在非現實的世界來看現實世界的東西，會覺得不是「看破」，而是現實世界的東西變薄了，自動變薄了，因此也不需要「看破」。傳統宗教要我們去「看破」，這是不對的，除非你打開了非現實的眼睛。我的工作是做學問，就是要解釋這非現實世界的來龍去脈，告訴大家為什麼你進不去，關鍵在哪裡。如果能夠進去的話，是否有何線索可循。但即使我講得出來，並不意味著在你身上就會實現。行為跟認識不一樣，但是你會心安。

超越矛盾律的制約

當你進入非現實的眼界，就會「超越矛盾律的制約」。這話聽起來很拗口，但就像我之前講的，因為要去解釋它，不得不用術語去描述。我舉幾個例子來說明，我為什麼會談到「矛盾律」。什麼是矛盾律？舉例來說，你是女生，你就不可能是男生。一件事若為「是」，就不可能是「非」；一件事若為「非」，便不可能是「是」。如果某物的正面成立，它的反面就不成立。例如你是好人，就不可能是壞人。這種邏輯是所謂十八世紀的古典邏輯，矛盾律會成立，是古典的心靈所用的方法。

在古典邏輯下的靈魂，就變成「靈魂與身體的二元論」。也就是說，靈魂是靈魂，身體是身體，靈魂存在，身體就不存在，死掉了，兩者互相排斥、對抗。但非現實世界是完全禁止矛盾律成立的。如果你是好人，一定裡面有很多壞的部分。如果你是光明的，裡面一定存在很多黑暗面。如果你是黑暗的，一定還有一個地方光明。如果這是壞的，那麼會在某些方面是好的。例如細菌，純正面的意見會叫我們要消滅細菌，另一種意見告訴我們，要跟細菌好好相處。某些醫生說，要把癌細胞全部殺死；另外一派卻告訴你，我們只能帶病生活。大家已經慢慢理解，矛盾律並不必然成立。

在某些情況下，矛盾律必然成立，例如我們要建築某些工程，做某些事業，在現實裡頭，是得讓矛盾律成立的。因為在這裡矛盾律若不成立，我們都沒法做事。心理治療是在承認矛盾律存在的情況下的心理治療。例如你跟先生發生衝突，這衝突是被承認的，而且被當作是問題。但在療癒的世界中，剛好相反，因為在非現實世界中，完全不承認矛盾律的存在。黑與白，永遠是以細碎的小點交互拼貼而成，觀者之所以只看到黑或是白，是因為你有一個觀點，你是看到觀點本身的反射面，這反射會勸服你，它就是這個樣子。可是，就本質性來講，其實真相是兩者皆存。

存在的橫軸與縱軸

現在問題在於，我們活在矛盾律成立的世界，要這樣事情才能進行下去，我們才活得下去，但它也造成最大的束縛，讓大家飽受折磨。在此我們用一個觀點來解這個問題。用比較抽象的語言來說，我們生命的存在，可以想像成縱與橫兩個軸線，橫向勾連（橫軸）是跟人的關係，例如商場的人脈、朋友的情感互動，都是人與人的橫向勾連。橫向勾連會幫助你完成很多事，絕大多數世間的俗事，都是橫向勾連所完成的。但橫向勾連的事情來不及讓你沉澱，頂多只能有一點點深度，如果你要完成事情，就沒有餘裕在那裡刻骨銘心、低迴深思。最明顯的例子，是古代王朝貴族因為政治權力而犧牲手足父子親情的情形。雖然知道有親情，但是權力是重要的橫向勾連，親情會被政治、軍事、經濟、權勢等國家大事犧牲掉，有深度的東西會被取消。例如康熙皇帝跟他祖母關係好得不得了，但遇到事情時，就必須決斷。不斷不行，不能執著於祖孫一路辛苦扶持的親情。這是橫向勾連一個比較極端的例子。乃至於台灣的政治界，何謂政客，就是勾連得最厲害的。

縱軸則是深度，例如深度心理學。但以前的深度心理學都沒區別這個問題，都只講佛洛伊德或榮格的深度心理學，談潛意識，談欲望。但真正談到深度，用我的話來講，它剛好把橫向勾連的邏輯戳破一個洞，往底下沉下去。它的 reality，就是非現實。它的存在，便是一種非現實的存在。所謂的深度（我們暫且接受這個命題），就是非現實所構成的東西。它不從事橫向勾連。橫向勾連最重要的是溝通，大家都說要溝通，但一碰到真正深度的事，所有的人都閉嘴。

人懂得沉默，是因為他浸淫在深度裡。這是我們從安寧照顧裡看出來的，我們觀察的是臨終病人的家屬。家屬有各種不同類型，鶼鰈情深的或感情不好的都有。例如有個女病人，先生很愛她，夫妻倆在美國生活二、三十年，一起奮鬥，因此先生很捨不得太太離開。先生是中醫師，當太太住進安寧病房時，他在旁邊照顧，但一直不甘願，不斷地翻資料，不斷地跟主治醫師討論太太的情況，總是想把他太太挽留。每天都看到他忙著訂最名貴的藥材，煮藥，端給太太喝。一開始我們都很感動，至少志工都很感動，可是後來就覺得 something wrong。他太太跟他說，你不要煮藥了，陪在我身邊。她希望他握著她的手，而不是一天到晚跟醫生討論病情，或上網查資料買藥，她只有在吃藥的時候才看到他，要不然就總是匆匆忙忙的。我們覺得很心疼的是，她先生不斷在橫向勾連，但太太已經在往深度的方向走去，兩人沒有交集。

我們說過，往深度的縱軸走時，等於將橫向勾連的橫軸戳破一個洞。例如一個很活躍的人，一旦生病了就要躺下休息，很討厭別人來探望你，因為他就是需要一個人好好休息，甚至幻想都可以，但就是不希望面對人，甚至還得安慰來探病的人。很多探病者會表現得很難過，表示他愛你。病人已經不太有力氣了，反而還要回頭安慰他。所以很多大人物一到這地步，病房外都是謝絕會客。病房外面堆滿花籃、贈送者的名條，感覺病人都快被這些花籃埋葬了。看到這些景象，令人感慨萬千，覺得他在家時縱使有千萬家產，但現在都跟他沒有關係了。

我並不是說進入深度有何偉大的情操，而是說那是種存在的狀態，例如這樣狀況下的病人，他最需要的就是幻想，不自主的遐想，例如突然有一首古老的歌在腦裡響起，或是注視著一隻在天空中盤旋的鳥，或者聽著窗戶在風中喀喀作響，或看著樹葉漸次飄落，或看著雨滴滴滴答答的落下。這些都是病人進入深度時最好的陪伴者。有一本講臨終的攝影集，有張照片是拍一個外國的老阿嬤，快過世了，跟她身邊的一隻貓，重點是那隻貓。貓、狗對我們人類都是一種深度，因為他們不會橫向勾連，尤其是狗對主人的忠實。他們橫向勾連能力很差，但當主人在悲傷哭泣時，他們會因為也許是好奇而靠過來，你也不需要他們講話。話語的最大功用是溝通、表達心聲，人需要表達心聲，要溝通是因為他會存在，明天、後天還繼續活著，在這種情形下他才需要溝通。但是到了深度的情況下，其實不需要。話說回來，到了深度之處，其實人主動地把矛盾律抹殺、蓋掉，他不需要努力，不需要冥想，什麼都不需要，就可以辦到。一個失戀的人掉入失戀的深淵時，會突然變成詩人，這是自主的，不需要老師訓練他寫詩，自動就產生詩意，自動對飄零的落花、對秋風產生很大的感受。那是一種無人的地方，也就是靈魂的歸處。

透光的「明白」

在這兒，我們不用能量的觀點來談靈魂，而用存在的觀點來談。靈魂會在人的橫向勾連的網絡破裂處立即現身，套句《靈魂考》書中的話：人在他最悲哀的時候，他的靈魂突然就會出現。這跟我們剛講的那句話意思一樣。當人的橫向勾連網絡破裂，例如妻子親人過世時，靈魂便出現。這簡直可稱為黑暗的救贖。原本是在受苦，後來卻變成祝福。Suffer（受苦）跟 blessing（祝福）基本上是一體的兩面。

為什麼說是黑色呢？因為這不是我們願意做，但一定會碰上的。在你一生中，橫向勾連網不可能到終點都還完美無損，最好也不要期待這種事情。無論如何一定會碰上。所以，我們多少要學習去熟悉非現實的生活。這並非叫大家遁入非現實。我們的腦袋都有兩顆，眼睛也有兩層瞳孔，也就是說，我們一方面會吸收知識，一方面會完成一種「明白」，兩者是不一樣的。知識是有觀點的，根據某個角度，去瞭解某些事物，學術上的東西都是知識。而明白是種透光的狀態，你其實不知道、也說不出那是什麼，但你就是心知肚明。因為超越矛盾律的東西從一開始就拒絕語言。

語言是個有觀點的工具，它本身不容許你超越矛盾律。像中國名家「白馬非馬」的詭辯，是沒有考慮到語言的那種說不出來的東西，才會有這種執著在名相上的辯論。深度這種東西是不需要名相的，而且深度的東西不見得有慾望。一個失戀中的人，並沒有太多的慾望。他因為失落，而進入一個蒼茫的大地，霧霧的，又有點明白——「這才發現你不愛我」，一下想「你曾經愛我」，一下想「為什麼你現在不來看我」，一下又想「你不愛我，不會吧？你曾經是愛我的」。這就是那種蒼茫大地的感覺，濛濛的，可是已經透光。不透光又是什麼呢？是還在戀愛中的狀況，「你愛我嗎？」「對，我愛你，直到海枯石爛」，當別人告訴她：「你先生發生外遇」，她會否認：「不會的，我們是金玉盟，他不會背叛」之類。你問她，為什麼這麼肯定，她可以講出很多東西，這叫知識。很多人講完知識，反而開始懷疑：「說不定我被我自己騙了」，那不透光的東西便開始透光了。這種「明白」因為是透光的，所以當它一出現時，你會覺得四通八達，它不像知識，知識是一把刀，幫你分析、切割事情，但「明白」這東西是四通八達的，是突然出現的。

理性可能是惡夢的原點

老子在《道德經》中也有解釋，智跟明是不同的[5]。明這東西，是像核子彈一樣轟的一聲在你心中爆炸，之後便往四面八方擴散。榮格說這種明，是來自於潛意識，跟你白天的意識完全不同。白天的意識屬於橫向勾連，大多是用肉眼去看的東西。用肉眼看，常常會出問題。在希臘悲劇中，就提到過這個問題。最有名的例子，是伊底帕斯王的故事。他殺了父親，娶了媽媽，這件事情從頭到尾都是明眼人幹的，每一個人從頭到尾都是睜著眼睛在幹這種事。怎麼說呢？在劇本中，伊底帕斯已經當國王時，他站在城牆上，看著自己的國度烽火遍地，憤怒地問：「為什麼？為什麼上天用天火焚燒我？」他就派了一個人去問阿波羅神殿的神諭。神諭告訴他，有人殺了父親、娶了母親，犯了大罪，為了處罰他，因此用天火來焚城。伊底帕斯王很憤怒，要人去追查這件事，結果查出來，兇手就是他自己。他父親在他出生時，也去問神殿的神諭，得到也是這句話，這小孩將來會弒父娶母。他父母為了防止這件事，把他丟棄到深山。幫大臣執行這件事的牧羊人，不忍心看這腳跟被釘在一起的孩子被人丟掉，送給了科林斯國王。伊底帕斯一直以為自己是科林斯國的王子，長大後他也聽到一樣的神諭，為了預防這件事，離開了科林斯國，沒想到在路上殺了自己的親生父親，解開了人面獅身獸的謎題，得到底比斯城的王位，照習俗娶了守寡的王后。一切都很合邏輯，沒有故意亂倫犯上。故事中神諭出現三次，都是導致悲劇的重要關卡。這是世人痴迷論的另一種版本，《紅樓夢》一開場，也是說世人皆痴，看不清世界的真相，我們都活在痴迷的狀態。

我們會想反駁，我們哪有痴迷，我們都很明智，但讀到伊底帕斯王的故事時，就知道我們都是痴迷。不管用世人的觀點來看，還是用伊底帕斯王的觀點，它可能都告訴我們一件很可怕的事：你的理性非常可能是惡夢的原點。舉例來說，人用他的聰明才智創造了這個科技社會，創造了現在的經濟制度，但這經濟制度會導向極端化的M型社會，這M型社會會等待它自身的動亂，等能量累積到某個程度就會發生，此時M型社會便會崩潰。人的聰明才智能挽救這M型社會嗎？沒辦法。例如我們都是消費者，追求許多嶄新的商品，辛苦工作賺錢，把薪水貢獻給生產這些產品的、收入比我們多許多倍的資本家，讓他們越來越有錢。合理性造就了後來的不合理，要用同樣的邏輯去破解它，完全破不了。這有點像中國人講的，在劫難逃，根本克服不了。我們都在裡面，都是無助的，是同一艘船上的人，也無力去改變。

因此，非現實的合法性要被承認，非現實包括你的夢想、夢、遐想、幻想，很多在現實中不存在的東西。它可能是你靈魂的懷抱，有靈魂的重量。如果你在現在的社會中，被蒙蔽到去相信只有眼睛看得到的東西才存在，那你就被制約在這裡，你的苦難就在這裡循環。我並不是說人要完全脫離現實社會，而是要讓非現實的狀態變得合法，讓它在你的生命中有位置。如果你的前半生做事做得很成功，你的後半生就要有點不一樣。若你前半生是在取得事物，後半生就要懂得丟東西，而且丟東西不會心痛，因為那是幫助你進入非現實的一個管道。以前我們會把非現實的世界阻斷，批評人只會幻想、胡思亂想，但若我們一直都不接受非現實的狀態，終其一生就只能在這邊的世界打轉。

在現實中發展靈視的能力

我們講了這麼多，到底要如何從看得見的地方，看到看不見的地方呢？我有沒有可能在一個簡單的作為中，不管是好或壞，幸或不幸的事情，透過這看得見的東西，去感受看不見的東西？我替它取了個專業名詞，叫做靈視。靈視這個字，其實是從美學理論那邊借用的，開始的時候你可以把它當成一種透視。從美學的觀點而言，你找得到一幅畫的透視點，但這在畫面上並不存在。靈視的意思也是這樣，我雖然看到了一個東西，但我真正看到的並不是這東西，而是這東西沒有顯露的部分。

我後來的研究重點在於，到底人是怎麼發展出靈視的。這道理相當複雜，這並不是要指責我們的腦袋有太多現實的東西，阻礙我們發展靈視，重點剛好相反，我如何透過障礙物，它越阻礙，越可能把某種原本不存在的東西顯露出來。你愈貪婪，我愈發感受到廉潔的迫切性。如果你沒有這麼貪婪，我就感覺不到廉潔的迫切性。這當中有很強烈的轉折。例如談靈視死亡，為什麼對某些人來說死亡是祝福，而對另外一些人不是？唯一的解釋是，這些人發展出對死亡的靈視，他透過某種虛假、虛構的方式，反而讓看不見的東西被看見了。這並不是什麼高深的道理，像我剛才提的卡通片「花田少年史」，也是透過虛構的故事，而找出後面的東西。我們人類的運就要靠這個，以後不會再因為這是虛構而要把它消滅，而是要透過虛構的漫畫、文藝，為自己找祝福。這些東西可能會害你，例如有人沉迷於電玩，但也可能它告訴你一些你不知道的東西。

宗教閒談與「宗教性」

提問：老師所說的理論，在很多宗教中都有類似的教導，但您似乎刻意避開宗教，而用文學去解釋。另外，死固然很重要，但更重要的不是前面活著的時候嗎？

余老師：我之所以避開宗教，是因為我們現在所說的宗教教派，是已經被建立的文明狀態。一個宗教會被建立，有組織、寺廟、神職人員，一定要有它的社會性。任何宗教，後來橫向勾連的社會性遠大於深度。此話怎講？海德格提到，人對他的存在有三種放縱的狀態：其中一種叫做閒談，指人離開了他存在的實際狀態，進入閒談的狀態。

我所熟悉的一些宗教研究者認為，講經佈道是一種「宗教閒談」，包括常掛在口頭上的阿彌陀佛、上帝愛你。這些話不需要加以深入反省，很容易複製。宗教已經建立起自身的文字、建築、象徵，它們後來最重要的工作變成是謀殺靈魂的深度。為什麼？因為這深度跟宗教的建制違抵了。後來的宗教寧願信徒樂善好施，卻不陪伴教徒在災難中掙扎，直接要把你救出來。它發展出一種正面、幸福感很重的東西，告訴你我們教友會支持你，給予最大的幫助。這些沒有錯。但是一些輕易的語言，像流水一樣開始環繞，太多的例子說明，這些東西對真正受難的教友沒有幫助，而且很多教友因此逃掉了。

我因此才瞭解，我們現成的教會免不了它的社會性、功利性及橫向勾連的特性。你若想憑藉這些東西及其教義來瞭解深度，恐怕是緣木求魚。就我們所瞭解的宗教史，宗教組織到後來會刪節、隱藏原始經典中的某些東西，這種事在佛教、基督宗教會都曾發生。從死海古卷6以來的東西，不斷被刪，也因此類似《達文西密碼》這種書，教會恨之入骨，但那正是因為教會的壓制，才會從旁邊長出來。

所以大家看得出來，宗教存在，但它未必是你看見的那個東西。無神論恐怕是現在最大的宗教。無神論者很痛苦，他們很知道某些東西在變化。後現代以來最有名的無神論者德希達（Jacques Derrida），寫了一本書《宗教》7，問了一個問題，為什麼宗教不會跟電玩擺在一起，而要跟救贖擺在一起？為什麼一定要談罪過談懺悔？他並不是反對宗教，只是搞不懂，這些東西是怎麼連在一起的？從他的反省中，我們發現可能有某些宗教型態是我們在現在的宗教教派中看不到的。我雖然在慈濟大學教書，但我不是上人的弟子，雖然有信仰，但很難說自己是佛教徒或基督徒，這世界上又沒有無神教徒。在後現代的社會中，人還是會信仰宗教，但是未必會拿已經建立一、兩千年的宗教來當依靠。那個 easy answer 的時代恐怕已經過去了。

第二個問題是，它們的語言有點過時，在以前也許有其必要性，但現在必須重新檢討。唯一不變的大概是，每個時代都覺得自己是末世。西元一世紀就有末世論，到兩千年後的現在還是一樣有，我們一直有危機感。也許這才是宗教一直不會死的真正原因。

虛實互換的整全性

提問：如果對我而言是現實，但對別人而言是非現實，這種情形怎麼處理？例如一個孩子覺得恐懼，但他父母無法理解孩子的恐懼，在療癒中，我們要怎麼跟對方共存？

余老師：這種焦慮本身就在現實中，不管說不說得出原因，基本上都還是在現實中。在非現實中，不太可能會焦慮，或說焦慮時就彷彿你在做夢，可一醒來就沒了。非現實有某種飄渺性。你說的情況，會變成我否認對方的焦慮，看不見對方的現實。我所說的非現實，比較接近榮格說的，活在飄渺的夢裡頭，活在某種詩意裡、感覺裡。很多詩作都很非現實，例如詩人葉維廉8最有名的一句詩「在水的邊緣醒過來」，這是個非現實狀態，卻把很多人的狀態點出來。你可能從不知什麼叫「在水的邊緣醒過來」，但在某種痛苦的情形下，會突然覺得某些東西對你而言很有意思。

提問：有沒有可能宗教對活著的人而言是種希望，但對臨終者而言，他比較希望有家屬的陪伴，未必是需要宗教，太多的宗教語言對他來說已經沒有必要？

余老師：對，臨終者往往已自動進入非現實。這就是為什麼我勸我們的志工，在臨終病床前不要有助人意識，不要想說「他快臨終了，我來幫助他」。臨終不是助念，其實只是陪伴，硬要強調臨終助念，其實是宗教的意識型態。不要在臨終病人面前說：「都已經這樣了，你放下吧！」我們開玩笑說如果他有力氣，會起來打人。這真的是多餘的，其實是講給自己聽。但說的人會不會放下？不會。一轉身，他又回到自己的世界。

要在病床旁做存在性的相隨，是有可能的，但你要很懂得做夢、幻想。當病人指著空中說有人在唱歌時，你不要大驚小怪阻止他，叫病人不要亂想，而是能陪著他進入幻想的狀態。大陸有個病人，預告他哪一天會往生，那一天眾人都聚集在他病床前幫他念經，結果不但沒有往生，還把佛珠一丟說：「不念了！」眾人都慌了，說是魔附身，還要幫他祈禱等等。這種干擾實在很大。我曾經分析一百多位往生者的往生傳，常形容有做善事的人往生時「香氣濃郁、瑞氣千條」「屋頂出現光明、空中出現聲音」，若作惡多端就會出現惡鬼纏身之類。怎麼會這麼巧，這麼一致呢？我懷疑一定有捏造的成分。當然這是善意的捏造，這樣才能勸善。

提問：老師之前曾說，非現實是四通八達的、飄渺的，像失戀時處於詩意迷茫的狀態，但我若能夠描述那狀態，把那感覺說出來，我是否又掉回現實了？

余老師：對，表示你已經回復到現實，那個瞳已經慢慢地蓋起來。非現實狀態會改變，並不是永恆存在，所以我一直說，修行之道並非沉迷在非現實中，而是讓它合法，在你的生命中形成循環。

透過「虛構」連結潛意識的「玄冥海洋」

提問：請問老師，在台灣原住民的傳統宗教中，不曉得有沒有這方面的特質？

余老師：這些宗教在分類上屬於原始宗教，是所謂神祕參與性的宗教，這個詞是一位法國人類學家提出來的，意思是指這種宗教用萬物有靈論來看所有的事情，萬物都充滿奧義、玄密。過去的觀點是認為他們未開化，知識不足，當然這是出於基督教的偏見，認為原始宗教最低等，佛教在中間，基督宗教最高。現在我們的觀點是，這種祖靈信仰跟其他民俗信仰一樣，是從當地的感官試圖虛構出一個靈魂的世界。我從來不說這虛構是不對的，跟我們虛構媽祖、虛構觀世音菩薩是一樣的。就算媽祖顯靈、現身，也是透過我們的虛構。但在原住民的信仰中，這虛構保留了他們跟潛意識接觸的狀態，這也是普遍肯定的。

潛意識並非像佛洛伊德所說的充滿骯髒慾望，而是一種我們無法說明白的「玄冥海洋」，這是從榮格學說出來的。榮格認為，人有集體無意識，跟我們的原初狀態交纏不清，不是能用言語具體說明白的概念，像大海的波浪、潮汐一樣，是個體對自己無知的部分的一種波浪，用後現代語言來說，它是我們本身的他者。所謂的他者，指的是我們所不認識的自己，我內在的他者。後現代的哲學認為，我們對自己的認識很少，我們是透過外界像鏡子般把自己反射出來，才能認識自己；我們不知道自己是誰，透過鏡子的反射，才認定自己，並不是原本就這樣。原住民的宗教信仰，保存了這個跟潛意識連結的狀態。

榮格說，潛意識是我們跟宇宙的連結。它不是我們日常生活用的意識，它是……personal unconscious，從大地之母來，從大地之母回去的那層 unconscious[9]。我們一般的意識狀態無法認識它，但是它存在。原住民的原初宗教，甚至包括我們的乩童、民間宗教，都保有這個部分。例如我們在研究慈惠堂的訓身，起乩時會唱歌仔戲，舞蹈，這就是他們在試圖接觸潛意識，但他們是說「母娘」在給他們訓身。效果如何？我在花蓮看到時，每一個都五、六十歲了，但進入狀態時腳步輕快矯捷，很嚇人，這是靈魂才能讓他們這個樣子。

有的宗教的出神狀態是不斷地晃，講方言（天語），去分析他講的天語有沒有意義是無用的，他們只是透過各自的方式，在跟潛意識接觸。我們做夢也是在接觸潛意識。我們要慢慢去熟悉，去連結，可以在生活中慢慢體會這種接觸的感覺。也許以前曾經發生過，但你不知道，你的意識無法理解它。榮格的《解夢書》[10]有談到這個。《解夢書》有個重要的觀念，你不要急著解釋，只要記著它，充滿著懷疑，把它放在心裡，像孵小雞一樣，孵得出來就有，孵不出來就沒有。

提問：您在臨終研究中，有跟沒有宗教信仰、或不同宗教信仰的臨終病患，在進入非現實領域時的表現有差別嗎？

余老師：沒差。他不需要宗教這個知識，需要這知識的，是我們這些還沒有死的人。任何接近臨終的人，都會自動進去非現實，不是昏迷，就是沒法講話，不然就是有幻覺。這不需要教導，也不需要知識。這就像魯班是個天才木匠，若你要教給他一套木匠的知識，他不需要。教給他，他的技術也不會增加。不教他，魯班還是做得很好。另外，這個「知道」並非要救亡圖存，並不是給我們要臨終的時候用，而是未來我們朝向死亡的這段日子，你要怎麼活，這是你的保健之道。

註釋

1 凱博文（Arthur Kleinman），是國際知名的精神醫學家及醫療人類學家，現任哈佛大學人類學系教授兼系主任、哈佛醫學院精神醫學與社會醫學部門的醫療人類學教授。他桃李滿天下，足跡遍布全球，曾帶領過無數的醫生、公衛學家、心理學家和人類學者，深入不同文化地區，幫助跨文化之間的彼此瞭解，並將醫學人類學（medical anthropology）的觀念應用於全球性的疾病防治，更進而影響許多國家衛生政策的制定與執行。

2 引用自《莊子》〈逍遙游〉：「小知不及大知，小年不及大年」。這句話是說，小智不能比匹大智，壽命短的不能比匹壽命長的。朝生暮死的菌不知道世上還有「月」，夏生秋亡的蟬不知世上還有「年」。意指每個個體總易被其客觀的限制所蒙蔽，而不能明白真相，自我框限而不自知。

3 本書新版更名為「靈魂筆記」。請參考：Phil Cousineau（1998），《靈魂筆記》（*Soul: An Archaeology：Readings from Socrates to Ray Charles*），宋偉航譯，台北：立緒。

4 保羅・策蘭（Paul Celan, 1920－1970），生於羅馬尼亞一個講德語的猶太家庭，父母皆死於納粹集中營，其一生歷盡磨難，一九四八年定居巴黎，一九七〇年投塞納河自盡。著有詩集多部，後期作品愈益陰暗晦澀，是繼里爾克（Rainer Maria Rilke, 1875－1926）之後最有影響力的德語詩人。

5 比如「是以聖人常善救人，故無棄人；常善救物，故無棄物，是謂襲『明』。……雖『智』大迷……」（第二十七章）、「知人者『智』，自知者『明』」（第三十三章）。老子以為「明」更在「智」之上。智，是自我之智；明，是心靈之明。

6 死海古卷，一九四七年出土於死海附近的谷木蘭（Khirbet Qumran），故名。為目前所發現最古老的希伯來文聖經抄本（當中也有少數由希臘文、亞蘭文、納巴提文和拉丁文寫成），除了《以斯帖記》以外的全部內容都能在死海古卷中找到，還包含一些受到天主教承認、但新教視為外典（包括次經及偽經）的經卷。此外，當中也有一些不是《聖經》

的文獻。

7 德里達（Jacques Derrida）（2005），《宗教》（*La Religion*），香港：漢語基督教文化研究所。

8 活躍於中美兩國及兩岸三地的雙語詩人、翻譯家、比較文學學者、詩學美學理論家。學生時代便以現代詩及現代詩論崛起，並數度獲獎，包括教育部文學獎及入選為十大傑出詩人。美國詩人 Jerome Rothenberg 譽其為「美國現代主義與中國詩藝傳統的匯通者」。

9 余老師在此以「大地之母」，來指榮格分析心理學中三個層次中的第三層：集體潛意識（collective unconscious）。

10 詹姆斯·霍爾博士（James A. Hall, M.D.）（2006），《榮格解夢書：夢的理論與解析》（*Jungian dream interpretation: a handbook of theory and practice*），廖婉如譯，台北：心靈工坊。

第二講・邊界經驗：從後現代觀點看生命轉化

殘片本身的奧妙就在這裡：殘片本身的分子，透過呼喚的機制，召喚來虛擬的東西，且變成真實。殘片生產了一個虛擬的真實。現實依然存在，但被視為殘破的，就因為其殘破，而使得虛擬的力量產生。

擬像的真實

世界上有一種狀態讓你相信世界上最真實的東西，是你感受到的東西，但你感受到什麼呢？其實你不知道。感受某種現實的東西時，你會覺得最實在。例如你有吃到東西，有嚐到味道，有溫暖到，都感覺很實在；在這種情形下，你的感官就變成你的現實，但你把這個現實當作你唯一活著的狀態時，你的邏輯就會完全被它牽著走，當你面臨毀滅的處境時，就會問為什麼是我被毀滅，而不是別人。重點是，為什麼你把死亡當成毀滅？別人也沒法勸你「死亡不是毀滅」、「死了以後會有靈魂常在」，怎麼勸都沒用，因為這些話都是隔靴搔癢，碰不到底。

跟病人相處時討論到這部分，會有種對立的情形：什麼是實在，什麼又是不實在？什麼是「真」，什麼又是「空虛」？在生命快到終點時，這些感受會慢慢發生變化。如果心中沒有發生這個變化，而你突然面臨死亡，心中一定會非常怨。覺得這世界拋棄你，醫生救不了你，最愛的人眼睜睜看著你受苦。如果能夠在此時「變」的話，就能超越矛盾律。要把矛盾律拔除，對現實的基礎要有完全的改變，要重新考慮兩件事情：一是你覺得現在的現實中真的有的東西；另一個則是一種可能性，甚至連可能性都不是，會常常在你的腦海中盤繞，這種盤繞，我們稱為「擬像的真實」。

假設你跟某人吵架了，在當下你不可能跟他和好，但在你的想像中，你會跟他和好。有人也會說：「三年前的車禍，如果我不是如何如何，我現在應該在棺材裡面。現在我雖然活著，但我心裡會覺得自己是一個死人。」你活著，你當然沒有死，這符合矛盾律。但是「你活著，但其實死了」，矛盾律就不成立了。你可以想像「虛擬的死亡」，它不是現在發生，但是可能發生的。這兩者，過去我們總是用很大的禁忌把它們隔開來：凡是發生過的，不會沒有發生；如果在夢中發生，就認為在現實中不會發生，或是說那只是夢。這種「不可共同成立的狀態」，在人接近臨終時，會逐漸模糊掉，這時人會分不清楚自己所想的是否真的發生了。這種分不清楚，會令仍活在這邊世界的健康的家屬很難過，會擔心病人是不是糊塗了、不正常。例如病人望著冰箱，微笑了一下，家人問他為什麼笑，他說冰箱上有兩個人，我跟他們打招呼。我查很多國外的報告，類似這情形的很多，多半是死去的親人降臨。這就發生在非現實世界，有時是生化反應引起的。

人在面臨災難時，會出現「擬像的真實」，例如快發生空難時，飛機上空姐會想起最親愛的爸爸媽媽，親人的影像就像火車車窗外後退的風景一樣閃現，連她那個最要命的男友都跑出來了。人會想哭。上次澳洲船賽發生船難，倖存下來的人說，在快淹死的時候，他的兩個小孩突然出現在他腦海裡，那感覺比他們在眼前還真實。這種真實，我們稱為「擬像的真實」，它將實與虛的界線打破了。我們以為非現實的世界不會跑到真實來，或以為它不會成為精神作用的生產品，不會對我們的精神產生作用。但接近臨終時，這個界線會慢慢消散，在好幾個案例中都可看得出來。我承認我被這種傾向影響很大。

臨終者的自由空間

有一位銀行的女主管，是個非常傑出的外商銀行經理，過世時不到四十歲，過世之前出現了三天的躁動，情緒很難過，一直哭，怎麼打鎮定劑都沒有用，壓不住，但躁動完了之後，她突然豁然開朗，彷彿沒有病一樣，也不躺病床了，到處跑。這時的她有個很不一樣的地方。通常有人跟你說：「你好」，你也會回應他，但這女病人並不回答。她反而會注意到別的事物：其他病人、弱小的動物……，她跟魚缸裡的魚打招呼；你跟她說：「你先生來看你了，你有這樣常來照顧你的先生真是有福氣！」她聽若未聞，彷彿這語言已經失去意義。社會的習性遇到她，似乎就溶解掉了。那段期間，雖然明知她快走了，志工跟她先生卻都變得很快樂，發現了一種自由、大自在。這種大自在我們過去從未碰過，跟以前的案例都不一樣。

有一位阿公，在生病初期、意識清楚時一直叨念他兒子到了父親快死都不肯結婚，讓他死不瞑目。大家就去勸他兒子，他兒子就很努力地在兩、三週內結婚了，彷彿完成了一個重要的倫理承諾。但他父親聽到了只是說：「喔喔……」婚禮那天，大家把阿公打扮得很好看，卻發現他不講話了，在婚禮中彷彿是局外人。婚禮完成後，大家都說功德圓滿，我卻覺得是旁邊的人在感動，他自己一點感覺都沒有。這原理跟剛才那個例子很像，社會習性的這部分被溶解掉了。

類似的情況非常多，譬如另一位阿公，他的三個小孩都非常傑出，他也很自傲，他生病的時候每天都問三個小孩在哪裡。他的孩子很忙碌但也很孝順，每次接到父親電話都戰戰兢兢來應卯。後來他被送到安寧病房，三個孩子也準備好飛機票，預備隨時到花蓮來看父親。結果，這阿公好像忘掉他有三個兒子了，每天只跟護士聊天，兒子來到面前，好像也不認識。護士問他：「阿公，你兒子呢？」他不回答，一下又跟護士開玩笑。一天他兒子跟媳婦都來，哭說為什麼父親原來那麼想念他們，他們也很擔心父親會過世，怎麼到後來竟然都不認識了。這種情形有很多解釋，例如人要走時會變得六親不認，但這些解釋都不對。真正的問題在於，人在某一段時間會把在社會上的關係，包括婚姻關係、親子關係、社會網絡關係，全部拿除。會慢慢地溶掉。社會上的關係，在現實生活中非常重要，會影響我們的性格、自尊很多東西，但為什麼人後來拿得掉？這關係為什麼會自動消失？這可能是一個自在空間，是重新組合一個看不見之物。我們看不見，但臨終者看得見，在他虛構的世界中，有個很重要的東西在運作。

人的存在狀態是現實與非現實的複合體

後來我看到日本的電玩Wii，才恍然大悟。Wii讓一個懶人拿著控制器在打球，外人來看很怪異，明明是個遙控器，怎麼會是球拍呢？其實玩的人是在跟軟體所虛擬出來的世界互動。你看到人家玩Wii的認真神情，就可以知道它的真實性有多高。從這個觀點來看，你可以發現人的存在狀態是個複合體，是現實跟非現實的複合體，我們稱它為AV1。A跟V要連結在一起，最大的隔閡就是要把actuality（現實性）跟virtuality（虛擬性）結合在一起。當兩者組合在一起，會產生心理學上所說的 wholeness，整體性。

以前談整體性，談得很糊塗，我們其實沒有深究其內涵。在矛盾律中，「你是罪人」跟「你不是罪人」，「be」跟「not to be」，兩者不能共存，但在AV空間中，兩者是在一起的，而且連結的方式有點像DNA染色體的連結，是環狀的，「be」與「not to be」輪番出現。黑格爾講辯證法時，用小鍊條的概念（正、反、合）講兩個否定加在一起變成肯定，但我們發現，現在討論的這東西，不是用小鍊條可以解決的。黑格爾的邏輯還是線性邏輯，但若AV空間成立，則是複式邏輯。在數學中有複數，意思是實數加上虛數，虛數在曲面這種非歐基理德系統中，是非常有用的東西。同樣的，AV空間邏輯是複式邏輯，又叫曲面邏輯，並非在直線上，由A可推到B，再由B推到C的。也許從A到B，再來就不見了，邏輯的延伸性不長，會偏移、轉彎。偏移的現象是因為加進了 virtuality（虛擬性）的因素，使事情看起來不合理。如果沒有它，看起來會很合理。

例如在企業界工作了二十年的人，他們會連一本小說都看不下去。這非常奇怪，他小時候看童話、小說覺得非常快樂，但到了三十歲，每天做業務、處理訂單，突然覺得小說這玩意怎麼這麼囉唆，情節沒道理，變得不想看，只看得下「機場刊物」：經營法則、賺錢術。看這些讓他有歸屬感，看到文學、藝術卻覺得頭大。但在這情形下，他的精神生產是片面的，這種片面性會在你未來面對災難、親人重病、死亡時變成障礙。第一堂課時我們講過，有一個從國外回來的中醫師，陪他太太住院，他真的很愛太太，每天與醫生討論太太病情，買最好的藥材熬給她喝，這過程我們看在眼裡，卻覺得是個悲劇。他太太後來告訴他，不要再這樣做了，我只要你在我旁邊陪著就好，她先生卻說，無論如何我一定把妳救起來。我們都在想，為什麼你看不見，你太太只是要你握住她的手，而不是躺在床上等一碗珍貴的中藥湯。他面前彷彿有堵很大很大的牆壁，人長久以來的知識所建築的牆壁。

現實世界的知識是理性的、合理的、有建設性的，這沒有錯，是我們的文化。但我們也知道，若人有一天進入最後的情況，人離開的方式、真正的內涵、姿態，其實是朝向另一個地方。這可說是造物者給我們的恩典，這才是真正的善終。不是用宗教的說法，一定要怎樣才能往生。「往生」這詞其實還在現實世界中，是一個很硬的叫法。大陸很多報告提到，很多淨土宗的虔誠信徒常預先告知旁人自己何時要往生。到了那一天大家都在旁邊念佛，但當事人卻突然面露憤怒，把念珠甩開：「不念了！」大家就慌了，以為他著魔了。我自己也是佛教徒，我認為一個真正的佛教徒，應該有勇氣去質疑；你要知道這是線性邏輯，很快就能達到結論，這過程太短。就像放生，很多人只看到買小動物來放生這一段，但卻未看到這件事後面的大圈圈，跟他所看到那一段是相反的。商人是以貪念去捕魚、鳥，來讓你放生，你放了以後他們又去捕；這事情是一個曲線，後面的真相跟你看到的「善」剛好相反。放生的人只是為了滿足一種線性的邏輯，而缺乏曲面的思考。

針對性修行的迷思

在這裡我要談一個修行的問題。如果一個修行法門採用的是線性邏輯、一步到位，那它一定會出現一種現象，就是針對性。就是目標明確，精誠所在，金石為開。如果是在現實的世界，我承認你奮鬥、努力，真的會賺到一棟豪宅。但就大的視野來看，其實不是這樣子。你若用非常針對性、線性邏輯的方式來修行——念多少佛，就可以迴向多少，達到什麼地步；到頭來其實都不存在。我一直安慰自己說，只要現在不變，平安過日就好了，當你心裡這樣想的時候，你的心、身體會悄悄地轉彎。你現在要讓實與虛發揮組合的作用，讓它朝向一個沒有目標的「空」去。這地方其實是空的，它只是一個自由空間。

傳統宗教也會告訴你，最後是空的，可是我們都參不透。空者何也？都變成觀念論的空，很多人在論空，用一堆名詞打來打去。如果從臨終來看，這狀態是可以逐漸發展而出現的。在這情形下，我們開始來談一個基本的問題：這整個過程怎麼發生的呢？這ＡＶ空間是怎麼發生的呢？我的研究很多是在探討ＡＶ空間是怎麼發生的。我去檢驗黑格爾整體的精神論是怎麼發展的，也去看佛教的《阿含經》、《華嚴經》是怎麼談的，這些東西都只是當參考，我們學者有個毛病，不太信別人寫的東西。在讀的時候，發現所謂的「整體」，在大部分的哲學、宗教觀點中，包括瑜伽理論，傾向於將它當成一個目標，怎麼努力可以達到。但是，用這樣的方式來看，終點是看不見的，永遠看不見。不可能有「整體」，也不可能有東西是你可以把握的，完全沒有。因為

「整體」不是可以把握的，而是一種「生成」。「生成」的意思是，有東西一直在轉動、變化；我的研究是在問，人從哪裡為起點，開始這個變化。

三種絕望

在找資料時，我發現榮格被視為經歷過好幾次轉化歷程的學者。榮格最有名的理論是，人從毛毛蟲的階段變成蛹，蛹又變成蝴蝶；蝴蝶階段對人而言是不存在的，因為已經變成靈魂死掉了。他認為人的前半生是毛毛蟲，中年進入危機，透過這危機，出現了蛹的階段，也就是第二次重新為人。榮格的看法是，中年以後，你出現了另一種世界觀，你有可能朝向蝴蝶的路，但他說很多人都是老毛毛蟲，到了滿臉白鬍鬚還是毛毛蟲，當一個俗人俗到底。在照顧病人的時候，常常可以看到這樣的人，都快死了，還在計較護士打針、值班有沒有盡責。有一個醫生在榮總住院時，還在計算院方從醫藥費裡搜刮了多少油水，令人覺得很不可思議。榮格說，毛毛蟲體內有種基因，他稱之為「成蟲盤」，這基因因為環境或其他機緣，有的長成了，有的沒長成。當毛毛蟲變成蛹時，這「成蟲盤」便開始作用。當然對我們這些後現代的人而言，這只是個說法。

後來我又讀到齊克果的《致死的疾病》[2]，談到人的絕望。他認為人有幾種絕望，第一種是連絕望都不知為何物，這種人內心毫無無限感（他認為人有限的生存，跟無限是可以勾連在一起的），只生存在自己的肉體內，只知道自己的家庭、工作、社會，除此之外不知道自己還有什麼東西，這種人連什麼是絕望都不知道。第二種絕望，是人已經知道這些外在的東西不可靠，想要找到一些無限之物，但卻找到一些假貨、贗品，以這些東西來代替他的無限；這就彷彿在一塊有限的板子上描繪一個無限，還以為自己找到了無限，以為這樣就夠了。第三種絕望是，人沒有陷入第二種絕望，繼續找尋無限，卻怎麼也找不到，這時他才跌落深淵，真正絕望了。這，反而是有救的絕望。也許你覺得齊克果愛說笑，但他這個學說對研究存在主義的人影響很大。因為人只有在真正心碎、吃到絕望之果的時候，生命才翻盤、轉化；我變成我的不是，這才是真正的轉化，而不只是改變。改變是你換一件衣服，但你還是你，而轉化是整個東西都不一樣了，就像毛毛蟲跟蛹是完全不同的。

我從齊克果這裡發現一個現象，這現象海德格也談過。他談一個東西，叫做 moment，「關鍵時刻」。海德格不斷談到 moment，在後現代語言中，要怎麼詮釋這個字？在吞下絕望之果的那一刻，會產生內爆的現象，亦即有些東西從內心深處爆發，把你原來舊的東西毀掉。有點像晴天霹靂，然後人就轉化了。因此才會說，你用針對性的方法，用你的大腦試圖轉化，是徒勞無功。這樣講起來，很多人都會很不高興，這簡直就是修行無用論嘛，那我們是不是什麼都不要做了，那宗教還有什麼用？我們民眾就自動成佛啦？但這跟事實不符呀，還是有很多老毛毛蟲在世界上。

現實破碎的殘片

到底問題在哪呢？做研究不能只做到這裡，總不能只給說詞，這樣的研究沒有價值。所以我們要往下探討。我們研究的案例，多半是猝死的，例如心臟病突發，早上還好好的，下午就過世了，不然就是車禍，花蓮很多車禍，因為大家愛喝酒，到處都是喝酒駕車，路標又不清楚，發生很多車禍。這種「斷裂」就常常會發生。這種情形一發生，我們就開始進行陪伴。家屬在那時心都碎了，我們當場就看到一種斷裂口，例如下個月的家用從哪來？貸款付不出去怎麼辦？許多問題都不知怎麼解決，非常手足無措。我們記錄下這些情形後，發明了一個名詞「破碎以後的殘片」。「殘片」的概念是說，我跟你組成一個家庭，兩人綁在一起，但你突然過世後，我們之間的連繫彷彿還在，可是事實上沒有了。一方一直嘗試要過去，卻接不到對方。為什麼這殘缺會變得具體？晚上家屬哭泣時，就是在殘片上哭，因為你看見死者留下來的痕跡，實體卻消逝了。

一般的心理治療，會認為這是種創傷，創傷有兩條路走，一個是創傷症候群，會引發憂鬱症之類，另外一條路就是復原，打斷腳骨顛倒勇，從跌倒的地方爬起來。大家在談這兩個可能性時，並不知道原因何在，只知道我們在田野調查中看到的現象，有這兩種情形。人在殘片的狀態下，不論是要復原也好，或繼續憂鬱下去也好，到底這變化是怎麼發生的？剛好我有個後來在東華教書的學生，在做九二一地震受災戶的心理復健研究，他花很多時間在地震現場，告訴我們很多九二一的故事。這些故事有時候報上會登，我學生一讀到就搖頭說：「欺騙！欺騙！」報紙常常粉飾太平，濫情地虛構一些諸如「災區民眾勇敢地站起來了」一類的報導。

站在學術角度，這個殘片的缺口，對我們的意義到底是什麼？研究初期，有人提出美國人的想法跟我們中國人不一樣，我們的想法是要跟死者 reconnect（重新連結）。災區中有一個寡婦，她先生死了，她天天給死去的丈夫寫信，告訴他孩子怎麼了，她發現這個舉動再次連結到她死去的先生，產生一種心靈的效果。西方則不同，他們會告訴家屬，應該跟去世的人切斷，獨立，走自己的路，支持團體會替你打氣，讓你走出新的人生。但這是兩種不同的意識型態下的反應，也不是我們討論的主題。我們要討論的是，在殘破的狀態下，有什麼更細的 dynamic（動力）在發生？殘片的切口，就叫做心痛，心痛會生產什麼東西？能先抓住這一點，研究的問題就會比較少。

殘片透過呼喚生產虛擬

人在心痛時，會做一個動作：calling，呼喚。這個字在海德格的現象學中，是很重要的字，他說人在生產其精神時，一種叫做「貧乏的精神的生產」，另一種叫做「豐富的精神的生產」。什麼叫「貧乏的精神的生產」？就是喋喋不休，囉哩八唆，講了很多話但沒有內容。群聚終日，言不及義。有時人說話時，他所說的話是跟他存在的狀況緊緊相連，這時他道所道，稱為「道說」。什麼情況下會發生「道說」？海德格最喜歡的詩人叫作特拉克爾3，特拉克爾是個憤世嫉俗的人，在他自殺死亡前，他憤怒之極，寫了一首詩，名為〈冬夜〉。這首詩有三段，第一段講雪花在窗前飄落，教堂的鐘聲迴盪，房子裡的聖餐供起來了。第二段講，還有許多孤獨的女人在外面，茫茫地走著，她們要走回房子，心裡充滿著憂傷。在憂傷中，她們只見到神恩的樹高大聳立，金色的蘋果閃爍著，於是這些女人走進房子，踏過門檻時，所有的哀傷都留在門檻上，門檻變得很硬。一進屋子裡，滿室金碧輝煌，桌上的聖餐已經擺放好了。海德格一眼就看出來這是他的死亡詩，而且是他的聖詩。他講的是說，這個女人終於回到她的聖地，而他的自殺其實也是返回聖地。這樣一首似乎天國就在眼前的聖詩，竟然是一個憤世嫉俗的詩人的訣別之作。在他的 virtuality（虛擬性）中，這是他的 calling，在呼喚另一個現實，等這個現實來到，他就自殺。他求到了，它向我而來，終於可以安心死去。這也不是個孤例。還有卡夫卡，這個怪人，他書中的男主角總是在最後死掉了，簡直是在寫各式各樣的死法：有的跳河死了，有的在地下室死掉。為什麼他所有的小說都要寫人是怎麼死的？後來法國一個文學家布朗肖（Maurice Blanchot）說，他就是要寫到能夠安心死去。

殘片本身的奧妙就在這裡：一定是殘片本身的分子，透過呼喚的機制，召喚來虛擬的東西，且變成真實。殘片生產了一個虛擬的真實。現實依然存在，但被視為殘破的，就因為其殘破，而使得虛擬的力量產生。這又涉及到後現代轉化的核心問題：為什麼殘破會生產虛擬？而且生產出來的虛擬富有真實感？這種真實感為何又能跟你的生命結合在一起？這到底是什麼東西？這東西可以是回憶，可以是遐想，也可以是夜夢，跟你的現實就像 Wii 一樣共同組合。為什麼人的現實跟虛擬，可以精確地結合，產生Wii一般的效果，又如何變化。它在變化、轉動、產生影響時，已經不是外界可以瞭解的了，因為心靈的部分，除了你自己沒有人知道。

為什麼人在缺口這個讓你痛苦的切口上，虛擬的生產會發展一個奇怪的東西，我從海德格學說中借用這個概念：absence as a mode of presence，亦即把「不在」當作「在」的一個存在方式，把「不在、缺席」當作現身的存在方式。熟悉邏輯學的人就知道，這是 nagativity（負性／反面性）。我看到你時不會想念你，就是要在看不到你時才會想念你，想念是透過這方式產生出來的。殘片就是一個對方缺席的狀態，或是過去的自己缺席，譬如說你的腳截肢了，你不能再像以前一樣做某件事了。這種缺乏本身卻變成虛擬的最重要的存在要件。亦即，這種存在要件的生產，我們稱之為深沉性的生產，就是精神中較深沉的部分，就像皮膚中的真皮。皮膚表面的表皮每天都在脫落，比如我們每天跟先生妻子口角，感情缺損一塊，但晚上煮一頓好吃的就補償回來。這對真皮，對深層的感情都沒有傷害。到了會傷害真皮的現身邏輯，便不再是有或沒有，我做了什麼、或不做什麼，而是「因為沒有，它才有」。這就像「樹欲靜而風不止，子欲養而親不待」的感覺，要等到某些事不再了，才瞭解到過去自己有多幸福。這我們都懂，但真正的問題在於，這種精神生產的核心機制都是採用 absence（缺席），例如浪子總是在媽媽快死的時候才回頭，因為他以前憑恃的東西已經沒有了。這已經不是想像的情節，而是精神上真正的生產。

上帝在缺席中的臨在

神學教授盧雲[4]寫過一本書，《亞當：神的愛子》[5]。這亞當不是《聖經》〈創世紀〉中的亞當，是盧雲放棄大學神學教授之位，在死前一年跑到一個叫作「方舟之家」（L'Arche）[6]的地方做義工，亞當是那裡一個智能障礙的孩子，智商不到六十，連刷牙都不會，吃飯要人餵，也不會說話。盧雲的工作是帶他去散步，餵他吃飯，為他鋪床。在「方舟之家」，像亞當這樣重度智障的人很多。盧雲在照顧亞當時，他說：「亞當開啟了我一生在神學中追尋不到的東西。」但他說不出那是什麼，他只是用反面的東西來說明。他過去的同事、社會中的慈善人士，每次到「方舟之家」看他為亞當服務時都會罵他，說你有那麼豐富的學識，應該去寫書，幫助全世界需要你幫助的人，為什麼在這裡作僕傭呢？有的人看到亞當，便說好可憐的孩子，我們該怎麼祈求上帝來愛你、幫助你呢？可是盧雲說，只有我們這些每天跟他在一起的工作人員知道，我們就在上帝的旁邊。

這是什麼意思？沒有人看過上帝，上帝在宗教的領域中是完全缺席的，上帝不存在，因為祂從來不現身，出現的都不是上帝本身，而是圖畫，被人類裝飾過的圖像。盧雲之所以這樣講，是因為在照顧亞當時，會突然有強烈的感覺，這世界上有一種很單純的東西在當下發生，而且在他面前沒有一點點約束，你在亞當面前吐痰他也不在意。是誰有這種能力？我能瞭解這種事，當我們在陪伴臨終病人時，當他來日無多，你會覺得你在面對一個完全沒有抵抗力的人。人健康的時候，你的身體、眼神、言語，對另一個人是種壓力。但到接近臨終時，這些現象全部消失。病人不會在意你在做什麼。在臨終者身邊，你會感覺到不知哪兒的柔軟。

在病房中，他們叫我氣功師，我會用手掌接近他們的臉頰，把溫度傳過去，同樣的動作，接近健康的人跟接近臨終者有不一樣的感覺。接近臨終者時，會覺得有種柔軟的東西從對方臉頰滲透過來。家屬在臨終者身旁，顯得非常慌張，但只要我帶著他們，說要給臨終者「氣」，讓他舒服的離開，讓大家跟著做，氣氛就會平靜下來。這種改變是把人的「活」的某些部分去掉了，讓旁人直接感覺到。這種體驗的效果，是用說的、教導的方式所無法達到的。就像老師跟學生說要用功，但學生聽一千次也不知道什麼叫用功。人以為語言抵達之處，事情就可以完成，但事實上並非如此。但是如果能「做」，就會有體驗。

在語言不在的地方其實有一個很重要的東西，就是海德格的「道說」。真正的「道說」是沉默，沉默並非坐著胡思亂想，而是傾聽召喚。透過沉默，去傾聽你的召喚是什麼？這召喚的源頭，又是來自於缺口、殘片。所以我們可以說，殘片的原理是透過這種「缺」的狀態，所進行的精神生產。這種精神生產的好處是，不用語言去設定目標，而且你的理智在此無用。就像盧雲在照顧亞當時，並不需要為亞當設定進度，要教會他走路、講話等等。沒有目標本身，才有反過來的力量；凡有目標，有針對性的東西，無論是語言的針對性，還是意志的、意向的，negativity（負性／反面性）就消失了，negativity 一消失，它的深度的精神生產就結束了。

不同版本的「世人痴迷論」

所以大家可以瞭解，為什麼深度的精神生產非常不容易在快樂的、樂觀的、正面的心理狀態中完成。今天聽桂花[7]說有一本書叫做《祕密》（*The Secret*），告訴你如何可以心想事成。就我們的觀點來看，這是一個幻想，這到底是對或錯，就涉及到長久以來宗教界、修行界討論的「世人痴迷論」。世界上有各種不同版本的「世人痴迷論」，這並非只存在於民間宗教，連佛洛伊德都談到人的痴迷，他說：人是被慾望掌控的，這慾望埋在無意識裡，就像無名的惡魔不斷掌控你，造成你意識的痴迷，所以最重要的工作就是分析你的夢，分析到能用白日的意識去掌控它，把你從惡魔手中解救出來，你就得救了。他認為我們潛意識中有一大堆亂七八糟的東西，一堆想要又不敢要的慾望，壓在日常意識之下。佛教則以為貪嗔痴就是人的痴迷。後現代的觀點則不太買這種理論的帳，因為這太直接了。我們既然承認這個 calling，它也是一種慾望，calling 中的慾望，葷的素的什麼都有。若它是深層精神的產物，它跟你產生共構時自己會動，但會朝哪邊動就不知道，因為它的目標沒有確立。但其「動」本身，就是一種存在的活動，它透過這不斷地動的方式，直到你老去。

從這意義來談修行，修行就不會無用，而是要讓自己的乾坤、陰陽、AV空間產生變動。在此情況下，你不但要承認自己虛構的珍貴性，也要承認虛構跟現實在搓揉時，會產生許多非理性、別人不贊同的東西。如果你不承認正常世界的眼光只是一種觀點，而當成你的全部，那麼你和別人會有各自的「世人痴迷論」，互指對方在痴迷狀態。就好比我們對細菌的態度：有些醫生認為要跟細菌共存，有的人則恨細菌如寇仇，必去之而後快，這兩種觀點各有其效果。美國式醫療的觀點是要把細菌全部消滅，結果細菌產生抗體，人自己培養出殺不死的超級細菌；另一種觀點則認為，我們可以跟細菌共存亡，細菌的生命畢竟比較短暫。我們不願意去比較哪個是惡性循環、哪個是善性循環，但可看出有人偏向自然生態的方式，另一種人偏向掌控的方式。

我們在討論的這種理論，比較傾向於自然生態的方式。只要你還活著，你就必須跟你的慾望、你缺席的東西一起滾動、共構。若你不以理性去切割它，它自然會發展出一種移位與曲線邏輯，橫豎它是在你的線性邏輯的意料之外進行。因此你要適度地放棄控制欲，讓這曲面去發展。這意味著所謂的修行，是你要不斷跟你的虛構重組，同時滾在紅塵中。真正的修行在滾紅塵，而不是閉關專心修行。

後現代的修行

現代各種修行，都是有方法、有步驟的冥想、修練，我並不反對這個，這是有需要時自然會發生會取用的。我只是想闡明，修行本身是AV空間轉動的過程，並解釋其中內爆的發生。在AV空間轉動的過程中，會產生晶體的概念。晶體因為有各種切面，裡面的光不是直射的，而是交互折射，因而產生複雜的曲面邏輯，沒有辦法用理性來計算。折射一旦完成，它就像鑽石，會爆出各種光線，產生內爆現象。我們的理論就是在談這個。你的現實會發生很多意外、轉變，你的虛構世界也非單獨存在，而是跟現實世界連結、組合，在這情形下，理性救不了你，控制救不了你，有的話也是暫時的；若你想喘口氣，用點理性的妄想或控制的 illusion（假象），來穩定自己一下，但是就 the whole process（整體過程）來說，那是沒用的，就像名醫也會死於自己專門研究的疾病上。修行透過這樣的基本原理而發展出內爆，內爆何時會發生不知道，但它一旦發生你就知道了。你成聖、開悟了，不過也有可能隔天就忘掉，要從頭再來。這內爆有時是小型核爆，有時是超級轟天雷，各人機緣不同。這就是個人奧祕的生產。在後現代中，真正的生命體驗，不去要求通則性、法名性，或講求次第的修行，而是提供一個廣袤的 ground（大地），不告訴你要怎麼走，因為走的人是你，沒有人替你走。

提問：您剛說DNA中有所謂成蟲盤，而很多人到老還是毛毛蟲，這是因為這些人的基因中沒有成蟲盤嗎？

余老師：榮格的看法是，人不可能沒有成蟲盤，只是要看他發或不發。他說最不幸的人就是一生平順、無災無難，死的時候宛若兒童。他會這樣說是因為他有一次心臟病發，經驗靈魂出體，這是不是真的不知道，但他可能在深層中看見自己死亡。為什麼榮格這麼喜歡神話、曼陀羅，還有刻石頭？台灣有一種天靈師、地靈師、人靈師，地靈師的工作就是發生大事時感應山川，然後排石頭，榮格就是這種人。他最喜歡的是心靈的煉金術。這些東西一般人看覺得莫名其妙，但若從我談的理論來看，多少會明白是為什麼。從他的《向死者的七次佈道》（*The Seven*

Sermons to the Dead）一書中，可以看出他的奧祕思想，基本觀念是以虛為盈。

提問：從這樣的理論來看西方的心理學，是否他們都建立在 actuality（現實性）上，因此他們對心理治療、心靈療癒的看法是不同意的？

余老師：他們現在有兩種態度，科學心理學方面是變本加厲，人格心理學是大腦化，譬如說你的嫉妒在大腦的哪一塊、你的同理心在大腦的哪一塊；甚至你跟什麼樣的人結婚，都在大腦的某一塊當中。全部以神經系統解釋，全部肉體化。另一派則是走心神方面，正向心理學是 virtuality（虛擬性）的世俗化，他要心理學家樂觀一點，不要那麼痛苦，但變成新的通俗心理學。這二者的邏輯常常相反，但這不是誰對誰錯，而是它們各自有其知識條件成立之處。你看你要把自己的心理狀況放在哪一派來處理，如果你把那當成病，就去走傳統的心理治療，如果不想當成病而是靈性的修養，那可能走榮格派或其他派比較好，不要去走形式上、有框架的心理治療，這樣療癒的空間才會開啟。

提問：請問老師，您所提的ＡＶ空間，即現實性與虛擬性，和榮格理論中的白日意識和潛意識，是否是一樣的？

余老師：不完全相當，因兩者概念的來源不同。actuality（現實性）會發展出榮格所謂的白天意識，也就是ego的核心，virtuality（虛擬性）比較接近榮格的夢、潛意識，但榮格的潛意識學說太大了，大到可以跟以前好多古老思想、宇宙連結在一起，一般人不太能接受，因為不是每個人都能與這種奧祕思想相應。但我們可以把它限縮在一個範圍內，你還是把自己建築在你的現實上，但允許你的遐想、你的夢存在，可以想像你的殘片會冒出虛構，虛構物又會映照你的actuality，actuality又透過虛構變形成別的東西，它又衍生出虛構⋯⋯。

提問：老師所說的內爆，是不是跟後現代的修行一樣，是個人性的，沒有通則，每個人都不太一樣？

余老師：對，它不提供通則，我講的ground（大地或基礎），是指大的、模模糊糊的瞭解。我並沒提供你們具體的作為，個體化的過程你必須自己來。

註釋

1 即actual（現實）與virtual（虛擬）的結合。

2 索倫．克爾凱郭爾（齊克果，Soren Kierkegaard）（1997），《致死的疾病》（丹麥語：*Sygdommen til Døden*；英文：*The sickness unto death*），張祥龍，王建軍譯，中國工人出版社。

3 特拉克爾（Georg Trakl, 1887－1914），奧地利表現主義詩歌先驅，二十世紀最重要的德語詩人之一。其生平經歷坎坷困頓，做過藥劑師，曾因哲學家維根斯坦的接濟，才得以繼續寫詩。後罹患憂鬱症，服食可卡因自殺。

4 盧雲（Henri J.M. Nouwen），原籍荷蘭，天主教神父、著名的靈修及牧靈神學作家，著有四十餘本書。曾任教於美國聖母院大學、耶魯大學以及哈佛大學神學院。自一九八六年起加入「方舟團體」（L'Arche），在加拿大多倫多市郊的「黎明之家」（Daybreak）服務智障人士直至過世。

5 盧雲（Henri J.M. Nouwen）（1999），《亞當：神的愛子》（*Adam: God's Beloved*），陳永財譯，香港：基道。

6 由加拿大人范尼雲（Jean Vanier）所創立的國際性組織，收容精神障礙者。在方舟之家，身心障礙者與陪伴者一起生活、工作，彼此扶持，並尋求各方面的成長，他們的關係像家人和朋友，而非病人與醫護人員。

7 心靈工坊文化總編輯王桂花女士。

第三講・宗教修行：從療癒觀點看靈性修行

虛構不是罪惡，人必須靠虛構生活，沒有虛構就沒有精神生產。但是不要虛構到聲稱可以一步到位，寧願走比較迂迴的路線。……寧願你身上不斷有奧祕在生產，這奧祕會成為你生活的生機。

進入「非」的區域

長久以來宗教界，大部分的傳統都會提到「覺照」，也就是一種醒覺、觀照。但我認為這是不太可能的。例如佛家說人天生都有佛性，就像一個種子在人心中，這種想法滿吸引人的，但是一點用處都沒有。在一般的修行書中，有一大堆引用佛經、道家經文來講觀照，最有名的像六祖禪宗惠能跟神秀的辯論，但這種辯論都不太有用，因為它們都落入針對性的觀點中。宗教界中也有人注意到這件事，提醒大家不要落入針對性中。如果我們把療癒修行，看做先驗深處境界的檢證、實證，這可能越錯越離譜。因為我們會把這種先驗深處的經驗當作既定的旅程，以為按照法門修行就會得證。但我們認為療癒修行是發生在你的意識邊界，在那「非」的地方。

什麼是「非」的概念呢？這是從法國的後現代哲學來的，並不是指「不要」、「不是」。我們覺得凡是自己意識想不到之處，是不存在的，或認為不是這樣。但意識無法想像之處不但存在，且是比任何東西更真實的存在，只是我們看不到它、聽不到它。就像我們不知道我們喝的水裡、呼吸的空氣中有什麼有毒的東西，我們的食物鏈中有什麼複雜的東西，這些東西我們意識不到，但以非常強大的力量存在。譬如全球暖化，是個強烈的存在，但我們感覺不到，只知道夏天熱了，冬天冷了，卻感覺不到南極情形的惡化。這些我們都不知道，但它確實以強大力量存在著，影響著我們。

例如死亡，我們在無法意料的情形下死亡，這就是我們所謂的「非」。「非」像是似有若無的面紗，更確切的說，「非」從未現身，但它卻以不現身的方式產生強烈的存在感；例如，我們會覺得「以前的日子比較好過」，但這其實是因為某些東西現在不在了。有很多東西我們無法辨識，但我們會隱約感受到它快出現了，若在此時執著於找尋這是什麼的話，一定會徒勞無功。為什麼？這就跟死亡一樣，我們總是透過別人的死亡在發抖，但你不要去尋它，等你尋到了，你就感覺不到了。「非」的領域之所以有「非」，因為它沒法預料，太複雜。進入「非」的領域，可能是種沒有意義的空白維度。當「非」出現，我們的意識是空空茫茫的，沒有 idea（想法）。這對現代人來說很可怕，我們認為最聰明的人是有很多 idea，能控制所有的事情。我們太習慣於「是」，不習慣自己進入「非」的區域。要進入「是」比較容易，「是什麼」比較容易取得，但這是在意識的領域；要忍受不知那是什麼，但卻又會碰觸到我的事情，很困難。就像感情、內心深刻的事，都是這樣。

舉個例子。很多孝順的兒女在父母重病昏迷前，都會趕快去錄音、放給他聽，希望他聽了會醒過來。家屬認為，如果我不斷地用錄音呼喚他，他就能醒過來。像胡自強的太太有醒過來[1]，但也有很多人沒醒。這辦法其實不是辦法，只是個心意，沒有真的拯救病人的效果。但這個舉動，成功跟失敗會獲得不同的結果。像胡自強的太太醒了，成功了，就覺得有用，上天有聽見我們的心意，但失敗的例子呢？

無為的強大力量

有個太太腦幹中風，要做局部拴塞的話，可能會變植物人，要開刀的話，死亡率很高。家屬很苦惱，不知如何做決定。女兒也錄了音，放給她聽。她先生從沒說過我愛你，也偷偷在錄音時說我愛你，他女兒聽了很難過，媽媽快過世了，爸爸才第一次說這句話。雖然他們放了錄音給媽媽聽，但媽媽還是過世了。後來她女兒在電台談這件事時，大家的眼淚都掉下來，因為我們都知道這辦法不是辦法，每個人心中的感觸油然而生。成功的例子則不是這樣，家屬很高興成功了，這件事就過去。就是因為失敗了，才讓我們產生深刻的感覺，知道雖然不會成功，但我們都努力試過。這是種深如刀割的感受，是因為它失敗，才割到你的心，而不是它的成功撫慰了你的心。這個失敗在我們心靈烙下感觸深刻的程度，比它成功時來得深。現場聽到這位師姊講這事情時，沒有人不掉眼淚，沒有人不感受到這件事的深刻性。為什麼呢？這裡頭有個強大的東西，在語言之外。大家有沒有注意到，恰恰好就是因為它失敗，恰恰好就是因為它一點用處也沒有，恰恰好就是因為它讓人覺得完全無助，這個動作反而讓人覺得高貴。

這就像我們看到一隻母雞，牠連自己都無法保護了，還想從老鷹嘴裡搶下牠的小孩，很不自量力。但人就是在明明不自量力卻又要奮力一搏，超越邏輯理性，人的情感才會深刻。這種深刻理性無法預料，完全是用「反」的方式在運作。現在的修行講的「無為」，就是這種作用，而不是沒有作為。過去我們誤解「無為」是沒有作為，但並非如此；「無為」看似無益，但會產生強大的精神生產力。

例如最近在我們的研究中，發現了一種「弱者強大的力量」，也就是說真正強大的力量並非對抗式的爭強鬥狠，而是在於弱勢。弱勢並不是裝出來的、宣稱出來的弱，而是讓你看見時，你眼淚不自覺就掉下來的弱。例如看見一位母親帶著一個小孩，我們自然會想給予她很多東西，她不必去搶、不必去奪，因為很多自然的感受會從你的深度中直接生出來，那深度的東西是意外。你最不懂的東西，就是那個東西，你不要以為自己懂。例如你從來沒想到為什麼你看到一個孩子時，會把自己最喜歡吃的東西從嘴邊拿下遞給他，你沒料到自己會這麼做，但你就是這麼做了。這就是我們要談的「現代修行」。「現代修行」並非我要洗滌我的罪名，我要做善事、累積功德，這些顯然是膚淺的修行，就算你捐了二十億給慈濟也沒有用。但就在不經意的情況下，你寧願餓一餐而把麵包給一個小孩子，你都會感受到這件事的深刻性很高。你想獲得心靈的平靜，一般修行會告訴你要靜坐、要冥想、要聽音樂、用芳療，但過了一段時間你就會發現進不去。真正的靈住會在你不刻意的情況下、在一個奇怪的意念中，陷進去。這就是我們常講的，你有你的生活方式，你的修行可能就在你的日常生活方式中。

將一己的存在條件放到域外

我們舉卡夫卡為例：卡夫卡是個怪胎，他住在奧地利人佔領的布拉格猶太區中，他父親是賣生牛肉的屠夫，又肥又壯，非常勢利，每天對著卡夫卡說，你不中用、神經質（卡夫卡曾對自己喜歡的女性說，我是你腳邊的一隻小蟲，但過了幾個月又對人家說，你是我生命中最大的惡魔，我不能跟妳有任何關係）。他的身體很糟，呼吸困難、失眠、風濕性背痛、過敏、嚴重落髮、記憶力衰退、腳趾變形。偏偏他父親是個大嗓門，吃飯時講他一句話他就發抖，弄得他每天疲憊不堪。他一直幻想他要寫作，但一開始寫出來的作品都很糟：「我想寫作……我坐在房間中，但裡面都是噪音的大鼓，關門的聲音到處砰然作響，父親常一把甩開我的房門，拖著浴袍走過來，妹妹在高喊，問父親的帽子刷過了沒。……父親離開，只剩下兩隻金絲雀絕望地啾啾哀鳴。」籠中的小鳥絕望地哀鳴，其實是在講他自己，在這種失眠跟噪音的雙重壓力下，寫作成為一種療癒：「寫作是比死亡還要深沉的睡眠，就好像一個人不會把一具死屍從墓中拉出來一樣，我的夜晚也不能脫離書桌。」他有一篇小說叫做〈地洞〉，把自己想像成一隻老鼠，四面都是敵人，自己躲在暗處很安全，但四周聲音越來越大，他動都不敢動。父親的威逼、體質的衰弱，迫使他沉入寫作，寫作中的「我」，已經不是卡夫卡本人，而是變成老鼠、猩猩，他寫作時完全陷入異想世界中。

卡夫卡幾乎在他所有小說中描述死亡，他寫過一百多種死法：被父親宣判溺刑、勒令他永遠消失，他在驚恐之下跑到橋頭一躍而下，溺水而亡；或是像條狗一樣被祕密處決；另外還有被分屍、被刑求致死……。他為什麼這麼寫？其實他怕死怕得要命，但卻不斷在寫人應當怎麼死。法國文評家布朗肖說，卡夫卡之所以這樣寫，是想要讓自己知道，未來要怎麼安心死去。也就是說，他模擬了幾百次的死亡，但每次的模擬都是假的；他每寫完一篇死亡，就發現那是假的，又有一個更大的慾望要寫另外一篇死亡，剛那一篇已經不算數了。所以他有時候寫一個人生病，描寫傷口長蛆，會令人覺得很噁心，讓人以為這個人真的是不怕死。其實他真正關心的，是自己的死亡。

後來我才瞭解，這是卡夫卡的修行。他不是完人，完人是不可能修行的；他神經質、會失眠。每個人都有自己的修行方式，修行不是趨於完美，而是把自己的存在條件放到域外，他的域外就是小說。沒有人能從他的小說中辨識出他的現實，他的現實不存在於小說中，但是他整個人卻在小說中把他最深刻的東西表現出來。他在檢驗局工作，從來沒想過要當一個文學家；他神經質到什麼程度？他畫工業傷害的圖，例如指甲被機器切斷，他會把受傷的幾百種樣子精準地全畫出來。受傷是很恐怖的事，他就把這件事精準地反覆描繪出來。他的修行是沿著自己無法擺脫的東西，走到他的域外。每個人都有自己的域外，而域外不是只有一個。

自然療癒之道

大家看得出來，在此我完全不強調人的腦袋中所認識的東西。我對「世人痴迷論」是有所批評的，而且我對世人痴迷論的反駁，不只認為它是一般的意識狀態的東西。連佛洛伊德的學說我也想反駁，因為佛洛伊德認為我們的潛意識有很多亂七八糟的東西，只要把它說出來就會乾淨，他打算用意識解決潛意識，但這是不可能的，這兩者是完全不同的世界。甚至，到底潛意識能不能被認識，都是有問題的。

我們生命中一定有一些莫名其妙的東西，例如感情。有一些對感情比較保守的人，會希望找到一個能夠瞭解自己的伴侶，這樣兩個人就可以永遠在一起，因為彼此知道對方在想什麼。但照我的理論來看，這樣的夫妻不是離婚，就是貌合神離，因為對方變成可測度的東西，雙方互為意識狀態，便很容易控制。但是真正做夫妻，常會發現對方有某些部分我完全不認識，他總是會讓我在不經意中眼睛一亮，感到驚喜。這會讓人產生深刻的吸引力。早期的心理學理論常說：夫妻有兩種模式，一是相似，一是互補；但這兩種都是安全模式，都不見得是讓一對夫妻能一直在一起的原因。真正讓一對夫妻長久在一起的，往往是不知為何的原因。互補者，到後來無可補，相似的其實是陌生的地方比熟悉的還多。這樣的話，夫妻需要去看相處法則嗎？要去看的時候往往是亡羊補牢，也補不動了。我觀察到一些神韻相和、長久相處的夫妻，他們之間的關係往往是放任的。真正野放，對方之後還會乖乖地回來，真是令人驚喜。所以婚姻也是一種修行。在慈濟中有很多師姊面臨這種問題，先生的心離開了，師姊決定放掉他，改叫他師兄，先生覺得奇怪：「我太太怎麼出現了一些我不知道的東西？她以前不是這樣的。」就自己回來了。

我在這邊強調的，是自然療癒的觀念，讓宇宙複雜的萬物自己去運作，你耐心地等，願意接受未知的東西運作；在這過程中，你的心性隨著它變，也不用談自我轉化、超越，我們把這叫做後現代的自然修行。它沒有修行的形式，或者應該說，是憑你自己可能的方法。

生存的美學

法國同性戀學者傅柯（Michel Foucault）說：「精神修練之道是要藝術地穿透你的生存美學。」藝術就是非常不現實，是某一種對現實的扭曲。SHE有一首歌的MV講了一個真實故事2：上海有一對情人因為內戰被迫分離，女生隨家人到台灣前，交給男生一個盒子，囑他思念時可打開來看，但幾十年過去，男生從來沒有打開過它；就是因為這盒子永遠不會被打開，因此男生對女生的思念永遠留存，萬一他打開了盒子，思念就沒有了。花蓮有個藝術家，他年輕時喜歡一位女老師，私下偷偷刻了女老師的雕像，一直保存著。聽說高行健來的時候堅持叫他打開，我們就覺得不妙，這一打開，他對女老師的思念就沒有了。東西沒碰到，還會在精神上活著，但一被碰到，就變成石頭。這就是藝術。藝術是一種反抵達、反完成，不要讓它完成、不要讓它達到目的。就在這反抵達的情形下，活著本身才創造出你生存的美學；這生存的美學並非被營造出來的，而是透過生命中很大的缺陷、很大的苦，才形成生命美學的基礎。在這情形下，後現代的修行其實是個人獨特的、特異的生活美學之生產，存在於不讓某些東西抵達其完美、實現；在不讓它完美、實現的情況下，你才有能力完成你的生活美學。

譬如，電影明星張美瑤，嫁了一個壞丈夫，她的生活美學便毀了，但也就是因為這樣，她離開丈夫之後又創造出自己的生活美學。她有兩次大變動，第一次的變動看起來是幸福，但其實是災難的開始；第二次大家認為是災難的開始，其實是她生活美學的起點。這是個迴旋、會轉動的邏輯，不能以直線去預料的曲線邏輯；在這旋轉的過程中，你永遠有機會。並不是說你一旦陷入不幸，就沒有機會。你不要被表面上的幸與不幸遮蔽，真正運作的力量是你看不到的，是我們自己瞎眼，看不見真相。我們的研究做到這裡，至少完成了兩件事：針對性意識的觀念，已有所動搖；對生活的修行應找到自己的起點，而不是別人的起點。

提問：關於療癒修行不是先驗的深處經驗，可否再多作說明？

余老師：所謂先驗經驗，就類似佛經說人皆有佛性，一般說的良心，或榮格講的自性，都被視為先驗的。榮格講的自性，是指如果毛毛蟲能變成蝴蝶，那表示毛毛蟲體內已經有成蟲盤，內含有將來會變成蝴蝶的基因，已預先藏在身體中，未來就會開展出來。但我反對這種論調。我不稱其為先驗，而叫它「你自己本來不知道的域外」，現在比較時髦的術語叫做他者，就是「我不認識的我自己」。

真正造成阻礙的是助人意識

提問：老師剛才講成蟲盤，在我自己的生活經驗中，曾經遇到一些人，例如酗酒者、宅男，他們的家人親屬會非常痛苦。我相信當事人本身也很痛苦。作為在一旁的想幫助他們的朋友，不知應該如何進行？他們的標準在哪裡？上次老師說有些人到了很老還是老毛毛蟲，難道他沒有那個部分嗎？我們該怎麼辦？

余老師：你真正的問題是，我們這些旁邊的人該怎麼辦。你講的事情在我們的社會是一直存在的，就像精神病患的親友也很痛苦，結局往往是家破人亡。好幾年前我的一位學生提出一個想法，他說也許真正造成阻礙的是我們的助人意識。助人意識會讓人產生苦惱，我們會根據助人意識的邏輯去做一些事，但這反而讓當事人變得更糟糕。你以為會變得更好，其實是更糟。我們很難瞭解為何會如此。

例如，有一個酒鬼找催眠大師艾瑞克森（Milton Hyland Erickson）治療酒癮，病人年輕時意氣風發，中年卻頹廢酗酒、沉湎於早年的自我想像。結束治療後，艾瑞克森要他在回家前去酒館喝酒，邊喝還要邊罵：「敬該死的混帳艾瑞克森！」為什麼要這麼說？艾瑞克森注意到酒鬼放縱於酒精的內在模式之一，就是他心中有「我是英雄」的念頭，雖然酗酒頹廢、早已不成人形，仍有悲劇英雄的味道，讓他耽溺其中不能自拔。但若他邊喝邊罵「該死的艾瑞克森」，會與他的日常意識不能吻合，他會突然覺得自己的行為無聊沒有意義，英雄突然現形為狗熊，反而就不想喝了。他實際上是狗熊，但你不能直接侮辱他，而應該是讓他去侮辱別人，反而干擾了病人自以為是的日常意識。我的意思也是這樣。你可以勸他去戒酒協會，但這種活動可能更增加他私下喝酒的可能性。所以我都跟人家講，先承認「無步」（台語，指無能為力）。等你承認夠了，某些事情才會改變。助人意識如果不放掉，恐怕你會做錯事情。

修行應先放棄解脫之念

提問：我對學佛有很大的興趣，但也有很大的遲疑。對修行的次第、佛教徒的言行都有所質疑，一直想知道什麼才是學佛的「正確方式」。聽了老師的演講後，覺得這些質疑彷彿也有某些道理。對我這樣想尋求解脫，但對學佛有所質疑的門檻外的人，以您後現代修行的角度，有什麼建議呢？

余老師：同樣的，先放棄解脫之念。解脫是典型的一步到位的想法，會讓我們越想越不通。第二，我常想「人」到底是什麼東西，解脫到後來會不會變成什麼都沒有。人會存在其實是無中生有，其中最重要的是因為人去虛構某種東西。虛構不是罪惡，人必須靠虛構生活，沒有虛構就沒有精神生產。但是不要虛構到聲稱可以一步到位，寧願走比較迂迴的路線。我們承認有妄念，有幻念，但這有什麼不好？不是只有一種方法，而是像藝術一樣，大家描繪同樣的花瓶，每個人畫出來的都不同，每個人都有自己的方式。

再來，我要談「反完成」。不但不是一步到位，而是要防止你達到所以為的那個東西。就像不要嫁給一個像張美瑤的丈夫那樣的人，嫁了你就掉落深淵。不要去碰那個東西，它是永遠抵達不到的。寧願你身上不斷有奧祕在生產，這奧祕會成為你生活的生機。

虛構的精神生產

提問：請老師再更深入解釋剛才所說的虛構。

余老師：虛構就是妳把「彼」看成「此」。把「是」看成「不是」。我們的腦袋裡沒有物質，這些思想都是虛擬的。豬肉不在你腦袋裡，你腦袋裡有的是關於豬肉的想法，只有information，但這 information 要構成有意義的單位，得靠「虛構」。小狗的虛構能力比較差，所以牠只能認得「是主人」跟「不是主人」，但我們人類的虛構能力比較強，我們能寫錦繡文章、能陳述事情、能理解國家大事，這些都是虛構。你會說，這些不都是真實的嗎？沒錯，它是在實際裡面的虛構，在實際處境中的虛構。例如外國人在台灣，跟我們面臨一樣的環境，但他腦袋裡的想法跟我們完全不一樣，因為他虛構的系統跟我們不同。而我們所謂的精神生產，就是虛構的生產，所謂的思想，本身就是虛構。

註釋

1 二〇〇六年十一月十八日，台中市長胡志強和夫人邵曉鈴，在赴高雄助選回程途中，於臺南縣柳營鄉（今臺南市柳營區）國道上，被小客車追撞。邵因傷勢嚴重，就近送至奇美醫院柳營分院急救，並接受左臂截肢手術，情況危急。截肢手術後，出現急性呼吸窘迫症及延遲性脾臟破裂，切除脾臟。邵後來情況好轉，恢復意識，並且能與人交談。二〇〇七年農曆新年前出院返臺中休養。

2 SHE單曲「我愛你」，取材自MV導演馬宜中父執輩的真實故事。

第四講・柔適療法：終極療癒的反思與實踐

一種存在物或存在者，它不一定要發揮其強大意志，還是可以跟別的東西創造自然天成的狀態，巧妙的結合。……以「渾然天成」來講臨終照顧，是因為它把人先取消掉。若用人當主體，我們會誤會是人的意志在動作。但我們對「人」的瞭解只有一部分，人的存在還接了一大堆人自己無法瞭解之物，是「非人」的部分。在人性中有人自己無法發現的東西，那個非人性的部分，存在的力量比人性的部分存在的力量還大。

柔適照顧

今天我們把前面講的，關於療癒的討論做點應用。先複習幾個重點，一是以後我們人的生命不是要看「現實」，而是「可能」；有可能性的空間，會取代實際空間，因為我們的人生是走向死亡。我們要開始慢慢進入另一種狀態，這狀態在我們還活著時是不可能進去的，唯一可能出現的時機，是出現在我們的夢想、遐想、白日夢、過去被稱為幻覺的東西中。過去被稱為虛無飄渺之物，很有可能是我們在療癒自身時，必須皈依的地方；它的所在之處是nowhere，烏有之鄉，所在之時是「死」，是「沒有」。

在意志能控制的情況下，我們會在什麼時候進入烏有之鄉？這現象最可能發生在做夢時。我們在照顧臨終病人時，他們大部分時間都在睡覺。大家以為他們是在昏睡，但是不盡然。我們稱之為昏睡，是為我們自認為腦袋清明，以為他們那狀態是可怕的不省人事。但倒過來想，我們現在的清明，有沒有辦法幫助我們慢慢進入空無？不可能。我們腦袋充滿了精明、算計，不可能讓我們走向空無，只會讓我們花越來越多時間虛構、羅織、空口說白話、欺騙自己。在這情況下，我們會問有沒有一種陪伴病人的方式，能跟病人的狀況最接近、最契合？

一般人的觀念中，在臨終照顧時，最圓滿的是遠方的親人能趕回來，見病人最後一眼，人生的恩怨情仇都在病床前得到解決。這叫做電影或戲劇式的大圓滿。事實上並沒有「倫理的圓滿」這種事。在病重的時候，人生的恩怨情仇、倫理圓滿，會自動溶解，你若不信，當你自己在病床上時就會發現，好像跟自己的敵人就沒有那麼對立的感覺。要原諒會變得很快。若人要朝著空無走去，這種人間的事情會自動溶解，都不再是問題。真正的問題是，身邊的人跟病人不一樣，很多人都認為病人是需要幫助的，這其實在我們的經驗中，是未必。病人所需的幫助並非我們以為的幫助，不是幫忙洗澡、跑腿、按摩，這種事情有護佐可以解決，他們需要的是陪伴。但陪伴者若用正常人的想法陪伴，覺得你需要我幫忙，所以我來陪伴，到最後這會變得毫無意義。我們在病房中看到這種態度的陪伴者，最後的結果是看完所有的報紙、雜誌，只好眼盯著電視。他們自己變得很空虛無奈，心不甘情不願，比病人還難受。會造成這情形，是因為他們沒有準備好，來當陪伴者的特殊考量。

這就是我要教大家的，「柔適照顧」（anima-care）。柔適（anima）這個字，如果妳熟悉榮格會比較清楚這個字，就是老子所謂的「陰柔」，它有兩個意思，一個是「陰」，這表示不聲張、不張揚、沉潛；而所謂「柔」，意味著某種不用實體、現實之物的天然感。它的相對字是animus，在榮格的話中是「陽剛」。在榮格學說中，陰柔是種照顧方法，我們稱之為柔適照顧。而想來助念、幫助各種實際事物的照顧，我們稱為正面的照顧。我所要說的是「非正面的」照顧。所謂正面的照顧，是要有實惠的、踏實的行動，很多人會害怕自己陪伴得不踏實。若整個宇宙是天空的天，那這種不踏實的感覺，可說是飄浮在天空的雲朵，現在是這個形狀，等會兒就變形或是飄走，永遠不會保持一定的狀況，它甚至是一絲殘雲，連浮雲都不是。

如果用「中心」來比喻，正面想法的「中心」是事物的中點，是密度最大最重的，但在柔性的角度來看，「中心」是散的，它之所以為中心是因為其他部分的襯托。舉例來說，颱風眼是颱風的中心，可是它無風無雨，是閒散之處，真正可怕的是在旁邊。世上事物的中心點，並非都是緊密實在的，如果你發現有個狀態的中心點是散的，很可能它就含有「不是」在其中。例如夢，夢怎麼來，沒人知道，但它出現時歷歷在目，等你醒來就又消失，不留痕跡；去追夢，令人覺得飄渺虛無。另一個例子是無心，沒有意象。世界上無意象之物是什麼？例如時間，我們都跟著時間的方向走，沒有人可以對抗時間帶來的老死。你沒辦法對時間做出任何工作，時間是最大的無心，意象無法判斷。無心便是完全的接受，被動性。例如地球轉動的方向，沒有人能改變，只能接受。至於無為，不是沒有作為，而是深切地知道，要做必須花太多太多的精力，只是徒勞無功，就像挽救時間一樣的徒勞。我們在這樣的狀態下，會碰見我們以前不知道的領域。你會被帶著走，也可以說是命運、無法意料的事情。

自我是不斷漂流的影像效果

很多人覺得這是悲劇，但我們不這麼認為。進入你不知道、不曾接觸、不確定的領域，你會在這個接觸點上發生變化。它重要之處在於：表面上它在飄，但它藉著複雜的、千變萬化的因素，將人推向未知之境，就在你經驗未知之境時，發現某種東西產生了，提供你整個生命新的重量。在某些學說中，這意味著第二次生命、新的生命的開始，在威廉．詹姆斯（William James）

的《宗教經驗之種種》[1]一書中，可以讀到相關經驗分析。跟這有關的是「無所住」：你的自我並不是一個「東西」，而是不斷在漂流的，只是一個影像的效果。我們常把自我定義在某種實體中，可是後現代哲學的主張不是如此。他們認為，沒錯，我們是有一個身體，但是我們的生命有無數個。在佛教中，你有肉身跟慧命；肉身是指慾望的身體，慧命則是覺悟的生命，兩者是可以分開的。

舉這個例子只是要說，人是只有一個身體，但這身體不是你確立自我之所在，會動的是生命。生命跟身體有什麼不同？我們的肉體是物質之物，為什麼會發展出生命呢？就彷彿這個物質的身體突然置身於影像的世界，身體走過去，旁邊的東西環繞著我們產生影像；這種影像環繞時，透過這影像反映出一種存在的影像，就叫做「我」，而且是生命裡面的「我」，它由環繞著身體的影像來決定。例如，你現在離開台北，到加拿大去，會感到你生命中環繞著楓葉，感覺到自由，這自由是周邊的影像給你的，因為你是外國人，通常經濟壓力不大的話不會有太大的束縛，也不會有人盯著你。但倘若是在村莊中，你走到哪、是誰家的孩子、在做什麼事，每一個人都知道，這個周邊的影像是眼睛，在監視，你就自由不起來。你的生命是受到周遭的環境影響。所以你可以想像自己的身體穿過那些周遭影像，所構成互相照應之下出現的影像，就叫做「我」。

我們若想把那個「我」作自我確立，通常會讓你走向積極的人生，積極的人生一般而言在正常的社會是被鼓勵的，但在接近臨終的狀態中是病態的。例如偉大神祕主義傳統的修行者都會說，在你進入生命的關鍵期時，最好把積極人生的東西放棄。真正的靈修者是不參與積極的生活的。自我確立是為了積極生活沒錯，你健康時去行善、過積極生活是OK的，但真正的問題是，到了病重的情形下，就一定要退出。比如很多重要人士到了晚年就一定不出現在任何媒體上一樣。就心理的發展而言，人到了晚年，會慢慢發現自己的影像的虛渺，這個「我」所在的場所已是無所住。無所住這三個字是從佛經來的。有所住而不生其心，就是無所住。

無所住的「散心」

我在這裡只是先把幾個觀念說明一下。為什麼要用這個角度來理解？因為現在若不用這角度來理解，我們活著的人無法進入自己的死亡過程，一旦面臨死亡會很困難，困難到彷彿蚯蚓身上被鹽巴撒到那麼掙扎。有一部電影「心靈病房」（Wit），講一位生性嚴謹的文學教授，得了轉移性卵巢癌；得知自己罹癌後，她同意她的醫生，也是她以前的學生，用實驗性的藥物治療她。她非常聰明，知道冷漠的醫生在做什麼治療、用什麼藥物，但她仍不斷地抗議。這對抗不是在對抗醫療系統，醫療系統是正面系統，是人要防堵死亡所發生的系統。這位教授看似在對抗醫療系統，其實是在對自己的死亡抗議，但不斷的抗議並沒有解救她。最後她的解救是進入幻覺，在這幻覺中，她看見她的老師帶了一隻兔子來，拯救了她的衝撞。

跟這類似的例子是，為了對抗男性暴力，婦女團體積極推動兩性平權法跟家暴法，接下來我們發現很多家暴的男人對家暴法產生憤怒，當他被判定為禁制對象時，會用各種方法來對付申請家暴法保護的人。你會發現戰爭繼續在升高，沒有 solution（解決辦法），你必須一直處於對抗中。在病房中，要改變情況，可採取類似同類療法的作法，不是去跟它對衡，而是跟它發生互補，跟著這個病人下去。要進入這種陰柔的狀態，我們要來看裡面發生的事情。「散心」，是把積極的、堅定的、內聚的東西打散。為什麼積極的生活要凝聚力量？因為我們需要力氣。這是用盡意志力、全神貫注，來全力一擊。但我們現在要做相反的動作，不但不是拳頭握緊，還要完全張開，有點像投降。但這不是我怕你，而是意味著閃開了凝聚的東西。如果我要在病床旁照顧病人，必須要把心散開來，不要目光如豆、聚精會神，病人會很難過。

社會性倫理的障礙

有個病人說，知道陪伴者很關心他，但關心得這麼沉重，自己心裡面反而有罪惡感：為什麼我讓他擔心，當他看著我，我連動都不敢動，他會連忙跑過來問我怎麼了，害得我變得像木乃伊一樣，只好把他支開。另一個病人更有趣，他女兒來的時候他好像都在睡覺，但等女兒走了，志工一到，他就起來跟我們開玩笑。問他為什麼，他說女兒來的時候壓力大，另一方面是因為他在家裡比較嚴肅，女兒又很孝順，順從他的嚴肅。其實這父親的嚴肅，是在家裡為了要裝「我是爸爸」而產生的，但當他生病時，他的心已經碎掉了，已經沒有過去的嚴肅。兩邊的包袱都無法放開，於是病床邊的感情就很僵硬。但這些護理人員不知道他過去曾當過將軍，很敢跟他開玩笑，病人本身也很幽默，他感覺很好，這時候的他跟在女兒面前判若兩人。

有很多宿緣的確是化不開，這種宿緣，又稱為社會支持，例如爸爸和媽媽彼此感情很好，生病了會互相照顧，彷彿社會支持很夠，但大家不要忘了，對很多病人來說，親情倫理的社會支持是有重量的，這種重量給病人很大的壓力，他們常私底下跟我講說：「我最怕我太太掉眼淚，跟我說『你不可以先走，你走了我怎麼辦？』」類似這種牽絆，病人會無法拒絕。臨終的倫理關係，有時不見得是種圓滿，一般認為父母臨終，子女要趕回來見最後一面，是件很圓滿的事情，這都是虛構的東西。很多醫生悄悄跟我們講，為了等病人的子女從美國回來，用插管的方式維持他的生命，但他內部的器官都已經腐爛了，屍臭都已經出來，屍斑都已經浮現，但還留著那最後一口氣，就為了家屬要等美國的兒子回來，連醫生都看不下去。

倫理從某些角度來看，是不必要的，違反病人的狀態。有些病人剛進去安寧病房時，身體狀況還可以，還會到處走，能看電影，我們會帶他們去看夕陽、吹海風。這時候病人會跟我們聊說，兒子還沒娶媳婦，很遺憾，有倫理包袱的就會替他兒子安排相親什麼的，但真到了兒子娶媳婦那天，他反而像個局外人，毫無反應。其實病一重，人就不再考慮這些事情。在嚴格的意義來講，倫理是有效的，但是過了某一段時間，就變成一種障礙。

偶然的「遇見」

從這裡，我們要討論「遇」跟「見」的不同。「遇」是指走到哪個地方，沒有約定，然後遇到，有偶然的因素；這偶然，跟「散」有關。「遇」是沒有計畫，隨著生命的漂流發生。剛才我們說，身體會惡化，但生命不會，生命會飄，在飄的時候就像人亂走一樣。德國有一位作家班雅明（Walter Benjamin），在第二次世界大戰時自殺[2]，他曾特地談到這個。他說，當我在陌生城市漫步時，我從來不知道我會碰到什麼東西，我總是在我眼睛中遇到它，它在我眼睛開展，顯露出某種陌生的意味，我會對它詳加注視，透過這注視，我才會知道我自身在哪裡，而我的自身，剛好就是這些陌生之物所包圍住，而產生的一種自由的感覺。這就彷彿我們坐上了一架陌生的飛機，不知道飛機要飛往哪裡，後來你下了飛機，出了海關，這才發現眼前的字你一個也不認識；這裡的食物你也沒看過，衣服也不知怎麼穿，你會開始有種漫遊的感覺。你的生命是種漫遊，你不要去意料任何事物。當你開始有這種「遇」，你的環境都是以陌生感對著你，你跟它沒有對應之物。你的經驗中毫無可以對照的地方，沒有符號可以辨識；你熟悉的自我中，沒有相對應的東西可以去「看見」。這意味著你熟悉的認知結構無法套用在眼前的世界，這又意味著一種鮮活的狀態。對你來說，眼前的世界是陌生的，也許是古老的，但都很新鮮。

在這種情形下，真正的善心，是這種「遇」之「見」的效果，是種遺失的效果。意思是說，你看東西時，突然失去了正常的位置，偏了角度。但因為偏了角度，反而看見原本看不見的東西，而原本看得見的就看不見了。一個人若在一個熟悉的國度，他認識所有的事情，但每個東西對他來說都不會很「清楚」；例如中國人對雕樑畫棟的符號很熟悉，而對一個外國人來說，他就不會用符號來思維眼前所見，建構眼前所見。正因為如此，他所見到的跟熟悉此地的人完全不一樣。就像外國人看到阿拉伯文時，一定覺得是幾根蚯蚓、幾個點，但阿拉伯人看到的不是蚯蚓，而是有意義的字。外國人擺開了符號的熟悉、束縛，直接看到了圖像。小狗也聽不懂「坐下」，牠是聽到了語氣中的聲調、意味甚至我們的表情動作，跟我們用意識去辨認「坐下」是不一樣的。狗狗聽其語氣，我們聽其語意，各取所需，看起來狗狗就很「聽話」，我們說「坐下」，牠就坐下。

同樣的，病人的 channel（頻道）跟正常人的 channel 有時候是不同的。如果健康的人不放棄熟悉的東西，或不刻意去瞭解「遇之見」，那你很難陪伴病人，會覺得全身不對勁。例如有一個慈濟志工在陪病人，但在我看來那像是個過動兒在陪病人。他三分鐘就跟伯伯說：「要不要喝水？」「我幫你按摩好嗎？」「要不要起來散步？」好像小朋友比較喜歡散步。我想他怎麼沒辦法沉穩下來。他沒有從這個角度來思考的話，他怎麼沉穩得下來。

你們看小說家寫小說，就是用這種「遇之見」來描述事情，那是一種狀況，把它描述下來。讀者會覺得作者真有耐心，小小的事情要花這麼多時間去揣摩。小說家為什麼能寫小說？因為他胸中有陌生的城市，他寫出這胸中的迷宮，就可以引人入勝。有人不能寫小說，連小說都不能讀，你就知道他會變成商人、或者政客。這些人的思想都在外面、不在裡面，而詩人、小說家他們的思考都在裡面，不在外面。

我以前的同事柯曉東，有次陪一群文學家去花東太魯閣遊玩，回來時說：「拍不到東西。」他們看起來也沒什麼特別的反應。過後他們決定為台灣寫一本小說，等到那本書出版時，柯曉東說：「耐安呢？」（台語：怎麼會這樣？）就是說，同樣用眼睛看，他們怎麼會寫得出這種東西來？到底看到了什麼？他們在做一種「遇見」。因此，療癒不是治療，而是一種「看見」。療癒是種自然的變化，你投身陌生的國度時，根本身不由己，沒有相應的東西，所以不需要刻意的改變。

必要的被動性

在陪伴病人時，還需要一種「必要的被動性」；具體的說，就是不針對。不要刻意地去幫助他、禮貌或不禮貌、噓寒問暖，而是做什麼都是行雲流水。心中的緊張先放下，不要有助人意識。不要以為你沒有「功能」就不能在病床旁，陪伴的價值不在於你有沒有「功能」；最有陪伴價值的是寵物，寵物沒有「功能」，不是牠餵你吃飯，而是你要餵牠。牠的作為是什麼？一隻貓會跳到你床上，蹭你，喵喵叫，壓在你身上。但牠是最好的陪伴，因為牠對你而言沒有壓力，也不懂針對性，但是牠在那裡，因為沒有針對性，所以沒有「一定要怎樣」；唯一的針對性是牠會肚子餓，會要你餵牠，這是舉手之勞，比較容易。

另外則是「渾然天成」。我們陪在另一個人身邊，有不同的意思，有的是刻意地陪伴，刻意地陪伴是人造出來的。人總是需要陪伴，所以要安排，但若是用排班式的陪伴，就不好。有個病人的兒女會排班表，幾點到幾點是二姊，幾點到幾點是三妹，每個人都照表操課，這看起來是解決了照護的問題，但是其中有鑿痕，病人有時不太能欣賞這種鑿痕。我不是說不應該做這種安排，但不要安排得像人造的事情，而是要自然、渾然一點。例如說「二姊我來了，你可以回去了」，這都比那種「二姊你的時間到了」照表操課的做法好。不要讓計算能力太明晰、意識太明晰。

舉個例子：有個企業家叫摩根，過世前寫了本書，他說你可能一生一世都很精明，但你把這精明用到病床的最後一分鐘，就很令人難過。我是親眼看過很能幹的企業家，在臨終病房中指揮若定，很仔細地檢查每個醫生下什麼藥，什麼時候該來，跟醫生護士說病人的權利有什麼。但越近臨終，就越能看出來局面已經不容你精明了，你的精明只顯示出你的不堪。反而那種不識字的阿公阿媽的死亡，比較接近我們喜歡陪伴的感覺。我們喜歡陪這種老先生老太太，他們的過世都沒有什麼太大的掙扎，跟那種顯赫一時、生時大權在握、臨終時不敢讓人看見的人物差很多，因為後者的落差太大。我們在報紙上看到的東西，都是表象的。這些東西走到安寧照護時，什麼都沒有。表演啦、採訪啦、名人的講話啦，到最後都沒有。人最終要回歸到人的層面，還是要用極簡的方式，越簡單越好。一個很有學問的人過世，跟一個沒讀書的人過世沒什麼不同，不會有光環火花冒出來。

生產的觸點解開過去建立的秩序

在臨終的階段，有點像人在出生的過程，只是方向不一樣；出生後是越來越老，而死亡是越來越小，會有種返回的動作。在臨床上的表現是很容易哭，叫他一聲阿伯，他莫名其妙地眼淚就掉下來，也許他以為他的孫子來了，隨時會碰到觸點。政客就沒有觸點，他們皮太厚，說太多謊言，很難有觸點。但一般病人的觸點，就像戰爭的前線，是戰場上直接面對的點，武器直接面對面。

若以這個比喻放到心靈的世界來看，這戰場出現在哪呢？例如西方神話，《聖經》中亞當和夏娃的故事，或其它的希臘英雄神話，你會發現這些神話都有很尖銳的觸點，一針見血，總是會把某一個會觸動的點，直接點出來。例如伊底帕斯情節，點出人以為自己會知道世界，但是這種知道會導致自己的不幸。這種東西會直接打進人最脆弱的地方，因為人一直以為他應該知道自己，知道自己就什麼都ＯＫ了。例如我們會說，溝通很重要，但在溝通的過程終究把沉默抹殺掉，把珠胎暗結的可能性抹殺；人的溝通如果缺少了這種珠胎暗結的可能性，溝通是沒有用的，講來講去都是表面上的話。溝通專家都在講各種方法，但是很少瞭解到，真正的溝通在於珠胎要暗結。用一般的話來講，叫做默契；沒有默契，就不會有真正的溝通。

這裡我要說的是，生產的觸點，把我們過去建立的秩序解開來。就像我剛才談的，父親與女兒的關係，長久以來有歷史上的制約，如果在陪伴的過程中有觸點露出，就可以趁此機會切斷過去的制約。女兒跟父親的關係，到後來應該反過來變成媽媽跟兒子。最開始的形式是女兒照顧父親，但裡面的內涵是母親照顧兒子；女兒是個像母親的人，而父親是個幼稚的兒子。這種形式不斷地消滅，不斷地抵銷意義的結晶，過去沉澱出來的意義結晶被抵銷、溶解。照顧不需要用系統去對待，系統是要創事業、積極的生活才要的。照顧只需要閒散，鬆散，但要有中心。看似矛盾，但它就是個閒散的中心，鬆散的觸點。為你陪伴病人建立一個閒散的中心，只要將其安放在你心中，理解它、瞭解它，你坐在病房兩個小時都不會覺得不耐煩。細細體會，會發現這套東西很好用。

渾然

接下來我要談這個字：渾然。

我們剛才講「渾然天成」，重點是在「天成」，是指人造的東西造得很真，很像天然的。但我們沒談到「渾然」的意思。它不是骯髒的意思，而是表示有非常複雜的因素混在一起，是事情本來的狀態，如果事情沒有包含很多種因素，是不可能在自然的人世間成立的。在此基本概念下，「渾然」本身就有各種不同的「渾然」。

我自己喜歡中國的東西，所以會舉中國的例子。有一本書叫《淡之頌：論中國思想與美學》[3]，這本書雖然沒有在談渾然，但我在裡面感覺到中國對渾然有非常深刻的瞭解。中國有兩個東西我非常欣賞，一個是渾然，另一個叫做平淡。一般的世俗社會都是講榮譽，像現在的電視是榮譽電視，是菜市場口，講的都是美食、口腹之慾。現在先不講平淡，等一下再提。渾然跟平淡，其實是有關的。如果渾然是許多因素同時迸發，理智無法區分、你對它不能做任何事情時，就只能平淡以對、淡而待之。有些事情你不能淡而待之，是因為你覺得大有可為。大智若愚的人，因為瞭解事情太複雜，不敢妄動自己小小的大腦，看起來就笨笨的，但偏偏他能進入一種巧妙的機關。有時候人覺得自己很聰明，會算計，但往往因為這算計而害到自己。有的病人就是被自己的生機飲食搞死的，或是服用過量維他命中毒而死等等，這就是自作聰明。

渾然有一種「邀」的渾然，彷彿是去邀請另一個東西來跟它交接。是誰來邀？不是我動用意志來邀請，而是有個存在者，產生呼應的能力。譬如花與蝴蝶相遇，這是一種自然的技巧。我們知道花會分泌花蜜，但並沒有故意要分配給蝴蝶，花會分泌花蜜是它胚胎裡本身的養分，提供給蜜蜂蝴蝶並非花的本意，不來也不會怎樣。但花蜜偏偏會吸引蜜蜂來取，而蜜蜂來採蜜，也沒有立志要替花散播花粉，但就是在無意間傳播了。並不是刻意的意向所控制的，既沒有花朵的意向，也沒有蜜蜂蝴蝶的意向，但卻透過了這個交互的過程，完成了邀請的動作，這邀請並沒有主動性在內。為什麼渾然天成？這個機巧性是環環相扣，但是沒有一個出過主意，使其環環相扣的，是它透過自身的機巧就達成了，而且也不用語言去商量溝通。

石頭若只有一顆，高度不太夠，但若能疊石，一顆疊一顆，高度就夠。我們把石頭一顆顆往上疊，人的視線就跟著漸漸往上看。石頭並沒有邀請我們看天空，而是自然就造成這效果；石頭沒有這意向，但它的高度自然邀請了天空。再來看齋松邀風：松樹的針葉很輕，風微微一吹就會搖動，那搖動的姿態就讓人立刻察覺有風；松樹這樣的一個結構，使得它跟風有這種密切互動。再來看止水邀萍：只要有靜止的小池塘，就會冒出浮萍；我們看到浮萍，就知道水塘跟浮萍相伴為生。築台邀月：築一座高台，一到那裡，就能看見月亮，許多中國詩詞中都會這樣描寫，像李後主的詞。為什麼會這樣？因為樓台的高度，還有樓台給出的孤單意境；那種孤單常常跟月亮聯想在一起，所謂「明月照高樓，流光正徘徊」「無言獨上西樓，月如鉤」……。種芭蕉邀雨：這在我的生命經驗中得到印證。我是南部人，南部什麼不多，香蕉最多，房子旁邊種滿香蕉；最棒的是晚上睡覺時，天氣炎熱，一陣風來，雨開始打在香蕉葉上，啪啦啪啦，你睡在棉被裡，突然感到一陣涼意，讓人非常舒服。種柳邀蟬：一想到種柳，就想到唐代詩人常以柳樹入詩，楊柳青青，蟬聲不輟，這跟柳樹的特性有關。我們中國人用一種非主體的東西，沒有意志的東西，卻可以發展出「在一起」的效果，這就是「渾然天成」。兩者在搭配時，我們會從邏輯來推斷這兩者有關嗎？其實從邏輯來推斷是很不恰當的，這些都是我們生命經驗中非常具體的東西，它們到底告訴我們什麼？就是，一種存在物或存在者，它不一定要發揮其強大意志，還是可以跟別的東西創造自然天成的狀態，巧妙的結合。

另一種渾然叫做穿透。有一種東西存在，你會突然發現它從表面開始運動，往裡面溢過去。例如有人看到一個景非常幽雅、深幽，但再讓他深入、旋進去，你會發現裡面有某種淒涼、某種孤伶伶的感覺。這個幽、蕭索，在字面上是沒有關係的。但這風景若沒有這個蕭索，沒有孤寂性的話，這個幽就變得很假、很人造。此話怎講？譬如說一個幽雅的地方擠滿了人，它還會幽嗎？所謂的美景，就是沒有太多人去踩踏草地、破壞景觀，好山好水才能一直保持下來。例如花蓮豐濱有個黑白石的沙灘，萬一開放，從台北來的觀光客十幾萬人跑來，那個黑白石沙灘就沒有了，全部撿光了。黑白石的沙灘之所以幽、美，就是因為人少。這告訴我們，表面上看到的東西，再穿刺下去，還可以看到別的東西，而且這穿刺下去你所見的東西跟原來不同，但這兩者互為表裡；倒過來講，如果有兩個東西互為表裡，那麼它表面的樣子是不真實的。例如煙雨濛濛，看起來很雅，其實其中有個不堪，也許是你身體衰弱，因為觀者的不足，而看出這個感覺。表面上的雅、清秀、仙風道骨，其實可能是孤僻。事情是有兩面性的，「渾然」把兩個相反的東西結合在一起，看起來很融合。例如我們有很多情緒是「渾然」的情緒，喜、樂、悲都混和在一起。

第三個，是看東西的角度本身，也有個「自然性」。在樓上的人會往上看山、在城樓會看雪、在燈前會看花、在月下會看情人，這個看是指角度，樓的角度、城樓的角度、燈的角度、月下的角度。也就是說，你所處的位置本身，提供了一個角度。事實上，同樣一個東西，在不同角度看起來，會看到不同的東西。這大家比較容易瞭解，但常常會被另一個想法否定掉。有時會有批評說：「你換了位置就換了腦袋」，我們會覺得這句話是對的，但其實，換位置一定要換腦袋，因為角度變了。但會有很多人不認同。事實上最自然的狀態，就是換位子要換腦袋。恆定，其實是我們虛構出來的，什麼堅定不移，都是騙人的。若有，也是自然出現的。

另一種叫做「天趣」，有一種自然的狀態會給出。這「給出」不是誰給的、誰要的，本身就直接給出。例如你在倚窗作畫，或是在雪夜吟詩，你的畫紙會和大自然渾然成一種整體的諧趣。這表示，你在某種天然的情況下，會發生某種天然的趣味、韻味。

自然之道：無人稱的心理學

我為什麼要特別強調這種「渾然天成」的東西？因為我們對病人的照顧，要回復到自然的道。我會以「渾然天成」來講臨終照顧，是因為它把人先取消掉。為什麼呢？若這裡用人當主體做動作，我們會誤會是人的意志在動作。但人本身不全是人性，人對「人」的瞭解只有一部分，人的存在還接了一大堆人自己無法瞭解之物，是「非人」的部分。在人性中有人自己無法發現的東西，那個非人性的部分，存在的力量比人性的部分存在的力量還大；我們如果用人性的部分強制作為的話，會造成人的過度造作跟人為化，這會對自然的生命有所損害。例如死亡，是最最自然的事情，人造物會對死亡這種自然的東西造成損壞。人性中你所不瞭解的部分、無法操縱的部分，能有強大的作為，你可以聽出來這有很多老莊的思想，但老子只提示我們有這可能性，我們在臨終照顧中卻發現，這不只是可能性，而是具有強大的力量。非人的部分具有強大的力量，而且會發生一種天然的機巧，是人所做不到的。所以我們要有一個「心齋」[4]，要去安一個心，讓你知道這東西有強大的力量，比你動心、動念、動腦袋都還重要。

在這裡我不談靈魂，只談我們必須擴張我們本來的視野，我們必須承認自己不瞭解的部分那強有力的存在。只有承認這個存在，才能讓我們安安靜靜地待在病床旁邊，陪伴病人，才能八風吹不動，穩若磐石。這對病人才是最大的幸福。有個牧師在過世前，寫信給他學長，說：「學長，每次你們用風一般的方式進我的病房，我可以感覺到你們腳步匆匆、急忙離去的心情，但你知道我多麼難過。為什麼不停下來，靜靜站在我旁邊，即便五分鐘也好，你們總是有事情。」當然從積極的面向來看，護理長要監督病人接受探望的時間，不准這樣不准那樣，但對病人來說，病人只要求小小的自然。

還有一個「轉」。這意思是說，事物到了某個地方，會有迴旋的動作。例如凶年，會有很多災難、流行病，但在慌亂中，突然才想來，除夕來了，瞬間轉變。心裡充滿愁緒時，燈花亮起，心情突然一鬆、眼睛一亮。像古代的人在客途旅社中，突然收到一封家書。這種轉，透過自然的流動，沒有人在安排。

還有一個「移」。意思是說，一個東西總是會跟另一個東西親近、搭配得恰恰好，這其中的妙處在哪？我們人會不知道怎麼搭配才好，但是一旦搭上去，就覺得很棒。例如一座高樓環樓種了松樹，一陣風來，你突然發現兩者很麻吉。你在山澗旁蓋了一棟小房屋，窗戶剛好開在可以看見山澗的地方，下雨時山澗水變大了，你忽然發現出現了一個瀑布，那真是人間絕境。明朝滅亡後，有個遺臣叫做傅青主，真的在山中建了一幢小屋，就是有這種經驗，他寫了一首詩就在寫這個事情。那天下起大雨，山水的氣韻令他突然想到國家滅亡了，不禁嚎啕大哭。

當你臨江飲水，突然一輪明月出來，月映水上，美得不可方物，連李白都想跳下去[5]。東華剛開校時，有一條人工河，那時還很清澈。有一晚我去散步，突然起了大霧，我往前走，走到一座橋邊，月亮映照在水面上，美得可怕，把我嚇了一跳：怎麼可能這麼美！這些例子舉不完的。一次我去溪頭，在竹林中有一陣煙，突然一陣風來把煙吹散，我走到亭子裡，煙霧把路都遮住了，很多爬山的人都有這種經驗。這是種「不是人的心理學」，沒有人稱的心理學，裡面沒有人，可是又是真正的人。不知道那人是什麼人，但總之他就這樣給出了機巧的東西。如果這一套是我們中國人一直在磨練的東西，我們卻把它丟掉去學西方的心理輔導、諮商，那對得起自己嗎？我們讀這些東西一定比讀西方那種充滿理性、大腦的東西，更接近中國人。心理學的本土化，不是一種狹義的民族主義心理學，而是重新發現自己，重新把自己的東西以新的詮釋來產生更有深度的內容，不管是心理諮商、輔導、分析、照護。從我剛才舉的例子，你可以發現這種中國的東西，心理力量是很大的。

遠去與歸來

之前提到的《淡之頌》，書中闡發很多中國人的東西，這本書的作者叫于連，讀者會以為他是中國學者，結果錯了，他是法國人，于連是譯名，他本名是 François Jullien。他曾在香港中文大學讀書，那時他已經二、三十歲了。他想要瞭解的是自己的文化源頭希臘，但他說一定要到一個跟希臘沒關係的地方，才能真正瞭解希臘。你會問，這合不合邏輯啊？你要瞭解希臘為什麼不去希臘留學？但他認為如果他去希臘，就會被前人的框框限制住，他不但不去希臘，不留在歐洲，甚至連印度也不去，因為印度留有被希臘影響的痕跡。他說我要到一個地方，叫做中國，去學我完全不懂的東西，這樣我才會發現我的希臘6。結果他成功了。他下工夫鑽研《詩經》、老莊，寫了很多書，在中國大陸都有譯本，台灣只有這本《淡之頌》。他用法國人的思維去寫中國人，寫給法國人看。當這些書被翻成中文給中國人看時，又令我們看到很奇妙的地方。

你不是不能學外國人的東西，但是你要懂得回來。你去懂外國人的東西，並非只去瞭解外國事物，而是為了瞭解自己的事物；走一條迂迴的路，去瞭解自己的東西。要瞭解一個文化，不是你直接去讀就可以瞭解的；例如要瞭解中國文化，不是去中文系窩著就好，那會讓你脫不了那習氣，變成冬烘、醬缸。你必須倒過來跑到法國去，從法國的文化裡重新瞭解中國。其實我剛跟大家講這些東西，也是繞了圈子，這些理論的背後是哲學思想，以法國後結構主義思想為主，繞到這裡，大家看我說的例子表面上是中國，但背後卻是另一個東西。這也是另一種渾然。在學術領域要深入的話，就要靠這種渾然的方式，講難聽一點是雜交的方式，你才可能對事情有深刻的瞭解。如果你想研究怎麼讓人快樂，然後去讀一堆教人快樂的書，結果你會膚淺得不得了：什麼超越憂鬱、克服焦慮……，而且弄得自己焦頭爛額。不如你潛心繞個道，順著你的性，你的喜歡，去建立自己心裡的山水、建立你自己的樓台、建立你自己的風景，你的水潺潺地流，你的雨叮咚地下，一切都在你的胸懷之中。

介紹人文臨床

長期以來從事臨床照顧，有一些感觸，想在這最後一堂課的最後和大家分享。一般人會覺得從事這種陪伴，「醫療」是唯一要做的一件事。病人所有醫療過程都做完的時候，會突然空掉，這時我們志工要怎麼跟病人在一起、陪伴他呢？我發現在病房中，我們是心靈貧乏的。有一天我問病房中的人，有人可以給我們講一個故事嗎？沒有人能講故事；有人能為我們唱一首歌嗎？沒有人能唱歌；有人能為我們朗誦一首詩嗎？沒有人。講點上人的話吧，又說沒有意思。在醫院裡面，除了抱怨醫生、跟護理人員鬧鬧脾氣之外，好像沒有事可做。

那時我就在想一個東西，social support，社會支持。我們以為社會支持就是有人幫忙、有人跑腿。但真正的社會支持應該是人文社會科學的所有領域、所有意涵都來這個病房。就像蘇偉貞老師，她可以把在病房陪伴先生的狀況寫出來[7]。醫生看過那麼多人死亡，但哪一個醫生能像蘇偉貞一樣寫下那樣深刻的文字。病房裡面不能捏捏陶嗎？不能塗鴉嗎？音樂也不一定要有調，無調也可以。藝術也可以接近臨床，人文心理學也可以接近臨床，不一定是諮商心理學跟臨床心理學才跟臨床有關係，一般的心理學也可以。

現在的疾病的現場，沒有人文的厚度。我們能不能召集一些人，從事藝術、文學、哲學、宗教工作的各種人，問他們能不能來到臨床的現場，發展跟宗教有關的宗教臨床？發展跟藝術有關的藝術臨床？那是跟病人有關的藝術，沒有治療意識的東西。能否用人文的東西組成一個支持網絡，而不是只靠正規的醫療技術。任何一個人文學，都有機會參與這個過程。就像九二一大地震時，文學、宗教、藝術都有各自的位置，從事這些工作的人都自發地趕到現場。我一直覺得台灣的人文厚度，必須替它找到一個可以生根的地方，這也許是一個辦法。如果讓這些專家到臨床現場，比如到病房去，以他們在藝術、哲學、宗教上的專業，看看可以發展、激盪出什麼。我把它定位為「人文臨床」，包括「宗教臨床」、「藝術臨床」、「哲學臨床」等等。

負重的迂迴之路

提問：老師引了很多當代思想家的東西，我覺得很迂迴、很難掌握，不知老師對讀他們的東西有什麼建議？

余老師：要達成某個目標，我建議你先放棄那個目標，冥冥當中你一定又會回來。例如我想研究臨床，因為這跟我的個性比較接近；但當我去拿臨床博士時，我就立志不要做這種臨床，因為它傷害了我的本質。我就順著我的性子去念哲學、人類學。表面上哲學、人類學跟臨床沒關係，但漸漸地就發現又念回來了。現在，我的書架上完全沒有現在書市上那種心理學的書，心理測驗啊什麼的，我的書都是思想家的書，但我的腦子每天都在轉臨床的東西，我覺得很爽，這是我學來的。我很喜歡的一位法國哲學家呂格爾（Paul Ricœur）告訴我，意義這種東西，走直線是沒有用的，直線這條捷徑是個虛假的道路，意義的路是螺旋的，意義的邏輯是非線性的。這世界上，如果你機關算盡，目標明確，你想直接抵達目標，那除了賺錢以外，其它都不算目標；你如果不以賺錢為人生唯一職志，那就要走長路，不要走短路。不要相信你的意志，但相信你肚子裡的興趣。這會是一條路。有時路走不下去，不要以為沒希望了，這可能會是珠胎暗結。

桂花：最後請余老師給我們一個從二〇〇七邁向二〇〇八的祝福。

余老師：每年日出最早的地方是花蓮，很多人跑到花蓮跨年狂歡，大家還是不要到花蓮來湊熱鬧。其實我對年年歲歲沒有感覺。我覺得祝福這件事，對病人來說是很艱難的。就這樣。（笑）

註釋

1 威廉．詹姆斯（William James）（2001），《宗教經驗之種種》（*The Varieties of Religious Experience*），蔡怡佳、劉宏信譯，台北：立緒。

2 一九三三年，希特勒上台後，猶太裔的班雅明不得不開始流亡，一九四〇年，為了躲避納粹的迫害，班雅明在法國和西班牙邊境的波港（Port Bou）服用過量的瑪啡身亡。

3 請參考余蓮（一般譯作于連，François Jullien）（2006），《淡之頌：論中國思想與美學》（*Eloge de la fadeur: A partir de la pensée et de l'esthétique de la Chine*），卓立譯，台北：桂冠。

4 「心齋」一詞出自《莊子》〈人間世〉：「（顏）回曰：『敢問「心齋」』？仲尼曰：『一若志，無聽之以耳，而聽之以心；無聽之以心，而聽之以氣。聽止於耳，心止於符。氣也者，虛而待物者也，唯道集虛，虛者心齋也。』」

5 關於李白之死，後世眾說紛紜，一說是病卒，死於「腐脅疾」；或謂其飲酒過度而醉死；另一說是酒後「攬月落水」，死於溺水。

6 關於于連哲學研究的迂迴策略，可參考北大哲學系杜小真教授與于連的對談：杜小真（2004），《遠去與歸來：希臘與中國的對話》，北京：中國人民大學出版社。

7 請參考蘇偉貞（2006），《時光隊伍：流浪者張德模》，台北：印刻。

輯二

幻化生成

導讀・做為一種真實的虛擬實踐：變異思想的互為縐摺

林耀盛

雙重對位：德勒茲與余德慧

本書輯二「幻化生成」的這七個講次，特色是由課程記錄整理而成。課程講述的即時性、互動性，甚至偶然性，與一般書寫文本用字遣詞深思熟慮不同。同時，由於錄音品質的情境因素、錄音檔案的不全、課程筆記的缺漏，或是不同記錄的版本，可能造成閱讀上的「跳脈絡化」。然而，正因為講課時「當下即是」的真誠性，更可以透過口語化的語言，接近余老師精心講授的宗教療癒課程意涵。當下（immediate）意味著im-media-te，是指不透過媒介（without media）而直接表達，更能貼近思路藍圖所揭露的理解意義。如此一來，這七個講次的整理，是余老師授課現場的再配置，我們可以在其中看到老師的課堂講綱、師生對話、提問回應和案例分析等多重層次。雖然，老師臨場講課的姿態、呼吸、聲音，甚至帶著生病身體的面容，無法在書中呈現，隱身為無聲背景。但老師的知識構思與講課風格，正透過本書的編排出版，向著讀書人訴說著他生平顯著、核心的思考方法。因此，這個版本可說是余老師在宗教心理、生死學、文化療癒等領域的重要「論述」（discourse）。

傅柯界定「論述」的各種面向，包含了論述的形成方式，如論述對象、概念、策略等的形成方式；其多樣複雜的說明中，主要放在說明各種論述的出現、開展、消失、排斥等各樣面向，並非服膺於單一的因果關係或決定關係。所以，在進行描述論述場域的主要元素，即聲言的功能之餘，仍須考慮論述是對誰發聲。這是課堂記錄，是對著有心學習者的論述開展，也包含教材取捨的思慮，因此論述也涉及情境相關的「非論述」的實踐。就此而言，本書輯二「幻化生成」將課堂以文字書寫呈現，卻仍保有現場聽課的情境。但這七個講次真正的內在歷史性，是需透過讀者的經驗融入，賦予這本不說話的課程書聲音，亦即是由讀者來陳述歷史性意義。本書是一種開放性論述，這也是本書這七個講次主要論述養料德勒茲思想的解疆域運動的再度實踐。

當然，德勒茲是跨語境的思想繁複哲學家，余老師本身也是繁複概念生產者，所以，閱讀這七講有時會掉入繁複思想的反覆差異運用的困惑感，構成一種思想縐摺的乘冪化作用。繁複的無限生成，構成思想地景的多重空間。但也因為是多重空間，任何出口、入口、蟲洞或玄關，都是一種可以穿越的路線。所以，本書編排的七講課程可以是七首歌、七個高原、七場劇，甚至七次佈道，任何裂口都可泰然穿越、聆聽或賞析或領受，並且找到「舉重若輕」的趣味。因為這七講處理的是宗教、生死、療癒，乃至本土臨床心理學等議題，俱是重大的嚴肅問題。但余老師總會以獨特的風格、話語、幽默、笑點或帶有動作的身體語言，在不當真的當真下，傳遞核心的思想。當然，如此的策略，也難免引來疑問，這是德勒茲概念的原旨嗎？

德勒茲向來是概念工廠，以獨特的概念機器，生成各式各樣的變異。他終其一生關心「什麼是哲學」的問題，他認為哲學是創造概念的學科，世界是在概念中透過概念，向我們示現。所以，哲學是藉助概念重新省察世界，開創觀看世界的新視角。

余老師的問題意識，或許可謂為「什麼是心理學」，與德勒茲不同。心理學（psychology）的意涵，psycho的字根是 psyche，這個字在希臘語是psuchē，原意是靈魂（soul）。昆茲（G. Kunz）甚至將心理學的拼寫直接改名 psukhology[1]。其中 psukhe 的希臘語原始意義是指呼吸，生命、靈性或靈魂會自主呼吸，也會因為他人的到來而激發引動不同的呼吸狀態。心理學的定義不僅是探討個人心智與行為，也包含靈性，更是承擔為他人的責任。依此，心理學的意涵，同時是包含靈性、魂體、精神意志，以及一種內在存有的激活生命力等等意涵，而非今日心理學狹隘的心理邏輯（psycho-logic）的理性化約意義。

余老師後期更投入關懷宗教療癒和生死學，無非是古老心理學靈魂的歸返，在實證心理學領域製造駁論，這是「駁論的精神」（spirit of contradiction）復甦，以生產新概念讓我們重新檢視心理學的內涵。儘管德勒茲和余老師兩人關心的學科旨趣不同，然而，余老師和德勒茲，都是以新的概念工具箱，提取符合脈絡的器用之道，以解除既有學科界限，思考超越的／超驗的路線。

多重路線：跨語境的解疆域者

德勒茲繁複的基軸概念，其中之一是「無器官身體」的生成／流變（becoming）路線。無器官身體是解除身體官能界限，是強力、向量、速度和流通的地方，也是能量、權力和生產得以發生的所在。生成是（細）分子的路線（molecular line），穿越、撞擊、重新排列克分子路線（molar line，如種氏、國族、階級、性別的劃分）。進言之，克分子路線是二元對立的符碼生成，是對社會關係加以分層、規劃、編序、分級、調整的整體路線，造成主體和客體的對立。分子路線則穿透克分子嚴格限制的社會網絡，以強力的流動，圖繪出生成、變化、運動和重組的過程。除了分子路線和克分子路線外，德勒茲認為尚有一條逃逸線（line of flight），和分子路線並無明晰的界限，但更具備遊牧特性，得以越過特定的界限，而抵達事先未知之目的地，以突變的飛躍，讓「整體」構造的能量洩漏出來，保有「微米意識」（詳見課程中說明）。余老師的宗教療癒與生命超越路線，可說是介於分子路線和逃逸路線之間，一方面解除宗教的整體教義，穿越不同認識論界限；一方面則以無目的之目的，激發虔誠信者在解疆域後的遊牧運動，尋找自身的路線，而非成為未經反思而定於一尊的平信徒（following believers）。例如，目前多數的生死學宗教論述偏重於將死亡對象化，運用宗教觀點作觀念性的請求，如死亡是不可怕的，只要你做……（如善事），以及指導一些儀式治療等。這些宗教論述缺乏個體化、具體化或過程性，經常以某種簡單的結論作為抵達，或過早關閉探索的大門。這樣的作法對平信徒可能就夠了，接下來只要「老實念佛」、「虔心禱告」就行了。余老師的觀點，當然超越如此的平信徒論述。

畢竟，德勒茲生產的是一種詩性哲學，以差異論、生成論、多元論為特徵，對統一性、二元論、中心論進行解疆域運動。德勒茲在《什麼是哲學》結論指出：「人類從未停止為自己製造保護傘，他們在這把傘的內襯上畫出一片天空，再把他們的慣例與定見一一寫上去；詩人和藝術家卻將傘剖開一道裂縫，甚至撕破那片穹頂，好讓一絲自由的混沌之風吹進來，讓那塊透過隙縫的視覺籠罩在一股強烈的光線中……。哲學、藝術和科學都要求我們撕破天穹，鑽進混沌裡。……哲學家從混沌裡帶回來無限的變異（variations），藝術家帶回來是品種（variété），科學家帶回來是變項（variables）。形成三個平面的連接點：哲學的內在平面，藝術家的裝配平面，科學的座標平面。概念、感覺、函數在這裡變得難下定論，哲學、藝術和科學彷佛共有一條身影，橫跨它們不同的性質，與之形影不離。」[2]跨語境、解疆域、互文性的以「非」（一統）概念理解哲學，訴求的是一種少數語。

少數不是指數量上的多寡，而是主流論述中的位移，從邊緣發聲，回歸臨床場域的多元流動。余老師關切「療傷的會遇」，這是一個主體間際的過程（inter-subjective process），不是受苦者的獨白。余老師認為需要拓展臨床心理的場域為多重、異樣、流變的空間，而不是某一個論述（尤其是醫療論述）所專擅。就此而言，余老師是「負傷的學人」（wounded scholar）。余老師儘管身體健康狀況不佳，仍一如往常用心準備課程，甚至以生命智慧歷練成就教材。由於余老師的跨領域哲學素養、以及解疆域的行動、充滿詩性的語言，或帶有藝術神祕的氣息，但又不失科學眼光的複合經驗，使其本書這七講課程與附錄的臨終啟悟論文，不但更具說服力，更可使讀者融入自身的深度體驗或日常生活。既然余老師是以變異思想為後盾，生成宗教論述新品種，進行對既有宗教心理變項測量的解疆域；讀者在閱讀過程中，自然不必受限於文本的字句斟酌，或因概念受阻而自覺難以消化，感受到閱讀上的困難。閱讀上，偶而讀上幾句或幾個段落，放下書本，與自己的經驗對話。亦即，嘗試以分子化路線進行閱讀，解除自身的思考框架或是二元對立習慣，再以逃逸線讓自己遊牧在生活修行的境遇。儘管閱讀這七講有時不免感到混沌，但如此一來，其內裡深度也將浮現出來。

虛擬真實：潛質力量的深度實踐

進言之，與其說余老師挪用德勒茲觀點，不如說德勒茲潛在思想的虛擬真實（virtual reality）經由余老師的手法加以實現化。實踐德勒茲解疆域化運動回到臨床心理的現場，是老師推動人文臨床的精神。人文臨床是將人類的臨床現場，如疾苦、病痛、厄難、失控等受苦處境賦予人文的深度，並結成人文支持的網絡，一方面臨床現場賦予人文學破裂自身，開始去傾聽受苦的聲音，獲得自身全新的反省；另一方面透過人文學自我轉化，滲透進入獨特生命經驗的受苦處境。而宗教療癒的生命超越，正在於體現如此的獨特生命經驗。虛擬真實不是一種假造的擬仿真實，而是一種尚未實現的真實，因此保持各種可能性的潛勢，是一種蓄勢待發的等待時機狀態。

換言之，虛擬的力量是一種亟待生成的強大力量，這不是一種走向某種既定的目的論，或以某種已然存在的實體作為基礎。虛擬擁有豐富的差異性，它以無法預料的方式進行創新。只有當虛擬的潛勢實現之後，我們才能意識到它們。這樣的虛擬真實所體現的內在平面，是余老師在課程中所部署的塊莖（根莖）思維實踐。

德勒茲的觀點認為，喬木邏輯是一棵樹，有樹根、樹幹、樹枝，每一個部分具有不變的功能，每一部分都存在於整體內的等級制中，這是一種中心主義的血統認證模式。而塊莖思維是以無性生殖的差異反覆生成的少數狀態做為園藝，是「無結構的結構」的後現代實踐，自身是入口、也是出口，也是自我逃逸的所在。這是一個精神的沛然奔放、靈魂的深切的所在。德勒茲設想一個巨大的荒漠般的空間，概念猶如遊牧者在其間或聚集或散居。這是取代喬木邏輯的塊莖思維，是充滿痕跡的千高原。塊莖本質上是不規則、非決定性、無法預料，表現出隱蔽、運用、侵入、外突、裂變、創造和生成，塊莖思維的虛擬實踐，構成療癒的新文藝復興運動。

余老師會引用日本文化的茶道、花道和俳句，顯示瑣碎的局部雖然不具備統一性和邏輯度，但塊莖般的園藝手工，正預示著未來，或是終結了既有秩序，而讓想像力在遊牧詩性的處境運動，構成一種渾成生產（poiesis）的心理療癒。渾成生產是物的質地在人工的配合更加展露它自己，所以物自身透過人的加成而產生一種混成現象，這是一種物自身展現的手工生成觀點。如此，有別於「架座」（Gestell），這是透過高度的強制性用人工的方式，將物的本性改變，使所有的物質質地變得不重要，且讓物質質地屈從於人工的標準[3]。余老師在課堂上內容不斷的渾成生產，是其塊莖思維所耕耘的園藝手工生成，是一種更融入經驗的超越經驗論點。

當然，虛擬潛質的實踐之道，本於認識論。余老師研究或教學的思考認識論，可從兩方面探討。

一方面，是「遊牧主體」的設想，呈現一種德勒茲意義下的解疆域運動，這是一種在複數的世界與複數的主體，主體或世界的複數不是整齊排列，亦非體系，而是縐摺起伏、重疊、異質跳接，以及以塊莖成團，更重要的是可見與不可見的區分，訴求自我裂解的必要。這其中，又涉及「荒野臨界」（milieus）與「領域」（territories）兩個既相關又有差別的觀念[4]。「領域」指生態系統中物種與環境互動的生存範圍。它不純屬群落棲息地的空間指涉，因為在生物表意中，領域乃一種行動，向荒野臨界用節奏發出感應訊號，從而使之領域化，也可說是一種克分子路線，一種針對性的路數。反觀「荒野臨界」卻與節奏一齊從混沌邊緣湧現，成為領域的形成元素，負責在基因層制訂有序的方向性趨勢。故此，荒野臨界指由生命周期式重覆與差異所製符碼的時空單元，像一組組的基因一樣，與其他層面、其他分子、DNA組合進行互動，相互共振形成節奏的曲調。荒野臨界本身就是悸動、擺盪，以節奏在中途的臨淵向混沌洪荒回應和酬答，可說是一種遊牧性的分子路線。就德勒茲而言，所有的流變或生成，都是分子的（all becomings are molecular），動物、花朵或石頭都是分子化的聚集。各種東西都不過是一架機器。機器不斷持續地轟鳴。機器與各種形式的深層生命接觸，讓岩石、金屬、水、植物擁有靈魂；像在夢裡那樣吞納自然的各種成分，如與月亮的圓缺同呼吸的花朵。由此，當下並不存在或是人或是自然之類的事物，而是一種過程，它在彼者中產生此者，並將有關機器搭配起來。余老師後現代渾成策略的認識論，甚至是一種反覆分裂話語，不斷撞擊主流論述。

另一方面，是解疆域後的「逍遙遊」。例如，余老師多次提到，罹患癌症是生命事件的正常與異常的碎片接縫，這種接縫無法被預期與臆想，也無法防範，它總是在不經意之間發生，但是異質碎片的組裝卻引來未曾有的「看見」，在原本日常視線的無限遠處出現原本不可見的景象，這種睨望就被稱為「冥視」（dark gazing）。這樣的現場性的「冥視」逼出了人生的傷口：真實被視為「永不現身」的（大寫）他者（Other），以祕藏的方式向我們顯示可見的蹤跡，但蹤跡永遠無法正面被揭露，真實只能靠近，我們只能蒙混在「為何那最貼近自身的東西卻是如此的陌生、無知與不懂？」的納悶裡。解除對象性思考，主體最要緊的自身知識從不曾被放入意識的觀看，反而是以「寄遺」的方式有他人旁觀、側觀、反觀或正視，主體只能從他人的鏡像反射窺見自己的倒影。就此而言，余老師生成一種思想工廠，在解疆域後的遊牧逍遙，鍛鍊一種無特定對象的非人稱的真實修行。這幾篇講稿，就是概念工廠虛擬真實實現化的變異思想作品。

餘外的閱讀：部署一種逃逸線

在基本教義派的宗教範疇，有時，會認為余老師的宗教療癒觀點是「不合時宜」。然而，所謂的「不合時宜」不是指跟不上潮流，而是以異議方式思考，這樣的異端在學術「政治正確」

下，會是「不合時宜」。但就因為是「不合時宜」，不被框架設限，才更擁有逍遙的遊牧「餘外」思想的可能。

「餘外」狀態，是對規則的打破，承認且肯定這個法則之外的迷狂（hubris）、僭越，以及個體的獨異性（singularity），這是不可分類的餘外性。餘外的餘燼，它既是精神燃燒的剩餘，對生命不可能的見證，也是完全虛無的，可能被遺忘。它也有著比虛無還多一點，幾乎虛無的餘燼，也有著比虛無更多的虛無，餘燼可能散播，陷入絕對的沉默與遺忘[5]。但因為是保持著餘外狀態，不斷越界與生成，如此不被規範約束的餘地，也促使現象自身不斷打造新餘地。

就實證宗教學而言，死亡的神聖性，往往是處於「無容」的狀態，這是一種「上天的狀態」，不可見的、精神上的，但也因為「無容」而構成存有的遺忘。而俗世間只好以「可替」的「地界的狀態」來取替，如透過儀式、祭祀或歲時的緬懷來追悼往生者，安頓存有者，但卻落入將臨終關懷的完形整體特性「碎石」化為零星的科儀。當然，余老師的宗教療癒與生命超越論述，是在實證論中打孔，讓更多餘外的無限生成，而保持各種生命的可能性。

以德勒茲的思想製圖觀點來比喻，在實證科學訓練和人文精神涵養間，就像在一個橢圓裡頭。橢圓的遙遙相隔的焦點，一個是尚未被都市化的原始經驗（如現象學的荒蕪性），另一個是現代大城市的文明體驗（如重視科學指標的標準化）。於是，置身橢圓就像是漫步在荒野叢林或都市叢林之間。置身荒野臨界的痕跡會感受到不安，曲折路徑彷彿看不到終點，但也因為原始性現象尚未被開採，每一步走過的路，都是自己獨特的痕跡，親證過的生命體驗，需以「後效」的收穫，慢慢回首的滋味，更深入而綿延。心中有地圖，無論走得多遠，終會在看似走不出迴圈的橢圓經驗裡，發現心理學的桃花源。因此，讀者在思想地圖中，並不迷路。迷路，是因為還在修行的路上。

如果人文學作為臨床批評在當前仍負有使命，無疑地是帶領我們回歸理解人們脆弱不安的存在，面對自己的裸命（bare life）與例外狀態（state of exception），這是一種暫停的狀態成為經驗的常態，被死亡占據，治療和生命間呈現既支持又約束的關係。也就是生死關頭宛若裸命於生命政治（biopolitics）的例外狀態，一種排除式納入（exclusive inclusion），既被除外於認識領域外，又被納入生命治理的規訓秩序之內，這是面對生命臨終現象，在現代醫學以「（無）法」來全面控管生命的最佳寫照。余老師的宗教療癒，正是在如此的裸命政治下，讓我們理解生命的獨特性，解除了以「人類」之名發言所預設的經驗「普遍性」。德勒茲所謂的元命（A life）的內在經驗（詳見課程中的介紹），終究是指涉一種「獨特性」的歷程。

生成或流變，永遠沒有結束，永恆的正在進行，無限期的變化，超越任何可能經歷過的內容，保持餘外的獨特性。這是穿越未來與過去的生命片段，這樣的經驗不是模糊籠統，而是在於無法預見，因為在群種中的獨特性，更加無法在形式上被確定。宗教療癒的入修不在高峰經驗，而是在千高原的遊牧流變，創造一個普遍論缺席的旅程。因此，宗教療癒的挑戰不在於超越理智的界限，而是穿越無理性的邊界。無理性的失序、荒謬和混沌，以多樣性生態面容人類的災難、恐怖、靈魂深處和疾苦病痛，進而體認到自我流變為他者，面對他者面容的無限責任。每一個獨特的面容都是強大的、孤獨的面容，超越一切可解釋的形象的範疇。透過本書七講，讀者也將會遇、遭逢不同指涉涵義的他者，進而回應面容的召喚。

一箭一箭的療癒：將自身做為一種手藝贈與

德勒茲曾提過思想傳播、溝通現代世界的兩種模式，一種是阿多諾（T. Adorno）般的方式，將密封的瓶子投入大海的作法。另一種是尼采（F. Nietzsche）之箭的方式，亦即思想家總是放出一支劍，像是無目的般放箭，另一個思想家將此箭拾起，射向另一個方向。或許，余老師正是以尼采之箭的方式，射向宗教療癒和生死超越的淨界，等待有心人將箭拾起，射向遠方。這七個講次所呈現的意涵，不是概念發展完備的封閉體系，只是讓後人從大海撈瓶，茫然的囫圇吞棗。而是一種需要我們不斷地思考傳播，以筆代箭穿透掃蕩成見，跨越各種語境障礙，書寫宗教療癒的真實修行。如此解疆域塊莖思維的分子路線實踐，儘管置身荒野臨界音步獨特，初始難以引發共鳴，但也因此保持眾聲喧嘩中的冷靜音調，不隨音逐流，醞釀回音不絕節奏的無限生成。余老師走的是「餘外」路程，但又不忘回歸「本土」家園的守護。這一趟學術旅程的揭蔽之道，既不確定也無必然途徑可以依循，可說是人生諸路途中，很少被走過的荒蕪幽徑。

進言之，余老師所部署的思想製圖，是宗教的遊牧巡迴，或許可說內含斯賓諾莎（Baruch de Spinoza）的《倫理學》、尼采的《歡愉的科學》、德勒茲的《千高原》、布朗肖的《文學空間》、巴舍拉的《夢想詩學》、傅柯的《外邊思維》、海德格的《存有與時間》、列維納斯（Emmanuel Lévinas）的《他者與時間》，乃至拉岡（Jacques Lacan）的《精神病》等等越界。如此的互為文本特性，構成余德慧遊牧論述的「宗教療癒」荒野臨界。余老師批判當下有些宗教處境，往往只是一種關於超越的意識，卻不是真正內在經驗的超越。讀者只要不墨守成規，勇於突破界限，都可挖掘自身的潛勢。因而，跨越既定的高峰神話，繪製出自身寓居於世的地圖，而非一味以靈性口號「放下」當藉口，反倒造成「靈性逃避」或受「靈知超我」的宰制。如此的多元位置，是閱讀本書「輯二：幻化生成」得以現象反思的切截點。此七講不僅是當下的生命禮物贈與，更是屬於未來，向未來開放的中介書體，而非完結的篇章。塊莖思維是反系譜、反體系，這七次的課程記錄既以此做為實踐，也不會是德勒茲思想的系統介紹。

本書的完稿，編輯團隊的勞心勞力、謄寫逐字稿的手工時間，構成獨特的手藝作品。余老師的課堂講稿成書，也是轉化老師精心思考的存在，作為一種贈與的手藝心思。倫理是手藝，不是處理。手藝工作是從頭到尾投入一件生活實踐的心思，在任何對待環節都不會馬虎的用心。余老師曾提及，手藝時間是以沉潛的耐心來度過生命困難的時刻；倫理手藝不是知識，而是共鳴。於是，病情惡化的倫理手藝，包括學習陪伴性的哭泣、學習一起祈禱（如燒香、祈禱、護符、膚慰、抄經、念佛、讀《聖經》、繪畫、書法等對心靈都有鎮定的力量）、締結性的支持（如祈求病友平安的自我平安、互為主體的祈求），以及對宗教師父的祈求與伴行（如靈恩的按手禮、受洗、皈依、入門、靈療、共修、按摩、助氣等）。倫理手藝者和病人共度的時間是用耐心獲得的實踐的共鳴，而不是任何知識6。

余老師的書本，其實反映出我們總是在生活自我智障。就如柏拉圖洞穴寓言所揭櫫：「瞧啊，人類住在地底的洞穴裡，穴口開向外面的光，照到洞穴的後壁。這些人自幼就住在這裡。他們的腿上脖子上都用鐵鍊鎖著，所以他們一動也不動，只能兩眼向壁，連轉頭都辦不到。他們後面上方，在相當的距離之外，燒著一堆火。火與這群囚犯之間，有一段高起的路，沿著路的上邊，你可以看到一堵短牆，就像玩傀儡的人所用的屏幕，他們是在那上面玩傀儡的。」虛實之間，每個人總有洞見與不見。

余老師在本書最後一講第七講暫歇語，引用松尾芭蕉的俳句說明微米意識與分子路線的關係。松尾芭蕉有一俳句7：

「一片閑寂
聲聲滲入岩裡
嘒嘒蟬鳴」

這一本不說話的靜寂課程記錄書，正發出深切的召喚。聲響流轉在繁複變異思想縐摺的荒野臨界，塊莖生成的言葉直入思想岩石綳裂出智慧花語，等待讀者的傾聽與應答。

本文作者為國立政治大學心理學系教授

註釋

1 Kunz, G. (2002). Simplicity, humility, patience. In E. E. Gantt & R. N. Williams (eds.). *Psychology for the other: Levinas, ethics and the practice of psychology*. Pittsburgh, Pennsylvania: Duquesne University Press.

2 吉爾・德勒茲（Gilles Deleuze）（2007），《什麼是哲學》（*Qu'est-ce que la philosophie?*），張祖建譯，長沙：湖南文藝出版社。

3 相關討論可見Heidegger, M. (1977). The question concerning technology. In D. F. Krell (Ed.). *Basic writings* (pp. 283-317). New York: Harper and Row.

4 詳細觀點，可參考Deleuze, G., and F. Guattari. (1987). *A Thousand Plateaus: Capitalism and Schizophrenia*. Minneapolis: University of Minnesota Press.

5 關於「餘」的討論，可參考夏可君（2013），《無餘與感通：源自中國經驗的世界哲學》，北京：新星出版社。

6 余德慧（2006），〈心靈療癒的倫理技術：將自己的存在作為贈禮的手藝〉，論文發表於「臨床倫理基本知能講座」，高雄：高雄醫學大學、中山大學哲學研究所主辦。

7 松尾芭蕉（2011），《奧之細道》，鄭清茂譯注，台北：聯經出版社。

第一講・內在空間

這些微小的身體分子，卻構成我們內在性的最底層。它是一片什麼都不知道的混沌未分化的「黏稠狀態」，這就是「黏性平面」。這感覺就像李清照在〈聲聲慢〉中說的「淒淒慘慘戚戚」，說的就是一種黏稠的狀態。我原來並不知道，後來是聽到中醫講肝膽黏稠、鬱得化不開來，我才想這樣想其實就對了，因為這就是一種液體狀態，黏黏稠稠地潛伏在人的身心構成的最底層部分。

「語言意識層」：內在性理論的最外層部分，可以脫離體覺感受，發展各種語言意識的自行建構。

「身體空間」：內在性理論的中介層，一般稱為體覺層，此層是身體的模糊體覺和符碼開始發生交織，可以開口說出經驗的界域，故又稱「身體的人文空間」。

「黏性平面」：內在性理論的最低層，也是構成我們的身心狀態的最底層部分；由身體的分子狀態組成，此中出現的意識狀態，是一片什麼都不知道的混沌的未分化的黏稠狀態。

我們要進一步說明「內在性」（immanence）的「黏性平面」。我們知道，這世界上關於「內在性」的理論很少，有一個人叫德勒茲[1]，他是法國後現代主義哲學家，提出了「內在性」的理論。在這個理論中，他認為我們的內在性有三個層次。最底層是接近我們身體的分子層面，就是我們的身體，由血液和各種組織的微細分子組成。這些微小的身體分子，對我們的意識來說沒有辦法被感覺到，但這些我們沒有辦法感覺到的部分，卻構成我們內在性的最底層。這部分的身體分子所出現的意識狀態，是一片什麼都不知道的、混沌未分化的「黏稠狀態」，這就是「黏性平面」。這感覺就像李清照在〈聲聲慢〉中說的「淒淒慘慘戚戚」，說的就是一種黏稠的狀態。我原來並不懂得，後來是聽到中醫講肝膽黏稠、鬱得化不開來，我才想這樣想其實就對了，因為這就是一種液體狀態，黏黏稠稠地潛伏在人身心構成的最底層部分。平時我們都不知道，可是等到某些事情給我們看到了之後，這感覺就會突然跑出來。

內在性的「黏性平面」

像是很多人在失戀了幾年之後，以為自己已經度過去了、沒事了，沒想到當碰到了某個東西時就不行了，當天就吃不下飯，鬱卒一兩天，那種濃濃、黑黑的東西就開始跑了出來，這表示那些東西還沒消失。很多心理學家會說，我們應該要把這黏性平面的東西消除掉。但是你光靠嘴巴講是沒有用的，因為內在性的黏性平面根本就不是在你的嘴巴、話語、意識裡，它就是構成你的身心狀態的最底層的部分，你要怎麼弄掉？大家還記得鄧美玲的例子[2]嗎？她原先也以為自己走過喪夫之痛了。可是在某些莫名其妙的情況下，她還是會感覺到自己的情緒混亂，不知道什麼地方就是覺得不舒服，這就是我們所講的內在性的黏性平面。

鄧美玲的治療方式是什麼？她找過心理師，但真正給她幫助的是跟張良維[3]老師練氣機導引，練到有一次她還出現了「神性一瞥」的經驗。就是在那個瞬間，她才感覺到自己全身突然清靈了起來，連走路回家時都還會不自主地練功，回家後也無法馬上入睡，還是要繼續練功，練完了才能入睡。像這種經驗現象就是發生在黏性平面的上一層，叫做「身體空間」的層次。在這個層次我們會有模模糊糊的體覺感受，但又還沒搞清楚這感覺是什麼。

體覺與符碼交織的界域

「身體空間」這一層有什麼特性呢？這一層就是我們一般所講的體覺層。所謂的體覺層就是指，你的身體已經可以感覺到，諸如「緊」、「痛」等各種感覺已經跑到表面上來的經驗。換句話說，體覺層的經驗已經可以跟我們的意義符碼連在一起，成為可以說出口的經驗。比方你現在的感覺是輕鬆？還是沉重？因為這一層剛好就介於體覺和符碼開始發生交織的界域，所以我們也稱之為「身體的人文空間」。

「身體的人文空間」這一層已經跟符碼編排在一起。常常光是符碼本身，就可以決定我們的感覺，我們也可以選擇要用什麼符碼來說出自己的感覺經驗。此外，我們也發現「身體的人文空間」這一層，不是我們想要操控就可以辦到。身體的體覺層（身體的人文空間）這一層的操控是很慢的，完全是要靠身體的訓練工夫來做。像打坐的時候，若你可以跳脫語言符號，即「內在性」理論最外層的部分，開始回到體覺層的覺知去，你整個人的狀態大概就比較安靜了，大多數人就會停留在這裡。

從這個「內在性」的理論來看，我要指出來：大部分的療癒和身體工夫的訓練就發生在這個身體的感覺層，也就是體覺和符碼交織作用的「身體的人文空間」。這是為什麼當我們談療癒的時候，我們常會說，用語言說的沒有用，因為身體真正的新陳代謝是發生在我們的語言所管不到的層面。但從感覺入手的各種身體技術，就可以動到人的身體中這個感覺和符碼交織的層面。各種身體工夫的訓練也都作用在這一層次。這裡我們要再次說明，你們不要去執著在「身體的人文空間」裡的各種感覺經驗，因為所有的感覺都會改變，不會停留。修行不是要去追求某種狀態的維持。

終極場域

關於「內在性」，大家也可以閱讀德勒茲死前所寫的最後一篇短文《純粹的內在性》（*Pure Immanence*）[4]。他在第一章的開頭就提到，什麼是終極場域（transcendental field）[5]？他說終極場域在於那些既不是客體，也不屬於主體的經驗的再現。它是一種非主體的、像河流般的純粹流動，是我們開始反思前的沒有人稱的意識狀態。這時候的意識狀態並沒有自我的標註，它只是某種質地的時間的綿延經驗。德勒茲說，終極場域是由「當下的立即給予」來界定的，這是什麼意思？這意謂著我們都不知道終極場域是哪裡來的，它是當下就給出、就發生了。所以德勒茲說，終極領域是立即給出的。

我們這裡談到的是超越經驗論（transcendental empiricism）這個觀念。超驗經驗論不再是去看構成這個世界的客體和主體的分別。德勒茲說明，在這個超越的經驗場域裡，有某些曠野的、有力量的東西，也可以說是我們的「感性存有」，這當中的任何一時的感覺都只是一個斷點，都是在絕對意識流中的一個斷點而已。為何如此呢？因為任何能夠表達的東西，只有處在有主體、有相對應客體的條件下才能進行表達。當沒有主客體的區別，也就失去了語言可以表現的平台，也就沒辦法由意識來進行界定，到此已經沒有語言揭露的可能性了。這個內在性的終極領域排除了所有主客體的區別。

這麼說來，純然的內在性就是自己返回自身，不歸屬於任何的主體、客體，主客體的東西永遠是內在性的外邊。如果我們用主客體的認識論，來認識內在性，這將永遠是一種扭曲，內在性的所有經驗就將閉鎖在自身的終極場域裡。德勒茲在前文的第一章裡一直在強調，內在性不能關連、不能歸屬於一個主體，也不是主體把自己的很多東西統整起來的狀態；德勒茲說內在性什麼都不是，如果你把內在性歸屬於任何東西，就再也不是內在性了。

關於德勒茲的這最後一本書，你們要慢慢看。這篇文章很短，但你們會不會覺得很陌生？會不會覺得很難接受？我們學宗教療癒如果沒有學到「內在性」與「幻化生成」的這一塊，其實就是白學的。你們會不會覺得，我們人就像是在瓶子裡飛的蒼蠅，當我用語言教你們認識世界的時候，你們好像看到，原來在我的眼前有一層透明的玻璃罩，這時外面的景觀你好像都看到了，可是當你真的要衝過去的時候就會衝不出去，因為始終有很大的障礙擋著，儘管這層障礙是透明的。

註釋

1 德勒茲（Gilles Louis René Deleuze, 1925－1995），法國後現代主義哲學家，其哲學思想其中一個特色是對慾望的研究，並由此為起點對一切「中心化」和「總體化」發動攻擊。德勒茲的主要學術著作有《差異與重複》（*Différence et Répétition*）、《反俄狄浦斯》（*Capitalisme et Schizophrénie 1. L'Anti-Œdipe*）、《千高原》（*Capitalisme et Schizophrénie 2. Mille Plateaux*）等。

2 請參見：鄧美玲（2010），《遠離悲傷》，台北：心靈工坊。

3 張良維，「東醫氣機導引」創始人。關於「氣機導引」的介紹，請見：張良維（2002），《氣機導引：十八條身心活路》，台北：時報。另一本余德慧老師在宗教療癒課堂引述過的書為：張良維（2001），《身體自覺：太極導引陸上游泳》，台北：時報。

4 Gilles Deleuze (2005). *Pure Immanence: Essays on A Life*, with an introduction by John Rajchman, trans. Anne Boyman. New York: Zone Books.

5 在輯二第五講次「超越經驗論（一）」中，余德慧教授將 transcendental field 翻譯為「終極領域」（一般譯為「先驗領域」或「超驗領域」），並說明了作此翻譯的理由。

第二講・無人稱主體的兩種樣態

「深解信」一樣是無人稱的內在性，當人把自己奉獻在「深解信」裡頭，就像道證法師把自己全部都奉獻給阿彌陀佛，這就是「時間晶體」在相互照來照去、彼此映射，它是無人稱的內在經驗，以「虛擬實相的交互反射」的方式產生一種「活性的幻化生成」……。

兩種內在性

「內在性」可以分為兩種。一種是精神、勇敢、魄力等，可以被人所指認的，這就是有人稱的（personal）內在性。而無人稱的內在性（impersonal immanence）[1]，則多半出現在修行的時候。有人稱的內在性，可以稱之為「心」，但與阿姜查[2]所言的「心」不同，阿姜查所言的「心」，是無人稱的內在性。所以阿姜查才會說，人心本是單純安靜的。原初的人心就像嬰兒一樣，具有一種本能上的安靜。雖然嬰兒有很多本能上的渴求，但那單純只是身體上的「需要」，而不是一種慾望。需要，與慾望不同。慾望，就是人見外物，心生喜好而貪求；不是人所需要的但渴望的，就是一種慾望。譬如明明飽腹，可是看到美食還是會想吃，就是一種慾望。

慾望，就像阿姜查所言，會讓本初的「心」多了一個附加物，使得平靜的心變得像猴子一樣，躍動不安，最後讓人感覺到疲累與沉重。什麼情況下人的心會像猴子一樣？譬如說，害怕別人佔便宜，用盡心機思索別人的行為，心思就會像猴子一樣，跳來跳去。很多情況下都會出現這個樣子，這就是有人稱的慾望。這個心呢，就是一個異化的精神結構，譬如比較這家餐廳比那一家好，這一間又比另外一間好，這房子比另外一間房子好，這個花園比那個花園還要好……，這具有一種意向，一種精神的東西。

這個東西就是 being（指人的存有）[3]，人就是在世界上這樣子活著。being 必然對他自己所有的東西執著，以一種「永遠要活在世界裡頭」的存在狀態活著。這種情況下，以 being 為基礎的語言有很多，中國人都要「千秋萬世」，秦始皇求「不老仙丹」，也是依 being 為基礎，到最後這些都呈現為一種假象。現在，我們不說千秋萬世了，而改說「願景」、「永續經營」。很多人會說，永續經營就是要一代代傳下去的，可是很多東西就算代代相傳地傳下去，最後還是會變調。譬如 TOYOTA 的管理階層，已經不是最初的創始者了，他們的家族經營已經消失多少年了；現在福特的創始者所占有的股份，已經微乎其微，甚至有一陣子被日本的公司給買去了。從這些例子中，我們可以看到世間的真相應該是無常。所以就 being「以世界為基礎」的活著而言，很多有效果的事物終究會變成無效的。

樹狀 vs. 根莖狀的生命[4]

無人稱的內在性就像我們看到的「慈悲」：真正的慈悲是不以「我跟你有關係」為前提，惻隱、慈愛，都是一種天性，一種先天的，這些東西都有一些內在的動力。有些人一輩子都無法感受到無人稱的惻隱或慈悲，不是因為他們很糟，而是他們沒有機會觸動到他們內在的動力。我們會問這種內在的動力是什麼？我想可以用一個詞來稱呼這個動力——「夢幻衝動」。或許你會覺得「夢幻衝動」聽起來怪裡怪氣的，可是夢幻衝動是一種先天地給出來的東西，它出現的時候基本上已經把人的個性（personality）都消除掉了。它的基礎就是「超越世界的存有」。

如何超越being？所有宗教家、宗教療癒的特性都是超越世界的活著。有人稱的內在性是「樹狀」的，無人稱的內在性是「根莖」狀的。像樹一樣有固定根系的事物會這樣由下長上來，有樹幹和枝葉，有一定結構和層次，這是一種在世界中得以「經世致用」的生長模式。譬如政府組織有中央政府、縣政府、鄉公所，根部是經濟為生，往上有流動的稅金。譬如學校也是，根本是教育，有一個教育的原理，用什麼方式去教育，很有秩序地去教。再譬如一般進行分類的時候，也會很有秩序，譬如金屬類，又分為稀有金屬、貴金屬，分為軟金屬、硬金屬，又分為什麼高熔點、低熔點的，可以像樹枝一樣，一點一點慢慢地細分下去。有人稱的內在性也是這樣，有一個內在的信念當作你的「根」。有了這個「根」之後，就有一個指導的信念，在世界上得以立身，於是有了風格，發展各種不同事務；有人是經營感情，有人是經營事業，但是都需要統合起來，以他的主幹為主去發展。這是一個樹狀的結構，這個結構是堅固的、堅實的。

可是到了「無人稱」的這裡，世界上所有堅持的東西，都會摧毀消散。為什麼它需要是根莖狀的？我們知道地下根或地下莖是用網絡（networks）的方式纏繞出來的。根莖式的存在有一個本體，可是本體中各部分的交通是平的，我們可以從這個節點出來，或從那個節點出來，從哪裡出來、朝哪個方向都隨便你。意思是說，無人稱的，不是個人，它不是個別性的（particular），而是獨一的（singular），它隨著先天的發展，在各方面，產生一種內在性。在此我們對於「有人稱的內在性」和「無人稱的內在性」，以「樹狀」與「根莖狀」兩種生存樣態做了一個簡單的區分。

認知與回憶的延展性平面

5

什麼叫做「認識—感知」？我們感知到某個東西時，經常是用我們的認識去感知的：這個東西好，Good；這個不好；這個危險；這個可愛……，這些都是透過認識進行感知的生產過程。但是就人的內在性而言，它不只涉及外在的關係，更牽涉到「回憶—感知」。你在看、判斷或認識的時候，你會回到個人曾經經歷過的東西。為什麼這裡提到「敘事」？因為在「回憶—感知」的作用下，讓我們開始有事可講，基於我們過去的經歷所構成的記憶。用比較學術的講法來說，我們感知事物的當下，會建立一種「延展性平面」，什麼叫做「延展性平面」？它指一種透過「聯想出與這東西有關的事物」不斷延展出去的平面。譬如當你看著電源的時候，你想到裡頭有某些金屬物質；看著草皮的時候，你會看到羊、河流、山……，而這樣的聯想是可以「沒有斷」的、不斷延展出去的，這就是典型的展延平面。

在展延這個平面的時候，你會連接到你的回憶。當你看到某個東西的時候，你會說「這好像是我家的什麼、什麼」。就好像在看電影的時候，常常有一種回閃鏡頭（flash back）：兩個人在餐廳面對面講話的時候，突然間回閃到他們兩個在另個地方相處的場景。當這種 flash back 發生在我們身上時，我們不一定會講出來，但是會產生一種對比的差異，透過這種對比與差異生產出各種心情，譬如「感嘆」的心情：兩個人在餐廳，原來是男生病好了準備要跟女生結婚了，那個女孩子浮現的是過去兩個人吵架時的風風雨雨，她的心依著這個 flash back 所產生的對比性差異，於是在餐廳當下的感覺是踏實又快樂的。

但是這種情況，我們看到的是一個有人稱的狀態。這種回憶—感知經常是用一種潛在的方式在構築一種內在平面。為什麼是潛在的？甚至我們還會說是一種虛擬的方式呢？因為，譬如說我現在想到某個東西，也只能是想到而已，因為時間已經過去了，現在再怎麼想，都只能是虛擬的狀態而已。就算事情真的發生過，時間上已經過去了，你現在能想到，不過是你有能力去回憶，並不意味著你已經回到從前，這是不可能的事情，我們是無法回到從前的。有一些時候我們很難過，其實是因為這種潛在的東西豐富了當下的認識—感知。

阿姜查：心與對象分離

但是無人稱的內在性卻跟「回憶—感知」這種「小循環」切斷關係。回憶—感知的小循環，永遠是在自己的狀態底下，某件事情突然引起了關於自己過去的某個小迴路，我們稱之為小循環。回憶—感知，是在世存有（being-in-the-world）所發生的；但是「無人稱」的狀態是「非世界」（non-world）的，不可能會去根據回憶—感知，它會自動切斷回憶—感知的小循環。這種狀態就叫做「無言」或「無情」。

「無言」或「無情」在世界中是很難過的事情，可是當人必須要離開，如臨終的時候，就會如阿姜查所說的：「我的心」跟「它的對象」是分開的。我不會因為對象的出現，就沿著對象發展延展平面。我會看到它是對象，但是我的修行會讓我有一種能力——對象就只是對象而已。譬如當我的呼吸很混亂時，我並不會想辦法要緩和它，當它混亂的時候，就是混亂，就讓它混亂；急促時候就是急促，緩慢時就緩慢。但是你會說，老師，這樣怎麼行？有些像「金剛薩埵」[6]的教法，打坐的時候腰要挺直，要「眼觀鼻、鼻觀心」。阿姜查有沒有講這個？南傳佛教完全不講這個。到底哪一個才是對的？這裡面沒有對錯，只是修行法門的差異。

在佛教裡面，佛陀講這個講那個，但很多是後人添油加醋的。不過，在《大涅盤經》中，佛陀的確有講過，呼吸急促就是急促，就不要去動它，呼吸緩慢就是緩慢，就不要去動它。順，也不要去動它；不順，也不要去動它。只是靜靜地看著順，看著不順，靜靜地看著混亂，看著不混亂。什麼都是靜靜地看著。這個法門的效果很好。當任何事物在你面前你都不動心，那混亂，也就是那對象，會走自己的路，它不一定要朝向「天人合一」啊，「和諧」啊，不需要。就像阿姜查講一句：「怎麼不穩定？」只要把「不穩定」講出來，察覺到即可。我的心和它的對象是分開的，它不受到刺激勾引出內在的小循環。

第二，內在的「運動—感知」是一種改變，心也跟著改變獲得知覺，但並不用認識來加以知覺，因此沒辦法得到「敘事」，只能看，做純粹的描述。你看到這個法門厲害在哪裡？它厲害在「不踏出去」，它不想辦法、不做任何事、不踏出任何一個等待，所有的東西，讓它自然地發展、自然地平衡。所以人在這種情況下，身體有病就順著病，有勢就順勢，順病也是一種順勢。

但是照這樣講，不是違反「四聖諦[7]」嗎？四聖諦中的第一諦就是「苦諦」啊，存在一個關於「什麼是苦」的認識。照南傳佛教阿姜查的說法，苦就是苦，不需要去消滅它，這樣好像違反了四聖諦。實際上並沒有，因為佛陀在講四聖諦的時候，他是在說四聖諦內在的大循環：「苦、集、滅、道」。苦集滅道並不是在說，意識可以瞭解到人生何以有「苦」，然後開始去消滅它，成就「道」。它並沒有這樣說。在南傳佛教的概念裡頭，「苦、集、滅、道」是自然發生的，這其實比較符合佛陀的教誨。

或許你會說這樣不對啊，那「大醫王[8]」是怎麼來的？你可以去讀《大涅盤經》：佛陀在處理病苦的時候，他也是只是順應，他只是說：「看著、看著吧！」所以他在治療自己的時候，身體還是痛得很厲害。最後，他就乾脆坐在那邊，好好地看痛，然後才發現，他可以看痛，於是心開始安靜。這是我們剛剛說的，心開始和對象分離。我們可能會說這怎麼可能，心不就是痛嗎？痛不就是心的一部分嗎？這就是我們需要區別的地方。一般來說，痛是一種身體上、神經上的痛。這種疼痛會讓人不舒服。可是不舒服有兩種層面的東西，一個層面是痛得身體很不舒服，另一個是整個人產生的煩惱與焦躁。

膚慰在心

「有煩惱的痛」和「沒有煩惱的痛」，差異是很大的。我們在推廣「靈氣」[9]或「人文諮商」[10]，就是要談這個點：我們在一個人旁邊，我們的存在可以變成一種膚慰，膚慰著這個人的煩惱，但不是要減低他的苦痛。他「心的苦痛」可以透過做靈氣、大愛手、簡單的按摩，或是陪著他用手撫摸等，讓他的心與我們在一起，把痛暫時放在一邊。膚慰是對心的膚慰，而不是對病的膚慰。我們在做這些事情時常常會弄不清楚，我們要減緩的是對方心的疼痛，而不是生理上的疼痛。生理的機制，只能使用生理的方法。譬如吃各種止痛藥，如果方式不對也無效。止痛藥有很多種，內臟、骨頭、肌肉都有差異性，如果是肌肉疼痛而給內臟止痛，那也沒有用。這些方法都是透過生理機制來處理的。

就膚慰來講，就是停在心。有時候一個小孩子生病，有媽媽在和不在差別還是很大。嬰兒的猝死，和媽媽在不在也有很大的關聯。這都涉及到心的作用。

覺：去除習慣的迴路[11]

我們可以看出「覺」跟普通意識的差別。「覺」不涉及到我們的習慣迴路，所謂習慣迴路，就是我們過去的經驗，習慣怎麼想、怎麼做。普通意識常常是我們習慣的延伸。譬如說我們習慣吃比較鹹的，這就是我們習慣的延伸。在普通意識裡頭，不斷從一個課題換到另外一個，但仍然在同一個平面視野中，看這個看那個，想這個想那個。當我們變成這樣，那就變成一種習慣，習而不察，是一個自動的迴路。

可是到了「覺」的狀態，是一種去自動化的過程，本身一開始就是一種刻意的察覺，必須要違反你的習慣。很多人在修行的時候，會不斷回到習慣的自己，但每次都必須和習慣切斷，所以還滿難過的。每次的察覺都要從零開始，而非相續地延長下去。譬如「觀呼吸」，觀一次完了，就重新來，每次都從零開始，前無古人、後無來者，前不著村、後不著店，如荒郊野外趕路一般。每次「觀」都不是在同一個平面上，不以認識或回憶去感知和判斷，換句話說，「覺」就是純粹的內在經驗，或者就是西田哲學12說的純粹經驗。

普通的意識中，知覺總是在同一個平面上，它會以習慣為本去勾連出前述的「小循環」，一切顯得理所當然。但是，「覺」不對事物做反應，只是靜靜地旁觀。我們在分析這兩個東西的時候，它們是對立的，可是所有的修行者都知道，這兩個彼此是來來去去的。修行的過程裡，不存在永遠處在某一端，所以表面上看是對立的東西，事實上並沒有對立。實相和幻相表面上看似對立，事實上不然；身體和心理表面上看起來對立，可是沒有；客觀與主觀，虛與實，現實和潛在……，這些對立是結果的現象，事實上在整個過程裡頭，經常是交互、換來換去的現象。

知識的片面性

就阿姜查談的現象13而言，如果我離開了那個狀態，我就回到平常的狀態，所以這二者不是對立的。可是有些人談到在修行時常把東西給對立起來，譬如說，不要這個，不要那個，他們用固執的、「我執」的方式來決定。譬如營養學家經常會說：「這樣吃是好的！」但是如果照著營養學家的建議來吃的話，你會死，因為那個東西實際上是不存在的。你看營養學家自己怎麼吃東西？他會違反他自己說的。他知識這麼多，為什麼他會違反他自己？因為他講的只是一個片面的東西，但他的生活是立體的。所以他會說不要吃麥當勞，那是人造的，可是他自己又會去買薯條來吃。不過他不會吃太多，這是真的，他可能去吃肯德基，一個禮拜一次，他判斷這是合理的。可是當他公開說話，會說他一個禮拜去買一次肯德基嗎？不會，他會說那是不健康的，不要吃。完全聽從醫生講的話，也是不健康的。醫生講的跟他做的，不會是一樣的。

又譬如，大家愛去聽兒童心理學家講親子關係，我勸你不要聽，聽了也沒有用，他自己的小孩也不會是他講的那種情況。因為知識的片面性很高，專業人士常常為了要推展他的平面，會過度延伸，會延伸到真實的生活裡頭，讓人誤以為一體適用。這就是我常講的，專業訓練的過程是一個智障[14]化的過程。譬如學心理諮商的，他們的專業訓練常常讓他們的眼睛去塗上蜆仔肉（台語），以後他們就只會看到蜆仔肉（台語）。有一個師大的學生寫信給我說，他感覺到諮商教育不對勁，他感覺到真實的東西並不像他的專業所講的那樣，這裡面好像有些不對。我就跟他說，你也需要自己救自己，把自己從這種專業的遮蔽裡面跳脫出來。

自然的平衡

很多人覺得自己心理有問題，就去做心理治療：精神分析啊，催眠啊，行為治療啦，做這個做那個的，可是做到最後都沒有什麼效果。反倒是，可能他哪個穴道塞住了，你可以敲一敲，壓一壓。或許你說，我們（諮商心理師）的倫理法則告訴我們不可以碰病患，可是，那個倫理法則是拿來騙人的。

某天，我碰到一位醫師朋友，我說我對花蓮的泥土有厭惡感，太多化學藥劑在裡面，很臭，跟我小時候接觸的泥土都不一樣。她說：「來，我給你治療。」她就用手碰撞我的身體（余老師現場模擬該動作），一開始，她這樣碰撞我。用手這樣撞的時候，我身體升起一種感覺，好像她就是想激起我某一種感覺。她把那種感覺激起來後，就拍我的手唱：「哥哥爸爸真偉大，名譽照我家……」，隨便啦，「妹妹背著洋娃娃」也可以，重點不在於那個內容，而是她整體進行的是一種能量治療，她在導引的是我的能量，唱完以後又繼續身體的治療。剛才她唱了一個快樂的感覺，然後利用那個感覺繼續治療我的身體。最後，她問我：「還有沒有厭惡感？」我說當然沒有了。

其實她能量療法背後的思考有一個比較大的scope（規模／格局）。後來我在想：她有沒有「碰對」？好像我的身體被她撞擊的時候，有某種「喚起」的效果在裡頭，她是從身體的部位觸動我可能的情緒，這樣想來也是很有道理的。換句話說，如果你的病人處在某個狀態，不如給他做一些鬆弛、給他一些按摩，或者找個按摩師給他，讓他做調整，看看哪幾個穴道比較有用。這在理論上對不對？其實也通。

這到了佛洛伊德那邊可能不通，當談到人的恐慌和煩惱，他想到的是人的潛意識，一種心底看不見的東西。可是，我們知道身心之間有一些基本的道理，以睡眠來說，人的身體舒服了，他就睡覺了。什麼時候會舒服呢？這涉及到生理時鐘，若你肝臟不好，凌晨一點到三點就會睡不著，除非你想辦法撫平你的肝，首先，化學的東西不要吃，戒調味品、人工食品，先戒一段時間，可是你不能去吃什麼「愛肝」喔，要讓化學的東西先代謝掉，再者，你可以用按摩的方式，增加新陳代謝血液循環。

影響身體安適的因素很多，最簡單的是時辰，是生理時鐘。可能晚上還可以睡，一到了早上就睡不著了，因為時間到了，即使一夜沒有睡，這時就算翻來覆去，棉被抱著也睡不著。可是當時間到了，你會發現，棉被跟你特別的親。當你感覺到「棉被跟你很親」，那就表示時間到了。那種情況下，想都不想就睡著了。你知道睡覺是不用費心的，時辰到了你會自己睡著。失眠，很多人是生理時鐘被干擾了，可能受到工作時間無法調整所影響。影歌星、演藝人員為了要軋戲、趕通告，半夜工作，白天要睡就一定要吃安眠藥。很多不良的醫學，不好的治療方法，都是在這種情況下發展的。

跟這些相對的，就是阿姜查這一派在談的「自然的平衡」，我覺得這跟道家和老子其實滿接近的，我相信「自然的平衡」是一個最大的規律，很難被打破。反而今天危害人間的，是太多的認識與太多的人為，像心理治療也是人為的，如果心理治療不配合自然的平衡，本身是沒有用的。可是現在的專業太過人工，很多都脫離了自然，現在的心理治療被合法的專業所蒙蔽了。所以，很多人開始研究生態心理學，如荒野心理學。其實做心理治療要回歸生態，回歸自然，這可能是比較正確的。

除了心理治療要回歸自然生態之外，宗教界不論是基督教或任何宗教都好，裡面一樣有很多人為的東西，會忽略了自然的東西。當然它們當中有的部分仍和自然的平衡是合在一起的，但更多是被人為的東西所遮蔽。你不要以為佛教「破我執」，裡頭執著的東西其實很多，尤其是「法執」，表面上好像越「法執」越崇高，卻不知道這種「法執」是很不好的。

兩種「覺」

我們知道，修行中的「覺」大致上可以分為兩種，一種是走先知聖者的路，譬如道證法師，把她自己奉獻給阿彌陀佛。或者像剛才提到的，「金剛薩埵」的修行，則把整個心奉獻給本尊，對祂做觀想，而觀想的時候，最重要的是要「深解信」[15]，一開始最重要的是深解信，整個人將上師放在自己的內心，然後，無時無刻把自己讓給「主」或「佛」，像基督宗教傳統中要將自己空出來讓主充滿我的心，期待主的降臨。這是一種。

另外一種「覺」是正念內觀的傳統。這兩種察覺都是純粹的內在經驗，但是療癒的機制顯然有差異。第一種覺，我以金剛薩埵當作代表，金剛薩埵的修行是生成一本尊，形成一種奇妙的「時間晶體」[16]。時間晶體就是：當本尊在我的心裡形成內在真實的時候，內在的真實會反映出它相對的、虛擬的部分。我們在觀想本尊的時候，會看到本尊的頭冠、眼睛、鼻子、五官、瓔珞

17……，觀想眼睛意味著什麼，鼻子意味著什麼，牙齒意味著什麼……。這種觀想會從一個現實面，跑出一個虛擬面互相映照，這些映照出來的虛擬面，彼此又會互相映照，不斷增生。就像鑽石一樣，光就在鑽石中跑，不斷地轉折映射。因為這些都是在時間中運轉的，所以就稱為「時間晶體」。這裡頭，如果存在的全部都是對象化的東西，觀想會是無效的，裡面一定要有一部分的真實。所以這裡「深解信」就很重要了，那會構成你的真實，隨後才讓你的對象跑出來。

第一種覺：虛擬－實相的交互反射

所以你純粹去觀想什麼瓔珞是沒有用的。「深解信」一樣是無人稱的內在性，當人把自己奉獻在「深解信」裡頭，就像道證法師把自己全部都奉獻給阿彌陀佛，觀想阿彌陀佛的像，這都是時間晶體在相互照來照去、彼此映射，裡頭已經無所謂真假了，它屬於無人稱的內在經驗，人就活在裡面。這種時間的晶體是用「虛擬實相的交互反射」，產生一種「活性的幻化生成」，這兩句話很重要。我們知道，所謂實相就是一個實質存在，譬如說對瓔珞這個實質存在的觀想，但是有虛擬的部分，才會產生一種活性的幻化生成，唯有活性的幻化生成才會產生效果。

如果是一般的幻想，其實是比較阿呆的，裡面都沒有活性的幻化生成，沒法使得你的心獲得一種和普通意識完全不一樣的晶體來取代自我，所以我們說這是一種「無人稱的晶體」。等一下我們會重新回來看金剛薩埵，看這個無人稱的晶體是怎麼作用的。

第二種覺：以流動為存在

所以你看，金剛薩埵是以時間為晶體，而阿姜查的修行則是以流動為存在：所有的東西都在流動，就像孔子講的「逝者如斯夫」，而且阿姜查的工作是不斷在時間的岔路上做抉擇，但什麼叫做「時間的岔路」？

每一個時間點我們都會有兩個岔路，一個岔路是往普通意識，一個是往當下意識。阿姜查必須從普通意識的狀態拉回來，送到當下，所以他就會在這之間被帶來帶去的。很多人打坐都會胡思亂想，禪師通常會淡淡地說，被拉走的就把自己帶回來就好，不多話，回來就好，不必責怪自己。有的禪師甚至會承認，他自己每次打坐，都是在這二者間來來回回幾百遍，那個就是「時間岔路」。很多人都不會告訴你打坐時的時間岔路，所以很多人都不太能夠在那個岔路上抉擇。這條岔路一端是連到回憶─感知的小循環裡，另外一端是連到這個當下：斷、連、斷、連……，不斷的「斷連」。所以這是無人稱主體，是無自性的空性，它直接顯露出其中的空性。

時間晶體

而第一種「覺」的「虛擬實相」中，「虛擬」就是你「深解信」的主體，譬如金剛薩埵或阿彌陀佛，它是你能幻化生成的源頭；「實相」是指比較固定的東西，如金剛薩埵的形象或阿彌陀佛的形象。這兩個東西（虛擬與實像）要互相反射起來。時間晶體有兩種，一種是有人稱的時間晶體，一種是無人稱的時間晶體。有人稱的時間晶體就是普通人的狀態，譬如說我看到A同學，我就想起她在北海道的生活，在下雪中過的生活，那是一般意識中的時間晶體。

對無人稱的時間晶體而言，「深解信」就會是一個核心或關鍵。當道證法師知道罹患癌症的時候，由於她是腫瘤科醫生，很清楚自己可能捱不過癌症的治療過程，就放棄了治療。可是當她放棄治療，就是要朝向死亡了，然而人是無法就這樣朝向死亡的，她要怎麼走完這段時間？這種情況下，她很快進入了「深解信」，讓阿彌陀佛進入到她的心。所以有一陣子她說，自己不能不念阿彌陀佛，怕對阿彌陀佛的感情會消失掉，她必須讓自己佈滿了阿彌陀佛，讓自己處在這種虛擬實相的狀態。這種情況之下，她讓整個人的生命完全虛擬起來，讓阿彌陀佛的虛擬性運作。

但她還是要生活啊，生活裡很多瑣事還是要做，要怎樣把這些瑣事跟心中的阿彌陀佛相映起來呢？所以，很多事情她是不做的，像是去外頭弘法。她會做什麼呢？她會念經，念《阿彌陀經》；然後畫畫，她畫阿彌陀佛像；她會耕作，種蓮花⋯⋯。你可以看到她其實是把兩個東西（實相與虛擬）弄成了一個時間晶體。她後來的日子，剩餘的時光大概有十幾年，在滾動的就是時間，她是生活在時間晶體裡的。

我們一般人是活在記憶的時間晶體裡的，譬如我看到皮皮（余老師的狗），會想起牠很小的時候靠著我就睡著了，一帶牠出去就衝出去，現在帶牠出去已經差別很大了，但我會一直想到牠小時候的場景，那就是我一般普通意識的時間晶體。

「虛擬實相」是由時間構成的，我們容易以為那是由空間構成的。譬如說，這個東西在這裡，存在在這個空間裡，我們是用空間的觀點來認識它的存在。但是，我們所談的時間晶體，之所以用時間去談，其實很像我們皮膚的新陳代謝。從空間觀點來說，皮膚都是一樣的皮膚，可是從時間來看，其實全部都翻過一遍了。也就是說，每一個時刻，都有著很小、很細微的東西在破壞著你的細胞，但是太小、太細微，你看不出來它們在動作，但事實上這個動作是存在的。時間只要久一點，你洗澡觸摸到的時候，它們就會整片大量刮起來，那就是換膚的過程，就是時間。

為什麼是「實」的相呢？因為那是一個時間過程中的結果。譬如說，這個東西（指著桌上某物）就是「相」，可是它變化的過程，我們就不叫做「相」。

道證法師的「深解信」

如何讓一個「主」活在你的生活中？難就難在這裡。對道證法師來講，這個深解信之所以發生，就是因為突發的癌症。

很多人無法產生深解信，特別是醫生和護士。我曾經在安寧病房看到一個以前做過護士的病人，她知道太多的醫學知識，住進病房的時候，常常指教安寧病房的護士，說這個不對那個不對，大家都很討厭她。可是她自己很慌張，因為她知道自己的病不會好，她看到對床的一位泰雅族老太太，每天祈禱二、三十分鐘，非常虔誠，她覺得很羨慕。後來那位老太太就拉著她一起祈禱，她跟著老太太祈禱的時候，心裡卻七上八下，安靜不下來；之後人家叫她抄經文，她就開始抄經；人家叫她念佛，她就念佛，可是她就是念不下去。

也就是說，她有很多自身的障礙使得她無法「深解信」，在她的內在心理完全沒有虛擬的能力，因為她看見的是一個物化的世界，是這個東西或是那個東西，她從來沒有想過「唵嘛呢叭咪吽」（六字大明咒）[18]在很多人的心中，一念就會想哭，在她的心裡面，不過就是六個字而已，沒有什麼了不起。她內在的深解信、內在的虛擬沒有跑出來，於是她就哭著和心理師說：「為什麼別人可以這樣祈禱，別人可以這樣虔誠地過，但是我不行？到底我出了什麼問題？」這位心理師也沒有辦法，只能陪著她。前面講的「活性」的幻化生成，在這個病人身上是不存在的。所以在這裡你可以看到，存在很多「活化」的例子，也存在很多「不活化」的例子，我們應該要把研究的精力放在「如何產生活化的幻化生成」上。

學生：這種幻化生成是否來自宗教的暗示，才有這樣的觀想效果？如果是這樣，這仍在「域內」而不是「域外」[19]。

余老師：基本上不能用這種方式來區分，因為所有實相的東西都是外在的。重要的是，無自性的主體有它自身的感動狀態。譬如我剛才講到的無緣慈悲或惻隱，一些你不知道自己身上怎麼會有的那種東西，在某種情況下它就會跑出來。因此，你不能以是否有一個外在的東西，如宗教的傳統或聖像，來判斷這是不是一個真實的事情。有宗教傳統也好，沒有也好，這些都只是一個借用的平台，真正重要的還是在你個人。

願有決斷

我們都知道「無人稱」很重要，可是，很多人沒有辦法進入，而有人就是可以。我們必須要承認，無人稱的領域還有很多地方需要探討，但可以確定，要進入這個區域，有一些基本條件需要成立。

我會注意到「金剛薩埵」，其實是我注意到《雪洞》20這本書的主角丹津・葩默，她就是修行金剛薩埵。我才瞭解那不是簡單的狀態，不只是一個簡單的觀想本尊，她基本上有著本身活化的經驗。就好像我們看阿姜查的時候，他身上的流動的確是存在的。

深解信是建立在深信上。它是你在面臨死亡的時候，像一個電流剎地出來，也就是所謂的「下身落地」。也就是那個時候，你才會看得出，我們平常的普通意識是這樣浮浮盪盪的。譬如說，我們都知道我們將來會面臨死亡，但我們的普通意識還是會說，我知道，我知道，可是我們還是會這樣過。就好像我在台大開生死學的課，我問學生：「要不要多瞭解生死學、臨終過程？」學生說：「老師，謝了，我的年紀還小。」你要知道我們的普通意識就是因循苟且、得過且過，可是到了某個災難現場，你會發現，很多時候「願有決斷」直接跑出來，直接就是下身落地。海德格講「願有決斷」21，什麼叫做「願有決斷」？作為一個常人，我們習慣東摸摸西扣扣，這裡看看那裡看看，一邊看新聞、談八卦，可是突然間一個事件來了，啪！「願有決斷」，是一個生命的分斷點。海德格說得很清楚啊，人都不知道自己是被拋諸於世，是一個 be fallen，他說我們是「在世沉淪」，可是實際上我們都很清楚自己是「朝死而活」，每天都不斷地朝著死亡前進。只是我們的普通意識就是會告訴我們：我們還活著，我們現在還可以，我們應該會一直活著。但是，真正「朝死」了，他就一無所有了。

海德格《存在與時間》有一章，光談「願有決斷」一件事情。海德格的東西比我講得還難懂，他講得很深刻，而且用的語言比較艱澀；我多多少少都有跳出來，跟日常生活對話，所以聽我的引用比較不會太辛苦，大致上還知道我在講什麼。但一旦你熟悉海德格的語言，你會覺得他的語言比宗教師還宗教師，你會覺得他很苦口婆心，他真的是一個深刻的宗教者，雖然他不講任何宗教。

無人稱主體的兩種樣態

一、有人稱的內在性被稱為「心」，例如有心人，心思細密等，它是由階層結構所構成，並具有意向性，經常被視為人的精神性的東西，如勇敢、努力、善意、明辨是非、正義等，這是以 being 為基礎（based on being）而取得的效果。相反地，無人稱內在性指的是諸如「無緣慈悲」、「惻隱」、「母愛」等現象，是某種天性的結果，是 beyond being 的。前者是樹狀，後者是根莖狀。

二、兩者的機制差異：有人稱的內在性是認識—感知，它的內在性關涉到回憶—感知的敘事，也就在當下感知的時候，它建立了一個延展平面，使得人從現實的刺激觸動後，進入回憶—感知的延展，而拓展其內在性平面。就如同一個鏡頭沒有中斷，直接延展畫面，但這畫面會連接 flash back，彷彿回閃的鏡頭接合到眼前的刺激。因此，回憶—感知是以潛在（virtual）組構內在平面。但無人稱的內在性卻與回憶—感知的小循環切斷關係，就如阿姜查所說「我可以看到我的心和它的對象是分開的」這句話是指(1)不受刺激勾引出內在回憶小循環；(2)內在的運動感知是瞬即改變，心也跟著改變而獲得知覺，因此無法得到敘事，只能獲得純描述。

三、再次，先分析覺與普通意識的差異。覺的辨識不涉及習慣迴路，後者是習慣性的延伸，不斷從一個客體換到另一個客體，但仍然在同一個視域（平面）狀態，而構成習慣平面，但覺則屬於刻意的察覺，而且每次察覺都是從零開始，而不是同一平面的延展，而且不與判斷、認識、回憶—感知勾連。換言之，覺是純粹經驗。在普通意識裡，知覺裡充滿事物，而且在同一平面，而覺卻不對事物做出反應，只靜靜旁觀。在這兩種狀態會有如下的對立：實相與幻象，身體與心靈，客觀與主觀，描述與敘事，現實與潛在。這種對立只是結果的顯現，而在過程中兩者卻是交互纏遞。

四、重新解釋修行的覺。我們注意到修行的覺有兩種，一種是先知、聖徒（如：道證法師將整個心奉獻給主、阿彌陀佛），他們無時無刻不是將主或佛充滿心裡。另一種是正念、內觀的當下察覺。這兩種覺都是純粹經驗，但是療癒機制顯然有別。

五、我們選金剛薩埵做第一種覺的代表。金剛薩埵的修行是形成本尊神的奇妙時間晶體，這時間晶體是以虛擬實相的交互反射而產生活性的幻化生成，使得心獲得與普通意識完全迥異的自性體，取代自我，故屬無人稱主體。

六、第二種覺，我們以阿姜查的禪坐為代表，其修行是以流動為其存在，不斷在時間叉路作察覺，一條是連接到回憶—感知的小循環，一條是斷點，不斷回到零點，故其無人稱主體具有無自性的空性。

註釋

1 關於無人稱的內在性，請參考Gilles Deleuze (2005). *Pure Immanence: Essays on A Life*, with an introduction by John Rajchman, trans. Anne Boyman.New York: Zone Books. 以及余德慧（2012），〈轉向臨終者主體樣態：臨終啟悟的可能〉（請見本書附錄）。

2 阿姜查（Ajahn Chah Subhaddo, 1918－1992），泰國當代最具影響力的佛教僧侶，上座部佛教長老，巴蓬寺的建立者。本講次余德慧老師引用了阿姜查《靜止的流水》書中的段落，為方便讀者查閱，完整摘錄如下：

「我並不是沒有聽到從村落傳來的歌聲，可是，我能夠使我不去聽。心專於一境時，當我將它轉向聲音，我聽得到；當我沒轉向聲音時，便安靜無聲。我可以看到我的心和它的對象是分開的，就如同這裡的這個缽和水壺一樣，心和聲音完全沒有牽連。

我看到是什麼將主體和對象牽繫在一起的，而一旦牽連破滅時，真實的平靜便會顯露了。當我躺下來時，當我的頭碰到枕頭時，心中產生一種向內的回轉，我不知道它在哪裡轉，它往內在轉，就好像一道被打開的電流，而我的身體便很大聲地爆開來了。那個覺知細微至極，通過那一點，心便進入更深一層，裡面什麼也沒有，空無一物；沒有什麼進去，也沒有任何東西可以到達。

覺醒在裡面停留了一會兒，稍後才出來。不是我使它出來的，我只是個旁觀者，一個覺知的人。當我從這種狀態裡出來時，我回復到我平常的心理狀態，然後問題便生起了：『那是什麼？』答案說：『這些都只是如此，不需去懷疑它們。』只說了這些，我的心便能接受了。

停了一會兒之後，心再次往內轉。我沒去轉它，是它自己轉的。當它進到裡面時，就如以往般地達到其限度。這第二次，我的身體破碎成細片，然後心更進一層進去——寧靜、毫不可及。

當它進入時，任它一直停留，它出來，我又回復平常。在這段時間裡，心自己在行動，我並沒有用任何特殊的方法讓它來去，而只是覺知和觀照。我並沒有懷疑，只是持續坐禪和思惟（觀）。第三次心進去時，整個世界分裂開來——土地、小草、樹木、山岳、人類，都只是空的，什麼也沒剩。當心進到裡面時，隨它停留，任它所能地一直停留，然後退出來，回復到原狀。我不知道它是如何停留的，這類的事是很難看到和談論的。沒有任何東西可以比擬。當我從這種經驗出來時，整個世界都改變了，所有的知識和領悟都轉變了。」

3 本文談的「being」（人的存有）、「世界」、「沉淪」等意義，都是在海德格《存有與時間》的脈絡下關於人作為在世存有（being-in-the-world）的用法。請參見：海德格（Martin Heidegger）（1990），《存在與時間》，王慶節譯，台北：桂冠圖書。以及余德慧（2001），《詮釋現象心理學》，台北：心靈工坊。

4 關於「樹狀」與「根莖狀生命」概念，請參閱德勒茲、加塔利（G. Deleuze, F. Guattari）（2010），《資本主義與精神分裂卷2：千高原》，姜宇輝譯，上海：上海書店。以及汪民安、陳永國編譯（2003），《遊牧思想：吉爾・德勒茲與菲力克斯・瓜塔里讀本》，吉林：吉林人民出版社。

5 以下講解請參見：本講次課堂講義第二點。

6 金剛薩埵（Vajrasattva），佛教的大菩薩，以執金剛神的外型出現，通常身現一手持鈴，一手持金剛杵之相，象徵「堅固不壞之菩提心」，密宗以他為最初的起源。金剛薩埵為消業滅罪之唯一主尊，行者為懺罪解冤，修本尊法，功效最快最大，且為成就無上菩提必經階段。常持本尊真言，能破除煩惱，止諸惡念，生諸功德。

7 即苦聖諦、苦集聖諦、苦滅聖諦和苦滅道跡聖諦，簡稱為苦諦、集諦、滅諦和道諦，是佛陀之基本教法，歷史上部派佛教和現代上座部佛教的基本教義。

8 大醫王，指佛、菩薩能分別病相、知瞭藥性、治療眾病，故以「大醫王」稱之。

9 靈氣療法，源自日本，由臼井甕男於一九二二年創立。靈氣療法是一種自然療法，藉著引導能量技巧，只需利用雙手，把能量傳輸到受者，使受者身體回覆平衡，聲稱能夠舒緩壓力，改善健康狀況。「靈氣」（Reiki）在日語中寫作

「霊気」，指所謂的宇宙能量，是一種利用宇宙能量供應人類所欠缺的能量，加速自癒能力的方法。

10 人文諮商為余德慧、余安邦教授近年來發展的、有別於心理諮商的另類諮商實踐。在〈人文諮商作為臨床本土化的實踐路線：遠去是為了歸來〉一文的摘要中，二人有如下之陳述：「奠基於『人文臨床與療癒』的基本立場與關鍵概念，本文旨在探討『人文諮商』的範疇內涵與發展策略，將人文學還原回生活現場，也將心理學接引到人性處境的根源處；並以常民生活世界為諮商場域，探究其中的療癒形式；進而建置一套可供人文學科之學習者，能從人文傳統的生活世界出發的『人文諮商』，且希望能擴大其助人技藝的視野，而不再僅限於傳統心理諮商之框架。這樣的做法試圖開展臨床心理本土化多元進路的可能性。」請參見：余安邦、余德慧（2013），〈人文諮商作為臨床本土化的實踐路線：遠去是為了歸來〉，《應用心理研究》第五十八期，p.187-231。

11 以下請看本講次課堂講義的第三點。

12 關於日本哲學家西田幾多郎（1870－1945）的純粹經驗論述，請參考：黃文宏（2010），〈西田幾多郎的「直觀」論〉，《臺大文史哲學報》七十三期，p.173-196。

13 請參見註釋2（阿姜查《靜止的流水》的引文）。

14 余德慧老師常常用「智障」一詞來指「被自身過多或片面之智識所障蔽之人」。

15 在金剛薩埵修法儀軌中有一支名為「如意寶珠修法」，其修法訣竅中之「皈依」節需誦念下列咒語三遍：「南無。從今乃至菩提果，如海諸部壇城主，上師金剛薩埵前，吾以深解信皈依。」其中「深解信」為重點所在。

16 參見德勒茲（G. Deleuze）（2003），《電影Ⅱ：時間—影像》（*Cinéma, tome 2. L'Image-temps*），黃建宏譯，台北：遠流。

17 瓔珞，裝飾於頸上的飾物，根據印度習俗，貴族男女皆飾之。而佛教所稱「瓔珞」是代表菩薩修持無量法門所得的功德法財，所以菩薩皆以瓔珞來莊嚴其證得的法身。如《普門品》無盡意菩薩，解頸眾珠寶瓔珞供養觀世音菩薩，言「仁者！受此法施珍寶瓔珞。」瓔珞是指無盡意菩薩修行積聚的功德資糧。

18 六字大明咒：佛教裡最常見的真言（mantra），是觀世音菩薩願力與加持的結晶，又稱為觀世音的心咒。

19 關於「域內」與「域外」，請參考：米歇爾．傅柯（M. Foucault）（2004），《外邊思維》（*La pensée du dehors*），洪維信譯，台北：行人。

20 維琪．麥肯基（Vicki Mackenzie）（2001），《雪洞》（*Cave in the Snow: Tenzin Palmo's Quest for Enlightenment*），葉文可譯，台北：躍昇出版社。

21 余老師曾講解海德格的「願有決斷」（英文resoluteness，德文原文Entschiedenheit），請參見余德慧（2003），《生死學十四講》，台北，心靈工坊，第五章〈進入願有決斷〉。

第三講・真實修行

……川端康成的這個經歷是生命真實的顯現，雖然他是用文字在說，可是真正的他卻已經是「逃走」了。當看到這段文字時，我才恍然大悟那個十九歲的孩子，跟後來三、四十歲時的他都處在那種悲哀當中。這個悲哀不是因為文字，而是生命源頭的悲哀。

編按：本講次一開始的引文，是余德慧老師摘引一位研究生L的論文書寫，在課堂上進行分析。在課堂上，余老師摘引了一段文字後，隨即展開瞭解說與延伸，未再回到講義上講解。讀者可在第三講的課堂講義中，看到完整的論文摘錄和余老師的逐段書面回應。

懂與不懂

余老師：請各位看講義的第一點，L同學寫的文字。

當我在現實的「世界」裡，我若試圖用「現實」去明白「生病受苦」的「真實」時，我是無論如何都不能懂的。我對我生病的「子宮」與「腫瘤」的疑問，便成為了我的「意識認知」裡的那個「不能懂」。「不能懂」不存在於我的「意識網絡」中，它們就是那尚未被「世界現實」所遮蔽的「真實」，它們就是在我的「意識網絡」的「縫隙」中的那個「空白」。也就是說，我在「意識認知」中的「不能懂」，其實就是我的「意識網絡」中的「縫隙」。也就是這「縫隙」，它是我進入「生病真實」的「門檻」。

余老師：「不能懂」是本段的轉折。「不能懂」的意思是：有一些我不能從意識網絡中捕捉到的東西，因為捕捉不到，所以我不能懂。我能捕捉到的東西叫作「有意義」；相反的，我捕捉不到就是「無意義」，而「無意義」就是「不能懂」。換句話說，不能懂的東西就是尚未被世界現實所遮蔽的真實。因為當我能抓住某些事情以後，我就會把它當作我意識裡頭的東西，這樣我就被我的懂所遮蔽了，而越是懂，遮蔽性也就越高。

修行人認為「書讀得越多，越無法參透」，因為書讀得多或腦袋想得多的人，他的發展是「橫」的發展，這也要抓，那也要抓。「博學」的意思就是「我抓！」而且「我抓」的效率很高。那些能考上第一志願的人，都是當考題一出來就立刻可以把正確的答案寫上去的人。能把正確答案寫上去，裡面必定有我對這些題目的懂在其中。用這個方式到處抓取知識，把知識編織成密密麻麻的網絡，就變成了一個天羅地網。而這個天羅地網並沒什麼不好，但它會變成一個密不通風的遮罩，讓你看不清世上某些真實的事物。

開悟來自個人獨特的身心狀態

修行不是知識，修行不需要知識。你不會因為閱讀了《圓覺經》而獲得修行，你就是讀了一千遍的《阿彌陀經》也不叫做修行。

例如你讀《大念處經》，那書裡說道：在每一個瞬間覺知你的身心狀態，透過這個覺知而獲得安止定，這種安靜的力量可以幫助你認識真正的事物。然而，什麼是真正的事物呢？你的身體會毀壞，這就是真正的事物。世界的事情都是成、住、壞、空，這才是事物真正的變化，它從來不在固定的知識裡頭。如果你為瞭解決無常的問題而去讀任何經典，這根本就是緣木求魚。

「緣木求魚」是什麼意思呢？就是到樹上去抓魚，換句話說也就是弄錯了方向。你以為能夠從《圓覺經》中找到頓悟無常的方法？這就是弄錯方向。經典的用途只是供參考，就像你寫論文要參考書籍一樣，所以你可以參考《圓覺經》、《六祖壇經》等。但在那些經書裡有能讓你開悟的東西嗎？書裡六祖講他如何聽到「心無所住而生其心」而開悟，還有他是怎麼在深夜被五祖叫去傳法，這些都只是故事，你能從這些故事中開悟嗎？不可能的。什麼是「心在動、幡在動」？你知道了這些以後你就會開悟嗎？不會。

當六祖聽到人唸「心無所住而生其心」便開悟了，那是基於他的身心狀況，及他獨特的「異點」（singularity），是在你不知道的情況下，在那個點上就爆發了。每個人都有自己的「異點」。所以你讀《六祖壇經》，但書裡講的是六祖的頓悟，與你無關。你所知道的東西都是你抓取來的。然而，真正要緊的是一種本源性的東西，而這東西它本來就在你的身體裡。你向外求，等於是把你的寶貝留在黑暗的盒子裡，你不知道它存在，還到處去找。

佛陀曾經講過類似的故事：有一個很窮的人來到好朋友的家做客，那位好朋友便款待他，還在他的衣服裡偷偷地縫入一顆珠寶，但這個窮人並不知道。經過了許多年之後，窮人從遠地回來，朋友驚訝地問他：「你怎麼還是這麼窮？我給你的那寶珠呢？」這時窮人才知道，原來在自己每天穿著的衣服裡，有這麼值錢的東西。而「異點」，就是這顆寶珠了。

類似的例子很多。有一個人他很愛讀經，能言善道，是公認的聰明、會讀書的人。別人考試只得五、六十分，但他就能考得九十九分，這在世俗人的眼光中是一種很棒的狀態，但事實上這對他來說是一個很糟的事情；再潦倒的人在邋遢中還有一個生命，但這個人他卻為自己造了一個魔網，他把自己弄得嚴嚴密密的，連生命在哪裡都不知道了。很多追求了悟生死的人會不斷地去讀哲學的書，不斷地去求取各種人生或宗教的智慧，但卻是越求越迷惘了。

學生：這些經典或哲思，不能成為一個媒介去引發每個人的異點嗎？

余老師：可以，但是每個人的情況不一樣。譬如托爾斯泰[1]，他有錢得要命，但到了五十歲時，他覺得自己整個人快要崩潰了。他跟大主教、學者們討論生命的意義，三年下來，只換來失望。他於是改換對象去跟哲學家們討論，又討論了三年，結果還是失望。經過這雙重的失望，他發現自己一點辦法也沒有。後來他就放棄了這些東西，脫下了華服、捲起了褲管，跟著農夫一起下田去耕種，那時他才獲得了某種解脫。他的習性讓他用這種方式去追尋，而一般人如果腦袋不夠好，是不可能用這種高級的方式的。但也正因為他的失敗，他才獲得另外一種肯定，他也才能認識自己，回歸生命。所以，如果純粹想從文字中直接取得，那是不可能的事。

意識網絡的逃逸路線

德勒茲認為，在每個時間點中都有兩個方向，一個是橫向，是走向精神性的結構，也就是人的智能。另一個是縱深，是走向大地。在每個生命的瞬間中都有這兩種機會，可是很多人都只採用第一種的橫向，而忽略掉第二種的縱深。

南傳佛教走的便是第二種，也就是縱深。南傳佛教不走橫向的道路，所以他們的法師不太談什麼三摩地、涅槃，也不談身心大樂。他們所關心的是你在每一分鐘裡有沒有努力地把心安住，你有沒有努力地時時在覺察，讓自己隨時保持在正念中。

德勒茲深知一般人的習性為何，所以他一直在提醒還有另一條路線可以走，那就是「逃逸路線」[2]。你不要去走纏繞的路線，「抓取」的路線就是纏繞的路線，「旁徵博引」也是纏繞的路線，你要在這些纏繞路線中找到一條「逃走線」。

像L所講的，「在我的意識網絡中的空隙」，她就是用對話的方式來講那個逃走線。逃逸路線的重要性在於它要擺脫意識網絡，它本身會進入一種與意識網絡完全不同性質的狀態。因為意識網絡不認識那個狀態，所以會認為那個東西叫「空白」。這種空白便是一個縫隙，在編織得密密麻麻的意識網絡中，突然意識網絡無法瞭解時，這個就是空隙。通常當意識遇到了空隙時會說：「算了，就放下。」可是L也提到，「真正的問題在於：意識網絡所遮蔽的是真正的真實。」所以你只能從縫隙裡頭去懂真正的真實。

「真實」對我們的意識來說是非常可怕的現象，真知對很多人來講是件很可怕的事情。通常人們總是一直在奔波忙碌，你要他「觀呼吸」，他很快就會想東想西，根本沒辦法定下心來。但「逃逸路線」偏偏就是要你身心定下來的東西，如果連這個最基本的路徑都沒有的話，你怎麼繼續走你身心的修行路呢？你根本抵達不了你的真實修行。

真實修行的反面

修行是什麼？修行一定要真實地「觸碰」到某種東西，因此我們稱之為「真實修行」。「真實修行」是認識自己怎麼從意識網絡中逃走，怎麼從逃走路線中碰觸到意識網絡完全不熟悉的陌生，這種陌生卻是生命本身的真實感。用意識來瞭解我們生命的真實感是一種茫然，我們對自己的身體很茫然，當要觀我們的自性的時候，通常也是感到很茫然。沒有一個準備好的東西在那裡，它是一種沒有辦法用大腦來思想的狀態，所以會讓你感到很迷惑。

你可能以為這種狀況不好，但這個狀態正是修行人要進去的狀態。一般人只想要意義，會避開這些狀態。宗教神棍知道人的習性，就利用了很多意義讓信徒相信，這樣的人在我們這個時代很多，他們的話語充滿了意義，外加裝神弄鬼的奧祕。他們會給信徒洗腦，說些「各位過來向師尊頂禮，師尊給你加持，加持後你就身心安樂，位階就升了一階」等的話。有時候甚至還會說：「師父慈悲，所以你這次獲得的加持跟以前不一樣，這次加持的力量比較大，一次就幫你跳升十階……。」這跟超商的集點卡有什麼兩樣？

甚至某一位電視上很有名的人物，他會說類似這樣的話：「諸位，今天我要給大家看幾千年來都沒人看得懂，也不知道祂現身的觀世音真相。」然後便拿出一塊像玫瑰石的石頭，說這是他在某種殊勝的機緣下獲得的。而且，他還用布把那塊石頭遮蓋起來，滔滔不絕說道：「因為我的請求，所以諸天第一次降臨到會場來。」接著在電視上就會出現特效，讓你從石像中看到觀世音菩薩現身，於是你就充滿了法喜。他玩那種魔術般的把戲，讓大家也享受那種被催眠的感覺，過了一個非常歡樂法喜的晚上。當音樂響起時，你就感覺自己像是天女在天上讚嘆、散花，好像大家在聽佛陀說話般。現在的電視已電影化，要做到這個效果也不難，只要噴乾冰及香精，那個花就變成真正的香花了（笑）。

川端康成[3]的〈撿骨〉

現在要用頭腦來製造真實是越來越容易了，你也可以在影像上製造虛擬的實境。像現在可以用虛擬實境來掃墓，那些都是在我們意識裡頭的動作。然而你要知道，在墓地中除草及準備祭祀時，那會有另外一種的身體感。

川端康成兩歲時媽媽過世，四歲時爸爸過世，他被爺爺扶養長大，後來爺爺也過世了。十九歲時川端康成去為爺爺撿骨。他在〈撿骨〉一文中提到：那天太陽很大，光線不斷地照在他的臉上，汗不斷地流著。他聽到撿骨的人提醒他：「少爺走路要小心喔！」突然他感覺鼻子濕濕的，有人驚叫：「少爺流鼻血了！」便幫他把頭仰起來，讓他稍微休息。他昏沉地捂著自己的鼻子，看著大家在幫忙撿骨，聽他們互問：「這塊嗎？這塊是嗎？」眾人把骨頭放在甕中，叫他來捧著甕，他一路踉蹌地跟著眾人下山。回來後他寫下日記，這篇日記在他三、四十歲時才發表。成年後的川端康成說：「當時我在抄寫著這些文字時（指十九歲時寫的日記），我的人已經不知道到了哪裡了。待抄完了以後，我才發現這篇文章有兩頁，而我整整漏謄了一頁卻完全沒發覺，也就這樣抄下來。」也就是在他抄謄的過程裡，因為過度的悲哀，已經是魂飛九天了，所以他根本不知道自己在抄寫什麼。

川端康成的這個經歷是生命真實的顯現，雖然他是用文字在說，可是真正的他卻已經是「逃走」了。當看到這段文字時，我才恍然大悟那個十九歲的孩子，跟後來三、四十歲時的他都處在那種悲哀當中。這個悲哀不是因為文字，而是生命源頭的悲哀。川端康成常常描述這樣的事情，他說：「我跟祖父一同生活，祖父有一隻眼睛瞎了，我因為要跟祖父說話，便常常必須把臉靠到他的另一邊，讓祖父可以看得到我。在不知不覺中，我便養成了跟人講話都把臉靠到對方另一邊的習慣。」你知道當他在講這件事時，他是在講他的身體跟祖父在一起，即使祖父已離開了他，他的身體仍還是跟祖父在一起。

像這樣的事情，常常只是不經意地被寫下來，雖然不是重點，可是只要一寫下，你就覺得非常沉重，因為你知道那個「相依為命」是什麼意思。就是除了我們彼此兩人，在這世界上什麼都是不能依靠的！像這些話川端康成一個字都沒寫，可是當他一寫出他的小故事時，這種感覺就都冒出來了。這就是大文學家跟一般人不一樣的地方。他不會流於詮釋，反而會把那個真實，化成內在永遠不斷的泉源。文學家就是靠著這內心的流泉在寫作。一般人會把那個東西對象化，使它變成凝固的一種假象。可是對文學家來說，那是最深的情感，這個情感你不能把它結構化，你不要假定它是不變的東西。

林海音《城南舊事》裡的真實

林海音[4]寫了那麼多東西，《城南舊事》是她寫得最好的一本。在她的《城南舊事》裡面就有那種「真實」在流動。書的內容是林海音回顧她童年的生活。她在寫作時已經成人，可是她卻故意用小孩子的眼光去回顧那些事情，而不去點破那些難堪的真實，這也是一種寫作的策略。

舉例來說，她小時候常常在院子裡玩耍，有一次她看到一個蹲在院子草地上的男人，在他的旁邊還放著一個包裹。那個男人看到林海音走過來，就跟她攀談。其實那個男人在那裡是等著要與林海音的姨娘一起私奔，所以才準備了一個包裹。林海音的姨娘是被大戶人家給趕了出來，然後便碰上了林海音的爸爸，她爸爸因可憐這女人，就把她帶回家。林海音的媽媽因此很嫉妒，沒事就會用言語刺一下丈夫，還會很仔細地注意丈夫有沒有越軌的行為。這姨娘又私下跟別的男人在一起，這在民國初年是很不堪、很複雜的狀況。姨娘也知道她不能在林家待太久，萬一出了什麼差錯，她就是破壞人家家庭的壞人。所以，大家都希望她走這條私奔的路，可是這又是個不能講出來的想法。所以，你會看到很多暗潮洶湧的東西在現實底下流竄著。

又如林海音在描述她父親過世的那天，她寫說：「今天爸爸住在醫院裡，沒辦法參加我的畢業典禮。」接著她描述自己要代表這一屆的小朋友，去領畢業證書。當她在講這件事的時候，又進入了回憶中，她描述平時是怎樣賴床，爸爸便拿一枝雞毛撢子過來要教訓她，她提到自己是如何哭哭啼啼地坐著黃包車，一手摸著另一隻被打腫的手到學校去。接著她又描述自己如何到醫院去看爸爸，她對爸爸說：「我要代表大家上台領畢業證書。」爸爸對她說：「爸爸不能去，妳要勇敢。」然後畫面又轉到了某天，爸爸給她一張匯票要她去郵局匯錢，她不敢去，爸爸便鼓勵她：「妳要勇敢。」當她成功回來的時候，感到好興奮。林海音的整本《城南舊事》，就是這樣不斷在回憶中旋繞，書裡所描述事件的時間都不是線性的，而是從去畢業典禮的路上就一直在「旋」，旋到她從學校回來了，家人對她說：「趕快去醫院，你爸爸不行了！」這時，她整個世界便垮了下來。

對一個女孩來說，父親過世是一件不得了的事情。她就以這個事件，把一個小女孩的心情與三十歲女人的心情交錯、融合在一起。也就是說，三十歲的林海音從來沒有忘記她父親過世的那一天及那一幕。在她的書裡，你可以看到那個「真實」絲毫沒有減少，那個感情的洪水好像一直在她的生命中，不管她後來跟誰談戀愛，成為有名的作家，她的生命中好像充滿了花花綠綠，可是那個「真實」在她寫《城南舊事》時，整個都湧上來了。

進入文學空間的真實

在一般的文學作品中看不到這些「真實」的東西，你所能看到的都是世界。例如司馬中原寫的鬼魂世界，你會覺得那些小說好看，可是你卻看不到在那裡面有生命洪流在轉繞。

只有世界的故事不太能構成真正的文學作品，因為若要變成文學作品，你就必須進入一個文學的空間。這個文學空間跟我們這裡所講的意識縫隙一樣，文學空間中完全沒有理論及理念，只有一種蓬勃如泉湧般的東西。

土耳其的諾貝爾文學獎得主帕慕克[5]也是這樣，他寫道：「我常常一個人坐在房間裡，一個字都不寫，可是千言萬語，在我的房間中靜靜地如漩渦般地打轉。」帕慕克從來不用一般知識和詮釋的眼光去寫作，所以連書名都取得讓你覺得莫名其妙，可是你一看了書的內容就會覺得很深入。

並不是所有的作家都可以寫出像帕慕克一樣的作品，像《追風箏的孩子》[6]這本書，就只有一小段寫出這樣的感覺。書中的男孩，為他的少爺受過很多苦，可是那個少爺卻把他像條狗般地遺棄，讓他獨自承受屈辱。這段情節就很清楚地，把一個奴僕被羞辱的心情寫了出來，而且裡面沒有報復的情愫。類似這些東西都是在意識網絡的縫隙中，這個縫隙就是真實，正是這個縫隙讓人進入了生命的真實。

所以，在意識上的「懂」，無法抵達真實之地，可是它卻等待細分子的進入，就如阿姜查在等待世界爆裂的那瞬間，看到的都是意識的萬般皆不是。

真實修行

編按：以下各段落，為余老師摘自L同學的論文，逐段回應（除了最後幾段無回應），並做為本次講授之講義內容。

L的論述	余老師回應
當我在現實的「世界」裡，我若試圖用「現實」去明白「生病受苦」的「真實」時，我是無論如何都不能懂的。我對我生病的「子宮」與「腫瘤」的疑問，便成為了我的「意識認知」裡的那個「不能懂」。「不能懂」不存在於我的「意識網絡」中，它們就是那尚未被「世界現實」所遮蔽的「真實」，它們就是在我的「意識網絡」的「縫隙」中的那個「空白」。也就是說，我在「意識認知」中的「不能懂」，其實就是我的「意識網絡」中的「縫隙」。也就是這「縫隙」，它是我進入「生病真實」的「門檻」。	亦即，意識的「不懂」就是它無論如何也無法抵達的真實之地，被稱作縫隙的空白處，等待細分子的進入，就如阿姜查臥枕的瞬間，世界爆裂，看到的都是意識的萬般皆不識或不是。

那麼，從「現實我」出離，是如何的「出離」？與「不能懂」的「生病」合一，又是如何的「合一」呢？我說，把那重重覆蓋著「懂」的「遮蔽」，一一撥開移除了之後，「懂」的「真實」便現身，「我」就不再是「現實」中的「我」，這便是成就了與「生病」的「合一」了。

如何才能將那「遮蔽」給移除掉呢？我說，就「看著它」！就只管專注而耐心地「凝視」它！一直到，當「世界」與「意識」依然還在流動中，而我所「看」到的它們，卻是在與我不同的另一個時空中流動。在這個時候，我便已經是穿透了「世界現實」的「遮蔽」，跨出了「世界」的「門檻」，而進入了「夢幻的真實」。

當我掀開了「意識」的「遮蔽」而洞悉了「生病」的「幻真實」，如果我卻還企圖要用「世界

撥開遮蔽是個大問題，真正的撥開遮蔽是透過負性化，不是採取行動，而是不作為，或如阿姜查所稱：「向內迴轉，潛入虛擬，現實消失。」

在這裡的「看」是無意識的動作，是無心出岫雲，或透過陰錯陽差而來。其基本的機制是：我們的知性總是捕捉事物作為其得著，是以為蔽。若欲動智求解，無異作繭自縛，絕聖棄智是唯一的出路。但是如何絕，如何棄，就只有離開世界，躍入非世界。而其躍入的姿態就是齊克果所謂的「縱身朝死谷一跳」（絕望的一躍）。

在幻真實裡消解現實裡的病痛，可能嗎？在邏輯上也許說得通。

意識」去明白這幻象裡的「真實」時，我便是陷入了失控的恐懼的「受苦」中！

是「幻」既非「現實」，是「現實」則非「幻象」。所以，如果想要在「現實」中體驗「幻」，或在「幻象」中說「現實」，那都是不能辦到的事情。因此，「生病受苦」的「幻真實」在「現實我」而言，就成了一個「不能存在」的「他者」了。

從另一角度來看，現實的病痛也引領著一個令人懼怖的非世界：死亡！在現實的想像裡，那是一個巨大的黑洞，自我會以為自己被旋入無邊無盡的、無依無靠的、單離子飄浪的存在。此恐懼有甚於心智創造的地獄，但這並非幻真實。前者是從現實的意識來思及的恐怖，後者則是一種存在的樣態，無人稱的主體。

當我的一手牽引著「世界」的意識，一手拉攏幻境中的「真實」，而試圖要把這兩件不能共存的事情圈套在一起時，一個在「現實」中不存在的「他者」，一股來自「他者」神祕的動能，就已經在存有的流動中，掌控而威脅著「現實我」的存在！

這就是阿姜查所說的：「當我出來的時候，我就成了一般人。」此時病痛依舊襲來，我依舊在病痛中受苦。我們總是在進進出出之間。晚年的阿姜查雙腿截肢，閉眼臥床，直至過世。閉眼的阿姜查在做什麼？他在何處？

我對「開刀」的「不能確定」與「不能掌控」，就是我對「開刀」這回事的「不能懂」。因為我對「開刀」的「不能懂」，所以我便意識到了我的「被遺棄」與「死亡」。因為我對「被遺棄」與「死亡」的「不能懂」，所以我便產生了「恐懼」而受苦！我若要能「懂」，我就必須從「意識世界」中出離。唯有出離了「現實」，我才是移除了那覆蓋著「懂」的「遮蔽」。

於是，我便勇敢而耐心地「直視」「我被開刀」的這回事。一直到，「我」已經出離了「被開刀」的這件事。出離了「開刀現實」的「我」，仍還在「看」那在被開刀中的「我」，正在另一個不同的時空裡被開刀。所以，那個正在被開刀

阿姜查並不談涅槃及安止等境界，而是以覺知當下身心狀況，學習單純地觀照與放下，不斷地修行，而進入幻真實則是隨遇而安，無須追求。

的，是在「現實」中的那一個「我」；是那個「現實我」在「被開刀」而不是我；我只是在「看」那個「現實我」正在被開刀。終於，我懂了！我在「現實世界」中「幻化」而穿透了「遮蔽」，而在「非現實」的存有中「生成」了「夢幻我」！在「幻象的真實」裡，我清楚而明白地「看懂」了「開刀」的這回事。

在「幻象」中，我進入了我的「被遺棄」與「死亡」。原來，我「被遺棄」的這件事，只不過是在「中繼時空」中的一個「過渡」的「暫時」罷了。當我在「被遺棄」的時空中，我是不停止地在晃盪著。最終，我可能被「盪」回了「世界」的「門檻」，而回到了我的「意識世界」來；我也可能被「盪」到了「中繼時空」的那一頭，而進入了「世界的死」。不管結果是怎樣，「遺棄」它肯定會成為過去，而我就只須要忍耐地等待。也就是說，那如同孤魂野鬼般的「遺棄時空」，在因緣俱足時是會自行結束的。所以，「被遺棄」對我又還有什麼可恐懼而得「受苦」的呢？「恐懼」本來就是「意識世界」裡的一個產物，它只存在「意識」的空間裡。當「意識世界」不存在時，「意識的恐懼」便沒有了。所以，就算「中繼時空」結束後是進入了死亡，在死亡那「無我、無意識」的時空裡，是不會有「恐懼」的這回事的。因此，在「幻象時空」裡，曷不會有「恐懼」，也不用再「受苦」！

註釋

1 托爾斯泰（1828－1910），出生於俄國貴族世家，著名之小說家、評論家、劇作家和哲學家，也是非暴力的基督宗教無政府主義者和教育改革家。代表作有長篇小說《戰爭與和平》、《安娜卡列尼娜》和《復活》。

2 關於「逃逸路線」（line of flight），可參考德勒茲的《資本主義與精神分裂卷2：千高原》。在本書中，德勒茲以「逃逸路線」來界定根莖／塊莖（rhizome）這個概念，後者余老師於本書第二講「無人稱主體的兩種樣態」中亦有解說，讀者可交互參看。

3 川端康成（1899－1972），日本新感覺派作家。一九六八年獲諾貝爾文學獎，是獲得該獎項的首位日本作家。代表作有《伊豆的舞孃》、《雪國》、《古都》和《千羽鶴》等。

4 林海音（1918－2001），著名作家，提出「純文學」的概念，提攜許多台灣文學青年，《城南舊事》為其成名作。

5 費里特・奧罕・帕慕克（Ferit Orhan Pamuk，1952－），土耳其作家，二〇〇六年諾貝爾文學獎得主。著有《白色城堡》、《黑書》、《新人生》、《我的名字叫紅》、《雪》等。

6 《追風箏的孩子》（*The Kite Runner*），又譯《追風箏的人》，為阿富汗作者卡勒德・胡賽尼（Khaled Hosseini）的第一部英文小說，二〇〇三年出版，是美國二〇〇五年排名第三的暢銷書，根據這部小說改編的同名電影於二〇〇七年上映。

第四講・非世界與內在時間

我以前在安寧病房的時候，很確定一點，那就是當我坐在臨終病人的身旁時，我會有一種不可思議的感覺，那就是：怎麼壓力都不見了！我那時候才瞭解到，在人與人之間，只要你還活靈活現的時候，彼此間不管是什麼事情都在維繫著，這就可能產生壓力了。

編按：這一講次的錄音資料，並非從一開始就收錄，導致閱讀上會有突兀感。但估計只闕漏了開頭的幾分鐘而已。本講次，余老師基本上是順著講義的順序講課，故若讀者能先閱讀講義，心中獲得一個概要，將有助於閱讀理解。不過，課堂伊始提到的「相位」觀點，是出現在本講講義的倒數第二段。

內在時間，外在時間

……如果你們還是用「相位」的觀點的話，那你們所看到的都是綿續的、相續的、密密麻麻而密不通風的。你可以想像一個畫面：良寬和尚1跟小朋友在玩，後來小朋友都回家吃飯去了，太陽也慢慢地落下，而良寬和尚一個人站立在地面上，一個身影，這就是「存在」，是真正的「活在當下」。

同學A：老師，請問「內在時間」的意義是？

余老師：「內在時間」指的是：整個生命、感覺都在時間的流動底下，也就是時間的綿延和流動。意思是說，它沒有「事物」。一般在世界裡頭，我們的時間是不流動的，我們是用事物來界定時間，時間是被「空間化」且「對象化」的，這也包括了鐘錶的時間。而那個被「對象化」的時間，它是「外在時間」。

「內在時間」也可以稱為「心理時間」。譬如說你買了電影票在等你的朋友來，眼看電影就要開始了，而你的朋友卻還沒到。於是，那個「時間」便突然地產生了緊迫性。但是如果時間還寬裕呢，那「時間」就會是鬆鬆的。而那個時間的伸─縮本身，就是一個「內在時間」了。

同學B：就好像是在當兵的情況，總會有「永遠當不完」的感覺。

余老師：對，而且我們很少會直接跟人家講這些。但是我們有時候會用比喻來說：「已經數了幾顆饅頭了……」。

同學C：我一直都是處在一個「對象化」的世界裡。我很難想像一個不是「對象化」的世界會是什麼樣子的。那是不是一種無以名狀的狀態呢？人似乎沒有辦法一直處在一個「非世界」的狀態裡。

余老師：Ya，那通常是一下子、一陣子，就下來了，然後就回復到「世界」的原狀。因為你要知道它是「心理的流」，所以它是不可能一直停留在這個世間上。

同學C：我看那落入「非世界」及在「世界」的人，他們生活的品質好像是有不一樣。

余老師：當然會有差異。我們來看一位年輕研究生[2]的死。阿勝在生病期間不斷地書寫心靈日記，直至往生前一個月停筆。阿勝在瞬間出現的「天感」，讓他覺得自己倍受恩寵，而不再認為肉體生命是實存。以下是他的一段書寫：

……你的身上插滿了管子，但你的心上卻沒有。
在如淤泥的人生裡，清蓮綻放其中，
呼吸著生命的甜美，吐露著感恩的喜悅。
……

當時的阿勝如果不是處在「非世界」的狀態，那他的書寫可能就會變成是：「我的身上插滿了管子，我在如淤泥的人生裡。」所以差別就是在這裡。

同學F：老師，我看到講義上所談到的一些修行的方式，當「我」一落下後，有一種品質就跑出來了。怎麼會這麼神奇啊？

余老師：這個叫做「開眼界」。譬如我們說「禪坐」，有時候會坐到「入定」。很多人在「禪坐」以後就上了癮，而不想要離開。

同學C：老師，請問「覺」跟「相」的差異在那裡？

余老師：「覺」就是察覺到「相」。如果我們活在「相」裡頭，我們是不可能察覺「相」的。但是如果你看到了「相」，這就叫「覺」。

同學C：那我的座落點會在哪裡呢？

余老師：如果你是在「相」當中，那你的座落點就是在「相」裡頭；如果你看到了「覺」，那你的座落點就是移到了「相」之外的一個觀照點上。

我們知道有很多話語是套用在人家如何產生觀照點的，譬如說「無常」。大部分的人所瞭解的「無常」是語言上的「無常」，而不是真實體悟的「無常」。舉個例子來說，有一個中年男人，在他父親臨終時，他說：「我第一次感覺到什麼叫做無常。」可是他卻沒有辦法具體地講出「無常」是什麼。他只說：「我清清楚楚地意識到事物的起滅。」當他有這樣的感覺時，他一定是不斷地從他的「相位」中，發現到不是「相位」的問題，而是看到了「相位」其實是事物的起起落落。

同學C：老師，這就是像我們剛才所講的，必須是從「相位」的觀點，由大分子（克分子）轉變成小分子（細分子）的意思嗎？

余老師：像你開始靜坐以後，大概大部分的「世界」就會慢慢地消失。然後可能突然有一段時間，你會跌落到一個完全靜止、很安靜的狀態。如果你的功力差的話，可能在一秒鐘後你就離開了那個狀態；如果你的功力很好，像星雲法師那樣的話，你可能就能「入定」十五天後才醒過來。譬如像吉兒．泰勒[3]，她曾經歷了涅槃的狀態，她覺得那個東西太美妙了！所以當她在跟我們講述的時候，她已經是回到了「世界」來，試圖用語言來向我們表示那個「太美妙」。可是，她卻無法清楚地形容那是怎樣的美妙。所以，你看她在講話時好像是在對著上帝講話，她的兩隻手就這樣往天空攤展的樣子（余老師動作示範），嘗試要去表達出那個美妙。你看她在表達時的感覺，就跟我們完全不一樣。她是：「So beautiful——」這樣地讚嘆出來！好，我們來看講義的最後一段：

東西方宗教採用了靜坐冥想、內觀、四念住等，這些都是屬於非語言性的。它用專注呼吸來建立小分子的「覺」，而這種「覺」我們叫做「覺照」。尋得「相位」的間隙，而入體空，一旦入體空則現大光明。其主體樣態為無人稱的主體，也就是莊子所說的「吾喪我」。「吾」是本體，「我」則是「世界」。故而產出慈悲、感恩、喜悅等無量心情。

你看密勒日巴尊者的傳記[4]便知道，當他在修行時，每天陪伴著他的就是空行母[5]。為什麼我們看不見空行母呢？因為空行母不存在「世界」。後來聽說阿姜查在山洞打坐的時候，也體會到空行母的出現。同樣的，道證法師的阿彌陀佛也不在「世界」裡頭，所以她的阿彌陀佛的形象便不重要。

我們重新再來詮釋上個禮拜看的那部電影「愛有來生」[6]。如果你用「世界」的角度來看它的話，那麼那位女子（阿九）跟她丈夫的夫妻事情就是她的世界；如果你把「土匪及兇殺事件」當做「世界」的時候，那麼它就是各自在不同時間下而沒有交會的「世界」。當那和尚（阿明）來跟這個女子說話的時候，其實這邊就是「非世界」和尚（以鬼魂的姿態）的出現，它讓「世界」跟「非世界」在面對面。但是在世界的「我」並不認識那「非世界」的「我」，所以當「非世界」的故事開始被訴說時，就開始在轉，當在轉動的時候就出現了一個線索，那就是「茶涼了，我再為你續上」[7]。當女子被那線索觸動而自己講出「茶涼了」的時候，就在那瞬間她突然地被捲了進去，然後一切就都「併聯」起來了。

同學A：所以，那個「非世界」的空間不是屬於個人的，而是所有的能量都交錯在一起的？

余老師：你所看到的一直都有兩個世界，對不對？一個是「世界」、一個是「非世界」，而它們之間的關係是隨著時間在變動。

同學A：那這個「非世界」會不會因為那個人的離開而就馬上不見了？

余老師：當然沒有。

同學A：老師，那隨著時間變動的是「外在時間」嗎？

余老師：世界指的是「外在時間」，而「非世界」則是「內在時間」。

神貧與神愚

同學B：像「自求簡樸」，放棄對物質的依賴，有助於我們達到「非世界」的狀態嗎？

余老師：對。我們知道「神貧」與「神愚」，這些都是相對於「世界」的，對不對？為什麼會叫做「神愚」？

同學A：人都很會自作聰明，以為自己所做的一切是在控制這個世界，以為世界是能夠照著自己想要的方式去發展，其實不然。這就是「神愚」。「神貧」就是說，我們以為世間的貧窮是貧窮，其實在世界的貧窮並不是真正的貧窮。在「非世界」裡的貧窮才是真正的貧窮。

同學D：「貧」與「愚」是從世界的角度看，所以才會給出這兩個字。而「神」是來自「非世界」的。所以當把這樣的兩個字湊在一起時，便是一種「世界」與「非世界」的交錯了。

余老師：所以，「神貧」談的就是內在的東西。舉例來說，如果你擁有一百坪的豪宅，和你只擁有一間三坪大的小茅屋，你覺得住在這兩個地方中的活動有沒有不一樣？你為了維持豪宅所以你必須每天打掃及整理，可是在小茅屋裡，你可能只有一個簡單的桌子，所以你的活動就變得很簡單。

同學D：在這裡我還看到了一個意義。在世界的標準中，只要你所累積的不夠厚，或甚至是刻意地要讓它儘量簡單及清淡一點，反而是有助於讓人去品嘗到……，或是透過某個缺口，而進入到那個「神」的域外空間。像某位台大教授就是一個例子，她的「世界」也許是太順利了，結果她在「世界」的厚實，反而讓她在後來面對癌症時，不容易進入到域外的空間。

同學B：有一部影片叫做「阿拉斯加之死」（Into the Wild），這是一部由真人真事改編成的電影。它前面有一大段非常讓人有感觸，主角把自己所有的東西都放棄掉了，他說他「不要愛情、不要權力、不要金錢、不要公平，給我真理。」

同學D：阿拉斯加似乎就象徵著他的域外。

碰觸非世界

余老師：用你們自己的話講講看，我們怎樣會觸碰到「非世界」？

同學D：我覺得是不可能有一種對每個人都適用的方法。要跨過這道門檻會有一個缺口，如果用另外一個名詞來說就是「陌生化」。我們看待這個世界會感到陌生，別人卻很眷戀、很流連的，很貪婪要去攫取占有的，你卻覺得陌生。在這個陌生感形成之前，形成到你幾乎無法忍受之前，任何方法都不會起什麼太大的作用。像我們看到王國維[8]的句子：「悲也飄零，歡也飄零。」這個飄零就是一種陌生感。不用什麼特別的方法，他隨時都若有所「遇」，不斷遇上域外的空間。如果沒有這個飄零感，沒有這個陌生感，缺口就不會形成。沒有缺口也就不會有方法，任何方法也都沒有作用。

同學C：我有一個疑問，所謂的「小分子」狀態，是不是一定要在這種靜坐的狀態，或是某種修行的狀態中才會出現？事實上在某個意外的事件中，它其實也是某種改變分子結構的狀態，然後就讓人跌落到「非世界」去了。

余老師：所以，「大分子」就理所當然地被破掉了，然後就進去了。

同學B：我認為在人生不同的階段中進入這個「非世界」，其實他的課題也會不太一樣。譬如說在臨終的時候遇到「非世界」，人或許可以非常地享受或是全然地去接受這個陌異。當我們好像瞭解或感受到一些「非世界」的東西時，我們卻無法跟這個世界說，我們也無法跟我們身邊親近的人去闡釋。反而身邊的人無法理解為什麼我們做了這樣的動作跟行為，周圍的人就不瞭解你，感覺你這麼奇怪。這對於我這個二十五歲的學生而言，我可能還有成家立業的世界的階段與課題等著。就算我選擇不要，我身邊的家人與父母也未必能認同。我有世俗期待我應該有的樣子，我卻已經認為那個東西好像成為一個拉扯，進而可能衍生出更多的課題，不過這也都是人生必經的。

余老師：我們剛才不是談到了嗎？當你開始發現你的世界無容身之地的時候，你就會開始逃。而你所提到是：我怎麼逃？我還要在這個世界這麼久，可是我卻已經感覺到那種世界與我的不相容，於是我產生了痛苦。很多人都是這樣子的，其中有一個很出名的例子就是弘一法師。他就是在一夜之間決定要出家，然後就跑到廟裡去。他原來在世界裡面是出生於大富人家，等於是有錢的子弟。並且才華洋溢，留學日本，又會音樂、又會美術、又會歌劇、又會詩詞歌賦。所以他在這個世界上，幾乎是推到了極致。大家看他的才華，最有名的就是我們到現在還在唱的「長亭外，古道邊，芳草碧連天。」這是我們目前聽過的所有歌詞裡面最有才華的。你如果細細品味歌詞中的每一個字，它比詩還詩！你可以看出來李叔同是一個藝術之心很豐富的人。我們知道藝術表面上是多彩多姿的，可是真正的藝術卻是很孤獨的。所以藝術是一個很明顯的例子，它非常清楚地呈現「世界」跟「非世界」的交錯。李叔同不太跟人家講他的內心世界，所以只要一個晚上，就決定要出家了，而且出家的時候連衣服都沒有帶。他的日本太太哭得死去活來，他的兒子懷恨父親。他兒子直到六、七十歲時還說：「我對我父親有怨！」所以李叔同在「世界」是一個不良父親、不良丈夫、拋家棄子、毫無責任、毫無承擔、自私自利的人。

同學B：如果這個對方是自己的父母呢？我們就要背負上不孝子、不良兒子的名號了。

余老師：對啊，這是一樣的啊。

同學B：這裡面有對錯嗎？

余老師：沒有啊。弘一法師在度過他的三十個年頭之後，在過世前他還很滿意地說：「光華滿枝，悲欣交集。」

同學C：老師，您之前曾寫過一篇有關療癒的文章，其中談到，有一種「修」是向內、向自己的「修」，另外一種「修」是向外的、倫理性的「修」，這只是兩面的一體，但卻是兩極的事情。這邊看到的是往自己內部的內在描述，對於外的那部分看起來好像……，這兩件事情怎麼放在一起？

余老師：對，那個叫做「內運平面」。就好像是我剛剛提到的球體。偶爾你會看到它有某個光點，但是那並不是真的光點，而是某一個時間在它裡面延異的變化時碰到的。所以這個光點是出來後馬上就消失掉，然後又從其他地方跑出來，又再消失掉。你會看到一個光體在閃閃爍爍、起起落落的。就像這樣（余老師以動作說明），這裡有一個核心，這裡也有一個核心，中間有一個交會處。所以你們在看到這個Lorenz attractor[9]的時候，就會看到那個同樣的情況。

世界語言與非世界

同學F：老師在前面說到，我們必須要排除對語言的依賴。我們看到藏傳佛教他們很講究「辯經」10的傳統，他們甚至認為通過這樣的一個思維路徑，是可以帶你掉進那個「非世界」的。

余老師：這對道證法師來講是有可能的，但對我阿嬤來講是不可能。或者說對於知識份子來講也是不可能的。知識份子一唸起經來，就把裡面的意思想得一塌糊塗，他整個都在語言的平面上運動，所以沒有辦法進入到「非世界」裏。而我說道證法師有可能，那是因為她其實原本就用「非世界」的狀態在唸。即使是這樣，她也常會喜歡畫阿彌陀佛，當作她的娛樂。這是兩回事。

同學C：如果是在臨終的場境裡，我今天進入了一個「非世界」的狀態，而別人卻用了一個「世界」的陪伴方式來對我時，我是可以感受到的。所以，世界的語言其實是一樣能夠陪進去嗎？彷彿也就是用著原來的方式繼續操作就可以了，不是嗎？可是老師好像有別的想法？

余老師：我個人的經驗是，以前在安寧病房，當我坐在臨終病人的身旁，會有一種不可思議的感覺：怎麼壓力都不見了！我那時候才瞭解到，在人與人之間，只要你還活靈活現的時候，彼此間不管是什麼事情都在維繫著，這就可能產生壓力了。可是對於臨終者，就像盧雲11寫的《亞當：神的愛子》，彷佛所有施於你的壓力，突然都消失掉了。在這種情況下，我很容易對他施展

「大愛手」[12]，因為他有點像是在引導我：「請你用大愛手來對待我。」那「大愛手」很簡單，就是感覺到力量從我們的上方降下來，充滿著慈悲與愛人的感覺，然後再把這種感覺，通過我們的手，慢慢地傳送給對方，但不要碰到他。我把這個方式教給很多病人的家屬，家屬也真的感覺到不一樣，並且屢試不爽。你可以看出來，真正受到恩典的人，是陪伴的志工。而那些臨終的病人其實就像是《亞當：神的愛子》這本書裡面的「亞當」，因為智能障礙的「亞當」接近空無，接近他的人都能感受到某種毫無負擔的、一種全然自在的恩典。

同學B：在安寧病房陪伴臨終病人時，我在田野記錄裡面寫道：「當我陪伴的病人過世的時候，我在停留室裡笑了。」可是我一直很小心、很忍耐，因為身邊的家屬是如此悲傷，我覺得我好像快要觸犯到他們。可是我卻忍不住，因為我感到一種舒服，一種發自內心自在的微笑。我不太能理解為什麼我在腫瘤科病房的時候感到的是那種壓力跟窒息的感覺，可是在安寧病房，看到人們躺在那邊，以及種種不堪的畫面，卻感到某種自在。

余老師：你不敢笑是怕觸犯到「世界」。但這個笑是一種輕鬆，因為那是一個不太有束縛的世界。病人在腫瘤科是要接受醫療，所以在那裡每個人都很緊張，因為想把這個疾病的情勢扭轉過來。可是在安寧病房，我們卻看到病人的手的姿態是這樣放鬆地攤在床上的，阿彌陀佛的姿態也是這樣。反觀腫瘤科病人的手大多是緊繃的，所以基本的處境就不一樣了。

我記得有一次，安寧病房中有一位病人過世以後，真正受到療癒的，是一個陪伴的志工。她原本都不講，只是在病床前一直流眼淚。過了兩三個月以後的某一晚，在營火堆旁，她才把這件事情講出來。她說，就在這位病人過世的晚上，她對自己的生命突然產生了一個強烈的回顧，她馬上就回到自己還是小孩子的時候。那時候她很喜歡一雙紅鞋，但是爸爸媽媽怎樣也不肯買給她，她那時就覺得將來一定要自己賺錢，買她最喜歡的鞋子。這件事一直以來支配了她生命的樣態，一直到那天晚上看著病人過世，她突然覺醒過來，知道自己原來這二、三十年來一直在受著這樣的事，所以就嚎啕大哭。

同學F：所以當我們去探視病人，好像是在關愛病人，而這關心、關懷在某個向度上其實是在形塑「我」的主體？

余老師：從旁來看你好像是為了病人，但是從「非世界」的角度，剛好相反。臨終者示現了某種不可思議的狀態，你如果接收到的話，會有一種解放的感覺。如果你沒有，你還是厚厚的一層「世界」的樣式，那你就只會說：「唉呀，好可憐喔！」這就像盧雲在那本書（《亞當：神的愛子》）裡所描述的，訪客每次看到亞當就說：「你怎麼這麼可憐？我們趕快去募款讓你過好一點。」盧雲說，這個世界上怎麼這麼多人看事情是顛倒的？當你站在某一邊，你是從這一邊的角度看過來，你看到的只是他的倒影，而不是他真正所想，及他真實的狀況。換句話說，你從臨終者的病床旁看過去，看到病人快死了，就害怕地說：「唉呀，有一天會不會換我躺在這邊？」你看到的是一個倒影。

同學C：像心理諮商的技術所講的「情感反映」，這個情感反映說的是個案的情感反映，還是諮商師自己的情感反映？

余老師：說是個案的情感反映實在是太誇大了，你不如說是你自己的。很多人在這種情況下領悟到，這種技術都是一種虛華的語言，都是某種語言的訓練。什麼簡述啦、意義啦，這其實就是你自己本身的情感。我可以跟你講，當你簡述意義的時候，個案已經產生反感了。譬如說個案一段話說完，我回應說：「對，你剛剛所說的是不是這樣這樣，你一定感覺到很難過。」如果碰到脾氣不好的個案就會回你：「你白癡啊！幹嘛重複我的話？」所以我才會提出，做心理治療也好、諮商也好，要以「身體感覺」而不是用「語言」，不要太依賴語言。

非世界與內在時間

幾個關鍵詞：非世界、交錯、多層結構。

非世界是與世界相生相剋。非世界缺乏世界的現實體，但飽含真實。我們會有一區，裡頭有各種人物，儘管他們不在現實，碰一下卻會有如錐刺般心痛，他們在世界的形象不同，關係不同，但卻匯集在「他處」，他們可能是母親、初戀情人、一隻貓、一個失去的東西……，他們在世界各異，甚至在不同的時空，但他們卻同樣地抵達非世界的深度。由於非世界的存在是非語言性的，所以真實只能深深體會而不能言傳，我們如果想透過話語來表達這種真實，會造成千說萬說皆不中的隔靴搔癢感。

凝視的核心是交錯，現實與潛質交替的時刻（簡稱the Moment），現實逐漸消失，而潛質浮出。現實的消失可能是支持現實的條件流失。例如：臨終病人。某大學研究生阿勝（化名）即為此例。阿勝罹癌之後，努力治療，也到處求助，三年下來，病情依舊惡化，遂放棄治療，進入安寧病房。忽然感覺有天的存在，在天感的啟示下，他發現真正的存在當如何，遂奮起在病房為醫護志工開講。阿勝善於寫作，在他生病期間，不斷書寫心靈日記，直至往生前一個月停筆，其日記大抵是對病痛的描述以及對治療的失望。何以會在瞬間出現天感，無法瞭解，但知天感讓他覺得自己備受恩寵，不再認為肉體生命為實存。

「什麼樣的愛，讓你有勇氣面對生命的最終；
什麼樣的愛，讓你以笑容掩蓋身上的苦痛，
你的身上插滿了管子，但你的心上卻沒有。
在如淤泥的人生裡，清蓮綻放其中，
呼吸著生命的甜美，吐露著感恩的喜悅。
你說，生命不在長度而在厚度，
你說，相約再回人間再來慈濟，
身影、話語，點滴盡在心蓮裡。
『雖然我得到四個癌症，但我卻看到上天對我的關愛。』
自己明白到什麼是捨得、放下、感恩……。」

這個終點狀態與道證法師的情形非常接近。

多層結構：神性迴圈、精神迴圈、自我迴圈。

如果以吉兒・泰勒的經驗，阿勝的右腦出現優勢，左腦則退後，使得在世界層裡呼風喚雨的左腦壓不住右腦神性迴圈，並改變自我迴圈的狹隘性。細言之，咸信海馬迴的杏仁核（Amygdala）發生質變。但此生理性的解釋是否充分，存疑。

另一可能的解釋：世界是以「相位」構築，自我意識的形成是以「相」（謂詞）為單位，密密相續地建立層構領域，運行方向為對外橫向連結，而神性迴圈為縱向深入，屬於解域的向量，以內在時間為運行，若想要從自我迴圈逃逸，必須在重重相續的相位找到縫隙。找到縫隙必須從相位觀點的大分子（克分子）轉變為小分子，相位之間才會出現縫隙。

宗教修行與內在時間：

如以前述說明為立論基礎的宗教修行必須排除對語言（屬相位）的依賴，東方宗教採用靜坐冥想、內觀（mindfulness）、四念住是屬於非語言性的，僅以專注呼吸來建立小分子的覺，謂之「覺照」，尋得相位的間隙，而入體空，現大光明，其主體樣態為無人稱的主體（吾喪我），故產出慈悲、感恩、喜悅等無量心情。

註釋

1 良寬（1758－1831），號大愚，俗名山本榮藏，生於日本越後國出雲崎（今新潟縣三島郡出雲崎町），江戶時代的禪門曹洞宗僧人。他是一位雲遊僧人，以詩歌，書法著稱，他的作品讚頌自然之美，風靡一時。其詩風對後世產生影響。

2 阿勝（化名），台灣某大學研究生，因罹癌而住進安寧病房，直至病逝。在生病期間，他曾到處求助，努力治療。但多年下來，病情依然惡化，他於是放棄治療。後來，他突然感覺到有「天」的存在，在天感的啟示下，他發現了真正的存在當如何，遂奮起在病房為醫護志工「開講」。

3 參見吉兒．泰勒（Jill Bolte Taylor）（2009），《奇蹟》（*My Stroke of Insight-A Brain Scientist's Personal Journey*），楊玉齡譯，台北：天下文化。吉兒．泰勒是一位美國神經解剖學家，目前任職於印第安納大學醫學院，同時身兼哈佛大學腦組織資源中心的代言人，以及中西部質子放射治療研究所的神經解剖學顧問。二〇〇八年獲選美國《時代》（*Time*）雜誌全世界百大影響力人物。目前定居於印第安納州的布魯明頓。參考資料：http://www.books.com.tw/products/0010428035

4 參見：張澄基譯（1971），《密勒日巴尊者傳》，台北：慧炬。可搜尋網路pdf檔：http://www.nonahz.org/budhiavenue/budhibooks/books/163.pdf

5 空行母，藏傳佛教的佛母。在佛教中，空行母被認為是天界或他方佛土的女性金剛乘修行者，有許多是佛或是菩薩化身。

6 中國電影「愛有來生」，導演：俞飛鴻。在此，余老師的講解相當簡短，因為同學們都看過這部電影了，對於未看過電影的讀者而言，或許必須對「愛有來生」電影本事有所理解，才能明白此處的解說：故事講述前世的阿九和阿明因為兩家的仇恨而不能相愛，阿明出家當了和尚。阿九和阿明最後在仇殺中雙雙死去，死在一棵千年銀杏樹下。阿九臨死前跟阿明相約來生再會。阿九死後急着投胎，而阿明怕阿九隨時會來到這銀杏樹下找他，便一步也不敢離開，錯過了投胎的時機，只能作為一個幽靈徘徊在輪迴道間。五十年過去，就在阿明快要離去的時候，阿九終於出現了，可是，今生的阿九已經不再是前世的阿九，在今生，她是一個名叫小玉的年輕少婦，她不僅已經把前世的記憶全部忘卻，還有一個幸福美滿的家庭、一個愛她也為她深愛的丈夫。電影從小玉與阿明鬼魂的相遇開始，訴說一段跨越時空的愛情。

7 這是電影「愛有來生」中反覆出現的台詞，在電影不同場景和時刻各自彰顯出不同的意味。在片末，鬼魂阿明給小玉說完了故事，茶也涼了，小玉說：「茶涼了，我再去給你續上吧？」在小玉反身入屋泡茶之際，從恍惚中醒悟過來，意識到自己便是阿明在此等候了五十年的阿九。當小玉追出去時，阿明的鬼魂已經走了，她獨自倒在銀杏樹下失聲痛哭……。

8 王國維（1877－1927），浙江杭州府海寧人，國學大師。與梁啟超、陳寅恪和趙元任號稱清華國學研究院的「四大導師」。中國新學術的開拓者，連接中西美學的大家，在文學、美學、史學、哲學、金石學、甲骨文、考古學等領域成就卓著。

9 六〇年代麻省理工學院的氣象學家兼數學家勞倫茲（Edward Lorenz）教授，選擇了十幾條顯示出溫度、壓力、風速等氣象數值的方程式，在他自己的電腦裡創造了袖珍玩具般的天氣。他發現僅是千分之一以下的誤差，對電腦裡的天氣來說，剛開始仍是跡近相同的兩個個案，但經過數個月後，逐漸差異越來越大，終至面目全非的地步。他據此發現，繪製出蝴蝶狀的模型，稱為「勞倫茲吸子」(Lorenz attractor)。它顯示數據表面一團混亂下，仍有精緻且規律的結構。

10 辯經，藏傳佛教中的一種辯論。喇嘛辯經的過程主要以兩種根據作為討論基礎，其一是「因明邏輯的思辯」，以大家普遍公認的道理來做推論基礎，依照因明學進行邏輯推理而發出質詢；其二為「引用經典」，從共同承認的經典當中，引用佛陀及古德聖賢所詮述的文字，如此交叉比對，可以推敲出許多經文中的細微意涵，從而對佛法教義產生討論。

11 盧雲其人及其著作《亞當：神的愛子》，請參考本書輯一第二講「邊界經驗：從後現代觀點看生命轉化」中的介紹。

12 「大愛手」是一種修行法門，透過連接宇宙大愛的能量，經由做施者傳給受者，但兩者均同時接受大愛磁場的調理，均受其惠。若干靈氣相關的訓練團體也使用這個名詞。參考資料：http://www.hochi.org.tw

第五講．超越經驗論（一）

在送走母親的喪禮後，回到老家，剛步入中庭，突然感覺到天旋地轉、世界崩裂。……我獨自站在中庭，忽然不知我是誰。我不再是祖母的孫子，不再是父母的兒子，這個房子再也不是我的家。景色依舊，南方的椰子樹隨風搖曳，現實彷彿沒有變化。我感到一陣暈眩，世界對我變得十分陌生，只有眼淚不停流出，卻哭不出聲音。我不知如何渡過那個夜晚……。

「超越」本來有「先驗」的味道，即無須經驗而能獲得「知」，例如感性。「經驗論」則指，我們的「知」是經由對現實的經驗而來的。這兩者是不是很矛盾？既然「超越」是不需要經驗的，那又怎麼會在後頭接一個「經驗論」呢？我想這個提法（指超越經驗論，Transcendental Empiricism）是要解決傳統上無法處理的問題。在傳統上，「超越」跟「經驗論」是不相容的。不相容只有一個原因，就是大家對「超越」的本質和「經驗論」的本質，其實缺了很多的理解，使得它們看起來在邏輯上是對立的。我們說「先驗」與「經驗」，這是從語言的觀點來看的，那我們能突破的是哪個地方呢？

感性經驗

事實上，你所知道的「經驗」，並不是全部的經驗。還有一種經驗，叫做感性經驗，這個經驗的「知道」是說不出來的。以前我們都假設，如果你經驗得到，那你就說得出來，大家聽得懂嗎？譬如說我們「痛」，我們就會說「哎呀我很痛！」但是你可能在某種狀態底下，雖然知道那是什麼東西，可是就很難講出來。通常我們碰到這種情形時，可能會說它是「七葷八素」或者是「一片混亂」。事實上，在我們的某種感性的經驗裡，確實存在一個你沒有辦法講的東西。

我們知道，「經驗」在過去都被視為是後天的，也就是說你必須在某種情況下學習到。可是這種「不能說」的感性經驗根本不用學，它其實是先天的，它所給你的就是感性。當感性經驗與經驗這兩個東西一湊合起來時，它就存在一個特殊的領域裡。這個特殊的領域在哪邊？它就在叫做「transcendental field」的終極領域裡。

這裡我們為什麼沒有把它翻譯為「超越領域」呢？這裡的「終極領域」就是指：人在某種非常特殊的場合裡頭，當他的生命碰到某種類似最極端的「點」時所出現的東西，譬如說臨終、譬如說當聽到自己的兒子被車撞死了的瞬間……，這樣子的時刻就叫「終極時刻」。在這樣的一個時刻裡，會發生一些變化、一些事情，我們的講義上談到，德勒茲的「超越經驗論」是為「終極場域」做的一個設想。也就是說，只在「終極場域」這個領域之中，才出現這種「語言上矛盾，事實上卻存在」的狀態。他在這樣的設想中，認為生命的終極，存在一個「容貫平面」。

同學G：老師，您可以對「感性經驗」的部分多說一點嗎？

余老師：「感性經驗」是指感性的存在狀態。感性這個部分在早期的康德（Emmanuel Kant）那裡把它放在很前緣。可是我們知道感性（或說情感）這個東西，它在心理學被推到情緒方面，其實在德勒茲看來是全部不對的。感情像是憤怒、焦慮，可是感性基本上是一種「綜合」，它是一種可以綜合你生命中很多不同的部分後產生的動力。而這整個感性的綜合，基本上是不受意識控制的。所以你常會在某一種場合突然變得很感動，突然變得想哭，可是那個當下你可能會覺得自己怎麼這麼不爭氣，然後眼淚就掉下來了。為什麼我們說「不爭氣」呢？因為你的大腦告訴你：「我不應該哭，不應該掉眼淚。」可是你的眼淚還是掉下來了。這意味著身體各部分裡頭，有很多不同的成分進行了綜合，而這綜合完全不在你意識的監督、控制底下，它自行作用。德勒茲把這個綜合所出現的東西稱為一種「液體」的狀態。當它沖出來的時候，就是「嗶嗶啵啵」地就出來了，好像有一種流動的狀態。而且一定是要等它流完了，人才會停下來。

同學G：老師，那它跟「直覺」是一樣的嗎？

余老師：直覺是柏格森提出來的東西。一般我們所謂的直覺，像是看到某種東西的「第一念頭」，也就是說，還沒有反覆思索、精心考慮時就出現的第一個念頭。譬如說，你看到某一個人，你第一個感覺就覺得這個人很親切，這個叫直覺。或者，你多年來投資股票，在某一個瞬間你突然看到某一檔股票，你就要買那一檔。你也沒有經過計算，也沒有去查它的基本面，或去看它的走勢圖，這就是一種直覺。所以你可以看出來，直覺是一種「知」的方式，而不是感性。

好，接下來我要特別說一下這個「容貫平面」。

容貫平面的建立

基本上，存在很多情況是我們越不過去的。譬如，有時候你看到有人出現非常虔誠的狀態，如果你不在他的那個狀態裡頭，你會完全越不過去，你就完全不知道他到底怎麼了。或者，當你還未曾經歷到某些事情，你是沒有辦法想像那會是什麼的。這種情形的平面本身，就是沒有辦法「容貫」了。舉個簡單的「容貫平面」的例子——我們跟寵物間的關係：我們知道寵物基本上是不懂語言的，但是人們卻常常會用語言去對牠說話，寵物當然聽不懂。在這種情況下，人與寵物之間便各自存在彼此不容貫的平面上，你走你的，我走我的。

可是他們後來卻出現了一個容貫的平面，譬如說要給牠吃肉乾之前，就叫牠蹲下、握手，然後才給牠吃。以後牠慢慢地就抓到了要領，如果想吃肉乾，就要做出某一些動作。在這種情況下，你跟寵物之間的「容貫平面」就建立起來了，當然在這裡建立的還不多。我們都可以看到很多其他例子，譬如說人跟海豚之間……。我們可以看出來，這個「容貫平面」本身不是理所當然就有的，在大部分的情況之下，我們都閉鎖在自己的平面上，它不具有「容貫」性。

由於「先驗」跟「經驗」之間的隔閡本來是存在的，所以平常「先驗」做的事情跟「經驗」會產生衝突。但是在「終極存在」的狀態裡頭，「先驗」跟「經驗」的隔閡就被打破了，使得原來在現實不可能相通的兩極就被打通了。

終極場域：理論

這樣一個「終極場域」的存在並不是理所當然的。至少必須有三個重要的要素，才能夠形成這樣的一個「容貫平面」。

第一，它必須在虛擬的空間裡。也就是說它必須脫離現實，脫離實體世界。第二，在「容貫平面」裡頭，存在的是一個無主體、無客體的一種「無人稱」（impersonal）的狀態。「你、我、他」這些都不能存在，不能有我，也不能有你，也不能有他。譬如說「誰在講話？」這是不確定的，我們不知道是「誰」，也就是說主體在裡頭消失掉了。這個就是一般宗教裡最根本的「無我」。在宗教的認識裡存在「無我」這個狀態，但宗教的錯誤在於沒有進一步去談「作為無我狀態」的本身也是一個狀態。而這個狀態在「超越經驗論」裡頭，就叫「無人稱狀態」。

第三，它有「異點」（singularity），而沒有「個性」（particularity）。什麼叫「異點」？所謂「異點」有一個很怪異的地方，它不是有主體的「你、我、他」的那種個體，它不是某種我們在性格上的特殊，而是有著類似基因組合狀態般的獨特性。意思就是說，這個無人稱的狀態本身還是可以區分的。可是它的區分不是靠著有主體狀態的區分，不是靠著人在世界裡面所養成的性格、作風、風格，或者環境某個誘使它變成這個樣子的東西來區分，而是一種在最初的存在狀態下本身的組合狀態。也就是說，每一個人的組合狀態是不一樣的。

這就有點像最近的醫學所提倡。你不要以為某些東西對人體有好處，你就去亂吃。因為對甲有好處，對乙可能就是毒藥。這就意味著，不同身體存在一個基本上彼此不一樣的異點。你不能盲目地只是靠公共的知識來作為。譬如說有人覺得抗凝血劑可以減低中風的機率，卻有人在吃下去後就出現了問題，因為它可能會造成內出血。可是有人就不會內出血，端看他血液裡血小板的狀況。這個就是我們所提到的「異點」的問題。

「現實」的狀態是：第一，它有實體的客觀與人的主觀，而且兩者是不相容的。就好像我們看到一塊鐵，如果你主觀地要把它當作是一個什麼其他的東西，那是你自己的事，這塊鐵還是鐵，它一樣是由鐵分子所構成的狀態。第二，在「現實」裡頭存在著一個主體，我們把它叫做「自我」。而我們就是透過「自我」來進行「受、想、行、識」的，也就是感覺、接受、思考、動作，及種種的認識。第三，它是「個性」出現，而「異點」則被隱藏起來。

終極場域：實例

以上所說的是理論的部分，我們接著來看實際發生的經驗。這個案例是發生在母親過世的喪禮後。他這麼寫道：

在送走母親的喪禮後，回到老家，剛步入中庭，突然感覺到天旋地轉、世界崩裂。自小家裡就有八個人，祖母、父母、以及兄弟姊妹五人。如今祖母、父親、弟弟、最後是母親也相繼過世。喪禮結束後，大哥遠走美國，大妹出家，二妹嫁到北部，我獨自站在中庭，忽然不知我是誰。我不再是祖母的孫子，不再是父母的兒子，這個房子再也不是我的家。景色依舊，南方的椰子樹隨風搖曳，現實彷彿沒有變化。我感到一陣暈眩，世界對我變得十分陌生，只有眼淚不停流出，卻哭不出聲音。我不知如何渡過那個夜晚……。

大家如果看過卡繆的《異鄉人》[1]，卡繆描述了主角在母親過世後的情形，他就是因為整個人感到暈眩，所以才跟人家起爭執而動手殺人的。卡繆在描寫這一幕時特別談到「暈眩」，陽光照射讓主角眼前整片都是金光，他不知道自己在幹什麼。

所以，「家」在人離散之後，「家」的本質便露出其「虛擬性」。你在經驗裡頭會有一個「家」的感覺，那是因為在經驗上有你所謂的「家人」一起生活過，所以你便在「虛擬空間」裡頭產生了「家」的感覺。這個「家」的感覺雖然只是一個字——「家」，但事實上這對大部分的人來講，卻是千言萬語也無法說出「那是什麼」的東西。也就是說，它是一個「說不定」的部分，而「說不定」常常就是「虛擬空間」最主要的特徵，它彷彿是一個龐大的、沒有辦法講的東西，只在各種不同的情況下它就會跑出來。而且，「家」本身還有一種「純粹的內在性」，我們每個人心裡面的「家」其實都不一樣，這跟在我們心裡面「媽媽」的感覺各不相同是一樣的。在表面上、在語言上是同一個的「家」、同樣稱呼下的「母親」，其實都是不一樣的，這些稱名對每個人而言都有自己的「異點」。這個不一樣從來很少人講得清楚，你也會發現很少人會去追查我對「家」跟你對「家」的感覺會是怎麼的不一樣。它有很多部分是沒辦法講的。而且大家也沒有想到要去比較這種沒有辦法講的部分。我們常常說「你家」、「我家」，表面在語言上好像是共通的，可是這是一個欺騙，它確實是不一樣的。

同學D：老師您的意思是說，語言沒有辦法去捕捉那個「異點」，因為語言比較建立在同一化的基礎上，可是「異點」卻是獨一的（singular）？

余老師：對。

同學D：這邊說的「終極場域」或「虛擬空間」是一種「域外」嗎？

余老師：過去我們用了「域外」（the outside）或用「他者」（the Other），我發現都容易造成人們的誤解，所以現在我就不太用這些詞彙。

同學B：這裡的「他者」與列維納斯[2]的「他者」一樣嗎？

余老師：不一樣，有某些一樣的部分就是「無限」。列維納斯在談「他者」的時候，「他者」是以無限的方式來影響你的。

自我的形構

一般對「家」的感覺，常因家庭狀態的變化而起伏，有起伏的部分，也有沒起伏的部分。那沒起伏的部分就是在我們講的「沒有辦法說出來的深處」裡頭。而可以起伏的部分，大概就是從「自我」而來。譬如說今天媽媽罵你，你覺得她很討厭，這種感覺的起起伏伏就是來自於「自我」。

那「自我」是怎麼形成的呢？「自我」的形成，基本上是由與己身關連的他人所映照回來的「鏡像」組合而成的。亦即，從你一出生，誰是你的重要他人，你會把他們對你的對待倒映回你身上，進行綜合，然後貼在你身上。譬如說，你被呵護得像個小王子般，那你就以為自己是一個小王子；如果你是被虐待得像個臭小子，那你就會認為自己就是一個臭小子，一個沒有價值的人。慢慢地等到你上學了以後，老師及同學怎麼對待你，你又會把它們綜合出一個什麼，成為你後來對自己認識的一部分。譬如說，你每次考試都考前幾名，老師會稱讚你，你就會用這稱讚把自己變成一個「好學生自我」，以此來對待其他的同學。其他同學可能比你差，所以他們的「差」也支撐了你成為「好學生」；或反之，你的「壞學生自我」是由那些好學生來支撐的。所以我們說，「自我」是由鏡像來組合的。

「自我」所理解的事情以及依附在「自我」上的感覺，會隨著鏡像的變動而變化。譬如說你的同學出現了變化，大家突然都很瘋籃球。你很會讀書，可是籃球打得不好。於是慢慢地，在林書豪的「林來瘋」效應下，你就變成了一個不太有用的人。而那些不太會讀書、籃球卻打得很好的學生，反倒過來就開始產生了他們新的「自我」之路。所以說，「自我」會這樣地轉變。

大家還記得兩年前，美國維吉尼亞大學那個殺人的韓國人[3]嗎？他的整個「自我」就處在極度的痛苦中。他的父親是做洗衣店的，所以在階級上他就覺得不如人了。他去上課的時候，看見有的同學開賓士、跑車，態度很囂張。聽說這個韓國人永遠都是坐在課室的最後面，每天就是冷冷地看著同學。他的「自我」不斷地被打擊，終至變成一個非常憤怒的狀態。他在殺人之前，還寫了一篇憤世嫉俗的文章：「你們可以開著法拉利、賓士，吃著厚厚的牛排……，你們這些人渣去死吧！」然後他就對著同學開槍掃射了。

同學B：「鏡像」是一種 Reflection 嗎？

余老師：「鏡像」不是 Reflection，「鏡像」是我所「攝受的他者」。譬如說有某人對你很好，可是你不知道這個人的內心是怎麼想的。然而因為他對你的好，你就接應了這個好，而這個好就變成了你的「鏡像」，因此，你就把這個人對自己的好貼在自己的「自我」上。可是這個人心裡面可能很詐，可能有很多其他的目的等等，那是另一件事。

自我的破洞，終極場域的裸露

當我們拼湊在自己身上而成為「自我」的這個「鏡像」破掉了以後，就裂開了一個「洞」，而這個破洞使得原來被遮蔽的「終極處境」迎面而來。可是當你還處在「自我」狀態的時候，你是沒有辦法認識這個「終極處境」的，你會不知道它是什麼東西，所以便「一陣的暈眩」，感覺不知道自己是誰，就像卡繆的《異鄉人》一樣。

所以，在面對露出真實的「終極場域」時，「自我」由於自身的缺損而暈眩。原來我們的「受、想、行、識」，是由「自我」的平台來呈現的，「自我」活在實體的世界，而遮蔽了「非世界」的「終極場域」，也就是那「虛擬」的場域。我們只能從破裂之處瞥見裸露而有限的「虛擬」，但是因為它缺乏實體，所以宗教就把它稱作「無」。但是這個「無」只是相較於實體來講而已，它沒有實體的那個「有」。但它在本質上卻是「幻化生成」，也就是所謂的「空中妙有」。

過去在佛教界不斷在講「空中妙有」，可是前前後後它的理論一直都沒有出來，因此會覺得很突兀，既然是「空」，怎麼還會有「妙有」呢？你現在看出來了，它的「妙有」是來自於「幻化生成」。而這個「空」其實不是空，而是人的「自我」沒有辦法去看到、去理解、去容貫的一個狀態，所以你就把它稱作「無」。很多人在理解這個「無」的時候，是用「自我」的意識去理解，那就是「空」，也就是什麼都沒有。可是你現在就知道了，這個「無」其實是充滿了真實。

純粹的內在性（pure immanence）

當我們看到「終極領域」的時候，會發現它是處在一個「純粹的內在性」的狀態。也就是說，它有一個純粹的內在性，這個內在性不是在什麼東西裡頭，也不依附什麼東西，它本身就是自身。也就是說，它永遠就是一個獨立狀態，而這種獨立狀態的特性是一個「a- subjective」，名詞前面加了一個「a」就是「非」的意思，所以這裡的「純粹的內在性」就是指非主體的、無人稱的（impersonal）、野放的（wild）、強力狀態的（powerful state）。這是什麼意思呢？尤其是「野放」這兩個字，意思是說它從來沒有經過任何馴養、任何整頓，它保持一種最原初時候的狀態。而我們談的「世界」，就有主體和客體，它沒有「純粹內在性」的這種東西。

我們為什麼要介紹這個東西呢？我們不是才在談靈性的轉換，那時候我們畫了一條實線，它到一個轉換點之後就變成了虛線，對不對？那時我們沒有談虛線的這個部分，所以今天就是接著介紹虛線的部分。

這個「轉換」在我們的中譯裡頭就是：從「the life」（某一個體的生命）轉變成「a life」的生命。a life 本身，我們認不出它是哪一個人的生命，它本身有一個自身存在的狀態。所以這個 a life 我們可以把它翻譯為「元命」。其實，很多宗教裡頭都有這個概念。譬如台灣的民間信仰，就常常有類似「歸元」的概念。也就是說，我們每一個人都是從仙界被放出來的一個「元靈」，我們的死亡就是「歸完」了我們的「整元」。但是因為民間宗教講的太語言性了，而且常常是一種想像的說辭，而我們這裡介紹的是哲學家所提出來的觀點。

所以這個 the life 就是某某的生命，而後者 a life 是生命的原生質，是沒有人稱的「純粹的內在性」，也就是在成就個體之前的狀態。我們每一個人都有他的元命 a life，但是這個 a life 卻被 the life 遮住了。我們天生的 the life 是慢慢組構而拼出來的克分子；而 a life 它就是「解疆域化」後的小分子。

因此宗教療癒的首要知識，就是把我們所組構的克分子，轉變為「生命容貫」（具容貫性）的小分子。

同學D：所以「生命容貫」是在小分子的狀態下發生的？

余老師：對。大分子沒辦法做到，因為它要管理它本身，所以它會分化成一個個的「器官」

4，而每一個器官就取代一個系統。它本身在運作的時候就是器官跟器官之間發生關聯，也就是大塊與大塊之間、系統和系統之間發生關係。不過在其中，你沒有辦法劃分你的胃和肝臟有沒有關係，因為它真正在「容貫」的是血液，所以你會發現血液是在全身跑的，因為它本身是具有容貫性的，我們胃的血液也會到肝的血液裡去。我們的身心狀態常常處在克分子的狀態，這克分子是因為「以我為主」，而發展出「自我為主」的狀況。因此，它就會隔絕跟別的「自我」的關係。但是，宗教療癒的基本操作就是要「解疆域化」才行。

解疆域化（de-territorialization）

我們如何來說明這個「解疆域化」呢？德勒茲引用了狄更斯[5]的故事。有一個卑鄙小人身受重傷，眾人不顧一切將他救活，這人復原後，繼續他的卑鄙行徑，眾人也恢復對他的冷漠。在重傷救助的當下，眾人從來沒有問說：「這不就是那個壞蛋嗎？」其實那時候大家眼裡已沒有壞蛋，沒有善惡，而只有一個生命。大家在救助傷者的時刻，就是「解疆域化」了。在這個重傷救助的當下，世界裡的個性、評價都被放下來了，一個無人稱的狀態出現了，這時候的感受就迥異於現實；跟原來現實的態度完全不一樣。

又譬如前一陣子發生某個少爺的車禍事件，相關的人就沒辦法「解疆域化」。他的媽媽事先通知媒體，說他們將到場去祭拜亡者，好讓記者都等在那裡，非常地作秀。她很偏袒兒子的罪行，而根本沒有體恤到受害者家屬死了親人的感受。她跪在那邊哭，是一種有工具性目的的行為，意在要求豁免、請求原諒。可是你做到這個樣子，人家也不知道要怎麼原諒你。如果是在韓國或日本發生了這種事，有時候他們反而會請求對方不要原諒自己，認為自己是罪該萬死。

「解疆域化」的意思是：解開世界原本形成的格序。而這格序的建立就是為了要建立秩序、推崇秩序，並依照秩序行事。世界中的人不斷要這樣做，人們需要「守規矩」、「遵守法律」。而「解疆域化」就是消失了評價、消除了個性，使得「異點」露出來。當我們從慣性的世界落到「終極場域」的深淵裡時，我們的「自我」就會恐慌。一方面哀悼「自我」的缺損，一方面是驚恐地發現自己置身在一個陌生的地方。那個地方廣闊無邊，沒有習慣性的踏實。我們知道，要踏實就必須使事情「格序化」。

這種虛渺的感覺雖然讓我的「自我」感到不真實，卻取得了另一種「非自我」的「無人稱」（impersonal）的真實，這點很重要。也就是說，你原來習慣的某種感覺，這種感覺卻變調了。我們因此得知，為什麼有些臨終病人在死亡的過程中改變了態度。原來是要抗癌，後來就接受了癌症。有些訓練師不斷地強調「癌症是一個珍貴的資源」，可是一般人都吞不下這句話，對大部分的人來說，這句話是沒來由的，因此都不太能接受。要能體會這句話，你必須要把自己「解疆域化」到某種程度，你才有辦法反過來去接受它。

有一位癌症病人過世的時候，脖子以下長滿了腫瘤，我們聽到時毛骨悚然！可是我也讀過一個故事，一位癌症病人早上起來，微笑著對人說：「我這裡又長一顆（腫瘤）了！」你可以看出來這兩種狀態有多麼的不一樣。一個被認為是惡魔，一個卻像是朋友般。我們常聽說，要把腫瘤當朋友般和平共處，可能嗎？你在沒有轉換的情況下，腫瘤能當朋友嗎？當然不可能啊！我們習慣上都把它當作是要抵抗的敵人、是壞細胞。

所以臨終轉換，會轉或不會轉，大家應該看到訣竅在哪裡了。他們（臨終的人）都一樣碰見了那個破洞，也預先看到了死亡，可是有的人就能乾脆地掉下去。神學上喜歡講一個故事，有一個人在晚上走路，不小心掉下懸崖。幸虧他及時抓住一根樹枝，才沒有掉下去。他就這樣撐到了天亮。天亮以後，他往下看，地面離他的腳原來才一丁點兒距離而已。這意思就是說，那個「地方」其實很近，可是因為你不敢放手，所以你就必須撐著。

終極場域的無限性

由於「自我」的執拗，我們會對死亡（終極場域）產生預想的焦慮。這是世界邏輯必然的結果。我們處在「世界」狀態之中，而「終極領域」的邏輯幾乎與「世界」相反。這裡我們可以對照一下，無限對有限、虛擬對實體、幻化生成對物理、生化、人事。

你們現在就懂得了，為什麼在哲學裡頭會談到「無限」這種東西。有很多人不太懂哲學，大概是因為完全活在實體世界裡面，所以沒有辦法進入哲學的世界。他本身就是一個克分子，無法容貫進去。

可是有人讀到哲學就產生歡喜，沉迷其中。其實是因為他有一條通路，他自己創造了一條「我能否認識何謂無限」的通路。像列維納斯也會談「他者」的「無限」。而在實體世界裡，我們不可能有「無限」。

你可能會覺得很奇怪，怎麼會是這個樣子？你可以看出來他（列維納斯）在談的那個場域，顯然不是一般人所講的場域，而是一種我們叫做「惻隱之心」的場域。惻隱之心的意思是，我把麵包拿到嘴上準備要吃的時候，看到貧弱的他人，我立刻把麵包遞過去，因為我已變成他的「俘虜」了，這就是惻隱之心。怎麼會有這樣的情況呢？其實人類是有的，而惻隱之心基本上就是一個「無限」。但是對於那些被「世界」緊箍著的人來說，他沒有辦法理解這種惻隱之心的「無限」。他所展現的，是隨便把錢施捨給窮人，一種有限性下的作為。

同學E：我們所說的「終極場域」好像都是出現在生命的盡頭？

余老師：不見得是在生命的盡頭才會出現，譬如剛才我舉的那個例子，也並不是在生命的盡頭，它只是在某一個時刻、一個裂縫中就出現了。

同學E：是不是在人出生的時候，在未社會化之前，他就有這樣的一個「終極場域」的狀況？

余老師：有啊，剛出生的時候就有了。

神話的撫慰

同學F：我們之前提過的一個失去雙親的小女孩，她其實也幾乎是處在一個「終極場域」的處境中。我的疑問是，身為社工或心理師，當他要去介入協助時，如果不要走傳統的路線去接應她的話，那應該怎麼去接應呢？

余老師：基本上，我們知道有各種不同的辦法。我們看到，最簡單的辦法是：他們到現在都還沒有跟小女孩說她的父母已經過世了。她始終以為父母到了哪個地方去了，直問：「他們怎麼不來看我？」她可能還沒有面臨到真正的破裂狀態，但是這遲早會產生。一般在研究上，會用「依附理論」來講這樣的狀況。就是說，因為她的某種依附上的缺乏，而產生了某個狀態。若你從宗教的立場來看，其實她必須要為她自己而繼續活下去，旁邊的人也必須替她創造另外一個神話，那個神話要變成她可以走向的「虛擬空間」，她才會接受。不管是不是父母在天國，或者在什麼地方的說法，都必須要有一個「虛擬空間」出來。

我記得庫伯勒—羅斯[6]（Kubler-Ross）接觸了很多小孩過世的個案，她給這些孩子的媽媽一個「毛毛蟲變蝴蝶」的神話，也即，告訴媽媽：「你的孩子像蝴蝶一樣，飛得好遠好遠。我們給他的樹枝已經沒有了，消失了。」意思是說，蝴蝶還在，只是飛得好遠。到現在安寧病房的很多心理師也還是會用毛毛蟲和蝴蝶的說法。道證法師也是這麼用的。其實那就是一個「神話」。

同學F：它還是有相對的人稱、關係在裡面，好像只是換了一個說法而已。

余老師：但是它沒有辦法被當作對象。就是說毛毛蟲也不是真正的毛毛蟲，蝴蝶也不是真的蝴蝶。所以它沒有辦法被當作是毛毛蟲或蝴蝶的對象，它就只是一個虛擬的說法，一種存在主義的隱喻（metaphor）。

同學B：人明明知道它是假的、是騙人的，為什麼還是會接受呢？

余老師：你要知道她會被騙，這代表她有立場。這就好像我們進了一個宗教一樣，你怎麼知道有沒有阿彌陀佛？你怎麼知道有沒有觀世音菩薩？你也可以說它是騙人的啊！所以這裡的問題不在於到底是不是被騙。但如果你有立場，那就沒話說了。譬如說科學家看著人家天天在念阿彌陀佛，或許就會覺得很無聊。可是念的人自己卻會產生某種轉化，那是念佛者自己的生命路徑。

「異點」與「個性」

好，我們最後要看「異點」，它相對於世界中之個體的「個性」。「異點」屬於無人稱的分化。這裡分化也是「分開」的意思，也就是說它會「不一樣」，但這個不一樣不是個體個性的不一樣。「異點」顯示我們的存有是有差別的，而不是渾然一片。就如每個人的基因組合是有差異的，但不一定會反映在個性上。個性是「自我」在世界裡形成的，它涉及到環境，涉及到我們的際遇。但是「異點」它是屬於「先驗」的，它的差異無法被說清楚。它在出生與死亡前的時刻會顯現出來。通常因為很陌生，所以當它顯現的時候，人們都會覺得很詫異。這個我們在安寧病房看過很多，所以我們常說，每一個人的死都不一樣，都用不同的狀態在死。一般我們對個性的理解，可以從它的類別來區分，像是外向啦、內向啦等等，可是「異點」沒有辦法被類別，它是屬於「前類別」的狀態（pre-categorical），無法被認識清楚。

異點打開人的潛在差異

大家也許會覺得很奇怪，為什麼我一直強調「異點」這個東西。「異點」基本上是打開我們人的潛在差異的鑰匙。我們太多的時間都是待在明顯的差異，或是在「世界的差異」裡，那些都是看得見的。可是對潛在的差異，我們常視而不見，甚至用暴力把它蹂躪掉。

如果作為一個人權工作者，沒有認識到這種情形的話，他的人權主張其實是假的。舉個例子來講，男女平權常常都被放到膚淺的層面上去談，比如吃飯男人要不要付錢、要不要替女士開門，談一些「你有這個、為什麼我沒有」等等的東西。可是事實上，平權的真正意思是在「異點」，而不是在這些世界上的。世界上的其實是「分工」，也就是說，它基本上是互相搭配的。可是這些主張平權主義的人完全都 miss the points（搞錯重點），常常為了一個小小的東西爭論不休。譬如說一位女性教授，如果你稱她是小姐，她可能會覺得很憤怒：「為什麼男生你就稱教授，為什麼我們女生你就稱小姐？」等等。也就是在爭這些細細瑣瑣的東西。而「異點」的差異在平權主義的那種太世界性的觀點上，卻完全被遮蔽了。

你會發現，他們根本不知道「異點」的存在，但他們每一個人卻都知道有那個「異點」的存在。譬如，她是女生，有子宮可以生小孩。這很明顯就是一個母體的「異點」，她跟沒有子宮不能生育的雄體是根本相異的。可是大家在面對這個「異點」時，都不知道怎麼去說它，因為那種感覺很模糊。所以我們瞭解，這個跟我們重新認識社會是有某種關係存在的。

藝術作為異點的展現

好，下一個我們談「a life」（元命）。「元命」是由「感性的存有」（being of sensation）綜合而成的，無法由「我思」（I think）這個範疇來把握，只能被感，所以它很接近藝術。我們可以把藝術視為感性的存有，以某種素材（像樂器、畫筆、雕塑）作為平台的表現。

藝術的表現來自於「異點」與「無人稱」，所以常被稱為「天才的奧祕」。你問，一個人為什麼會變成畫家？有人為什麼會變成作家？你可能會說，這個人是接受了什麼繪畫或寫作的訓練，我可以告訴你，有人是越訓練越糟。所以，每次我看到那些廣告，說什麼「只要讀了這本書，你就可以獲得五種生活的什麼體驗……」，我就覺得真是神經，這真的是欺騙。不過，廣告本來就是一種欺騙。

那些藝術的表現者，他們有獨異的（singular）感覺邏輯，就好像尚塞[7]的邏輯是「感性的空間邏輯」。塞尚曾畫一個架子上的蘋果，畫了兩千多次都不成功，直到有一天他忽然領悟了。他本來都是以一種方式在畫，後來試著「斜下來」畫，就成功了。怎麼會這樣呢？因為我們的感覺邏輯不是物理邏輯。他剛開始是用物理邏輯來畫，所以那感覺出不來，直到他放棄了物理邏輯。所以那些寫實派的畫家，企圖把肖像畫得很逼真的人，他們畫出來的東西都沒有感覺。

我們知道，有感覺的畫作例如孟克8的「吶喊」，你一定會想說這是神經病畫的，背景粗糙到那種程度。可是大家都知道，那幅畫非常的震撼，每一個人看過都會感受到某種感動。還有像是梵谷9的「星夜」，你可以看得出來他把物理邏輯全部去掉了，所以他畫作中的色彩馬上就會讓你眼睛為之一亮。塞尚的邏輯是感性的空間邏輯，而培根10的則是「力」的感覺邏輯。大家看過培根的畫嗎？他常畫出一些人物，頭這麼小，肌肉這麼大的畫作，那個臉醜得要死，可是它的力道卻跑出來了。

同學B：為什麼培根對「力」這麼有興趣？

余老師：那就是他的「異點」啊。就好像舒伯特就是舒伯特，貝多芬就是貝多芬，兩個人怎樣也不會被混淆。

同學D：在中國文學史的研究方式中有一個很根本的荒謬。他們會試著用一種同一化的邏輯，找出例如各個年代裡的這些詩人、作家之間有哪些共同點，然後去證明他們有什麼互相影響的東西。

余老師：他們不尊重「異點」。使用文字的人常常被文字所障，他循著一個語言的邏輯可是自己卻不知道。他以為他循的是那個背後的東西，可是他其實是拿著語言在追索。

同學D：可是這些知識根本沒有幫助我們瞭解任何一個作者。

余老師：它反而讓我們遮蔽了一個文學家獨立自主的狀態。而且，他們對這些已經過世的作家、詩人，以為其作品是可以被仿效出來的。中國文學裡頭就是因為缺乏「異點」的生產，所以常常會發生在某種版本的作品出現後，後面的人就開始生產出一大堆類似的東西，且都是一窩蜂的。

同學C：在我們一般人的世界中，為什麼可以隱藏自己的「異點」？這是因為世界不允許有「異點」嗎？可是這些藝術家不是證明了他們的冒出反而是得到世界的認可？

余老師：對啊，所以很多人認為這些藝術家都是神經病。像培根的畫，如果沒有人引導，你怎麼看？你可能根本不想看。好，我們今天就講到這裡。

超越經驗論（一）

關鍵詞：超越經驗論（transcendental empiricism）、終極場域（transcendental field）、異點（singularity）、無人稱（impersonal）、元命（a life……）、純粹的內在性（pure immanence）。

超越經驗論：

超越本來有先驗的味道，即無須經驗而知，例如感性。經驗論則指我們的知是經由對現實的經驗而來。既是現實的經驗，何來先驗？德勒茲的超越經驗論是為終極場域作一設想，認為在生命的終極存在一個容貫平面，把先驗與經驗的隔閡打破，使得原本在現實不可能相通的兩極打通。終極場域成立的條件是：(1)必須在虛擬空間；(2)無主體、無客體的無人稱狀態；(3)有異點singularity（基因組合）而無個性（particularity）。相較於現實，(1)有實體的客觀與人的主觀，兩者不相容；(2)存在著主體曰自我，進行受想行識；(3)有個性，異點隱藏。

「在送走母親的喪禮，回到老家，剛步入中庭，忽然天旋地轉，世界崩裂。自小家裡就有八人，祖母、父母以及兄弟姊妹五人，如今祖母、父親、弟弟、最後母親逝去，大哥遠走美國，大妹出家，二妹嫁到北部，我獨自站在中庭，忽然不知我是誰，我不再是祖母的孫子、不再是父母的兒子，這個房子再也不是我的家。景色依舊，南方的椰子樹隨風搖曳，現實彷彿沒有變化，我感到一陣暈眩，世界對我變得十分陌生，只有眼淚不停流出，卻哭不出聲音。我不知如何度過那個夜晚……。」

家在人離散之後，家的本質露出其虛擬性、純粹的內在性以及家對我的獨一無二的異點。一般對家的感覺常受家庭狀況而起伏，這感覺首先來自「自我」，而自我的形成是以己身關連的他人所映照的鏡相組合而成，所以自我所理解、依附的感覺隨鏡相的變動而變化，當重要親人亡故，鏡相破裂，人會突然感到「不知我是誰」的暈眩，就如卡繆的《異鄉人》。

在面對露出的真實之終極場域，自我由於自身的缺損而暈眩，原來我們的受想行識是由自我（self）的平台來呈現，自我活在實體的世界，遮蔽了非世界的終極場域（虛擬），我們只能從破裂之處瞥見裸露的虛擬，因為缺乏實體，宗教稱之為「無」，但這「無」只是相對於實體而言，其本質是幻化生成的。

在 pure immanence（純粹的內在性）的狀態他就是自身，而非在那個東西裡頭，an a-subjective, impersonal, wild and powerful state（一種非主體、無人稱、野放與強力的狀態）而不是構成世界的主客觀。

The life（在現實裡 self）→ a life ……（終極場域）。前者是 x x x 的生命，後者是生命的原生質，是沒有人稱的純粹內在性pure immanence，在成就為個體之前的狀態。前者

（個體）是已經組構的克分子，後者（內在性）則是解域的小分子。宗教療癒的基本機制是把身心狀態從組構克分子轉化為生命容貫的小分子。所以基本的操作就是解疆域化。

解疆域化：

德勒茲引用狄更斯的故事。一個卑鄙小人身受重傷，眾人不顧一切將他救活，這人復原後，繼續他的卑鄙行徑，眾人也恢復對他的冷漠。在重傷救助這當兒，世界裡的個性、評價被放下，人們以無人稱待之，這時的感受迥異於現實。解疆域化是解除世界原本形成的格序。格序的基本歷程是建立秩序，推崇秩序，以及依秩序行事。解疆域化是消除評價、消除個性，使得異點露出。

當我們從慣性的世界跌落終極場域的深淵，我們的自我會產生恐慌，一方面哀悼自我的缺損，一方面驚慌置身於陌生地，那地方廣闊無邊卻也沒習慣的踏實，虛渺的感覺使自我感不真實，但卻取得另一種（非自我、無人稱）真實。由於自我的執拗，我們會對死亡（終極場域）產生預想的焦慮，這是世界邏輯必然的結果。終極場域的邏輯幾乎與世界相反，無限 vs. 有限，虛擬 vs. 實體，幻化生成 vs. 物理生化人事。

異點：

相對於世界個體的個性，屬於無人稱的分化。異點顯示我們的存有是有差別的，就如每個人的基因組合的差異，但不一定反映在個性。個性是與自我一起在世界裡形成，涉及到環境、際遇，但異點則屬先驗，無法被說清楚的差異，在出生與死亡前的時刻顯現，通常因為很陌生而讓人詫異。一般個性的理解可以從其類別，異點則屬前類別 pre-categorical，無法被認識清楚。

A life……

元命是由感性的存有（being of sensation），無法由我思（I think）來把握，只能被感，接近藝術。藝術可視為感性存有以某素材（樂器、畫筆、雕塑）為平台的表現。藝術所表現的來自異點與無人稱，所以被視為天才的奧祕，他們有獨異的感覺邏輯，例如塞尚的邏輯是感性的空間邏輯，培根則是力的感覺邏輯。這些都迥異於平庸作品的客體—主體關係。

註釋

1 參見：卡繆（Albert Camus）（2009），《異鄉人》（*L'Etranger*），張一喬譯，台北：麥田。

2 列維納斯（Emmanuel Lévinas, 1905–1995），猶太裔法國當代哲學家，當代重要的現象學家。重要著作包括《整體與無限：論外在性》（*Totality and Infinity*）、《從存在到存在者》（*Existence and Existents*）、《有別於存在或超越本質》（*Otherwise than Being or Beyond Essence*）等。

3 維吉尼亞理工大學（Virginia Polytechnic Institute and State University）校園槍擊案發生於二〇〇七年四月十六日，連同凶手在內，共有三十三人死亡，並至少造成二十三人受傷。它是美國歷史上死亡人數最多的校園槍擊案，也是美國建國二百多年來最嚴重的槍擊事件，死亡人數超過了一九九一年二十四人死亡的露比餐廳槍擊案。槍擊案的兇嫌為韓裔學生趙承熙，他在維吉尼亞州長大，是維吉尼亞理工大學四年級主修英文的學生。他最後在諾理斯教學大樓（Norris Hall）自殺身亡。

4 「無器官身體」（body without organs）為德勒茲所創概念，首見於其《意義的邏輯》（*The logic of sense*）一書中對劇作家亞陶（Antonin Artaud）經驗之討論，隨後則作為其與加塔利（Félix Guattari）合著之兩卷《資本主義與精神分裂》（卷一：反伊底帕斯〔1972〕，卷二：千高原〔1980〕）的重要詞彙概念。

5 查爾斯‧狄更斯（Charles John Huffam Dickens），《大衛‧考伯菲爾》、《雙城記》的作者，維多利亞時代英國最偉大的作家，也是一位以反映現實生活見長的作家。狄更斯在有生之年就已獲得空前的名聲，其文學作品在二十世紀受到評論家和學者廣泛的認可。

6 庫伯勒–羅斯（1926–2004）是精神科醫師、醫學博士，國際知名的生死學大師。她多年從事臨終關懷工作，以其經驗相繼寫出《論死亡與臨終》（*On Death and Dying*）等著作，協助許多瀕死病患安詳面對生命的終點，更撫慰無數臨終病患家屬的心。余德慧教授此處引用的著作為：伊莉莎白‧庫伯勒–羅斯（Elisabeth Kubler-Ross, M.D.）（2009），《天使走過人間：生與死的回憶錄》（*The Wheel of Life: A Memoir of Living and Dying*）（2版），李永平譯，台北：天下文化。

7 保羅．尚塞（Paul Cézanne, 1839－1906），法國畫家，後印象派中最偉大的人物之一，他的作品和觀念在美學領域影響了二十世紀的許多藝術家和文化運動，尤其是立體派，終其一生的藝術生活，都從自身接觸自然而來。

8 孟克（Edvard Munch, 1863－1944），挪威表現主義畫家、版畫家。他對心理苦悶強烈的、呼喚式的處理手法深深影響二十世紀初德國表現主義的發展。

9 梵谷（Vincent Willem van Gogh, 1853－1890），荷蘭後印象派畫家。他是表現主義的先驅，並對二十世紀藝術影響深遠，尤其是野獸派與德國表現主義。

10 法蘭西斯．培根（Francis Bacon, 1909－1992）是一位生於愛爾蘭的英國畫家。其作品以粗獷、犀利、具強烈暴力與噩夢般的圖像著稱。中後期作品主體為在狹小空間內（如玻璃或金屬幾何籠子裡）的抽象雄性肖像，背景通常是極平坦的平面。他的突破作品是一九四四年的三聯畫「以受難為題的三張習作」，就是這一件作品和他從四〇年代末期到六〇年代初期的抽象頭部肖像及身體肖像，為其本人奠定了抽象肖像始祖級大師的地位。德勒茲曾對其畫作做了詳盡的分析，參見：德勒茲（G. Deleuze）（2009），《法蘭西斯．培根：感官感覺的邏輯》，陳蕉譯，台北：桂冠。

第六講・超越經驗論（二）

良寬和尚與孩子一起玩，近晚孩子要回家了。夕陽西下，良寬和尚站在荒野中一個人望著夕陽，這個身影彷彿便是永恆，這是良寬和尚的修行狀態。這跟阿姜查那個突然進去的狀態很類似，都是無人稱的主體。

無意識是真實的起點

王鎮華[1]老師曾提過「無意識是真實的起點」[2]，我認為這是與超越經驗論相應和的觀點。什麼是「無意識是真實的起點」？有人認為：「真實」指能夠被感受到的事物，我的看法是不見得。真實包含了「可以感知」與「難以感知」的部分，難以感知的事物變化之時，雖然我們的意識不知道，可是它的作用已經存在了，也可以說那個真實已經發生了。真實本身不一定有感覺，舉感冒的例子，你可能潛伏期過了一段時間才感覺到感冒症狀，可是前面這沒有感覺的時候你身體中早就有病毒了，你雖然沒感覺，但那個真實早就發生了。意識是對真實的一種格式化，無意識不但不格式化，你也不一定感覺得到「可以感知」跟「難以感知」的事物同時存在於無意識中。

學生：無意識是屬於「域外」的部分嗎？

余老師：「域外」是無感知，但不意味著它在外邊。真正的「域外」在裡邊！所以你的「域外意識」就是你無感知的部分，那就是你的「域外」。我說那個地方是真實的起點，這樣瞭解嗎？

我們常用空間來理解「域外」，以為它在外頭，其實不是。就像我們常用直覺來看「他者」，可是不要相信語義上的「他者」。為什麼叫「他者」？因為我們根本不知道它存在。所以對意識來說，「域外」便是隱密之處。

很多我們沒有辦法用意識理解的東西，它在我們身上發生很大的作用，這個觀點是人文科學中最根本的立足點。就像癌細胞，我們不知道我們體內哪裡有癌細胞，我們一直要到儀器檢查後才知道它的存在，可是在它不斷成長的時候，它一直在發揮作用，已經真實的存在了。這是一個簡單的例子，但不是只有這個樣子而已。

學生：像慈濟大學有一些人文課程如「茶道」、「花道」，它們透過某種氛圍讓你靜心，感受到一個「境教」，它也屬於這個概念（指「無意識是真實的起點」）要談的東西嗎？

余老師：可以！因為這個氛圍是你沒辦法意識的。再舉個例子，如學生D的存在，我們只要從她身上拿走一些東西，她的存在就岌岌可危了。譬如說，把她的女兒、兒子拿掉，那她的自我就垮掉了。這個情況不是只有學生D而已，我只是舉她當例子。為什麼會這樣？因為你不知不覺中，自我的構成就已經跟那兩個小孩子的構成相應了，也就是說，這兩個小孩的存在，跟我現在能有這樣的存在息息相關。可是我們平常不會特別去意識這件事，我們只是忙一些瑣碎的事，如念小孩「你怎麼沒做功課？」「功課做那麼慢！」等等。我們忙一些瑣碎的事情，卻看不到那個真實，那個看不到的部分就是無意識。

講這些只是想告訴你們，我們意識知道的真實遠少於我們以為的，甚至我們會「認假成真」。例如語言很虛假，可是你會被語言傷害。你為什麼會被語言傷害？因為你認假成真嘛！

無意識支配意識

第二個假設是：「你的意識其實被你的無意識潛在地支配著」，必須說明，我講的「無意識」不是精神分析所講的「潛意識」。它的意思指：真正的真實支配著意識，可是意識不知道。譬如說學生K對他媽媽的心情跟態度，百分之九十九學生K自己也不知道。什麼時候他才會知道？便是當媽媽離開，這個世界破裂以後，它才會從那個缺口湧上來，那時候你才第一次明白你對媽媽的全部心情。否則平時意識鋪天蓋地地把這些都掩蓋了。所以人一直在邊緣，在被意識蒙蔽的狀態。

學生：有時候同樣一個人講一句話，我跟學姊兩個人都聽到，我很難過，可是學姊卻沒感覺，那是不是某種我不知道的東西被勾連到了？

余老師：沒錯。那個勾連基本上稱為「異點的勾連」，你本身的異點帶你去尋找某處的東西出來，結果你的心情就跟著動盪！你不知道你為什麼難過，因為異點引領你到無意識的領域去追尋，是異點引領你的追尋過程，你的意識反而不覺。但等它湧上來的時候，你就知道了！譬如說悲哀，台語裡面有所謂的「胃槽槽」[3]和「心槽槽」[4]，你感覺到了什麼，但你說不上來為什麼。

無意識所構造的世界是真實，它的內在平面也是完全的真實。這些內在平面可能包括身體的各種腺體反應、細胞層面的變化等，這些都在無意識的層面。它的存在本來就是真實的東西，離開真實的只有人的七種官能[5]（意識），我們意識是唯一會讓我們離開真實的東西。

學生：一般人對這些東西渾然不覺，那些思想家又是怎麼樣發現這些東西的？

余老師：我想不是發現，而是透過某種深刻的反省和某種超越的觀點才意識到這些東西的存在。哲學最大的用途是，它永遠在講你看不到的東西，這也是為什麼它被稱為智慧。但是哲學家最大的錯誤是過度理性，理性是最大的錯誤來源。你也許會反駁說：「不對，怎麼會？」我們同意：理性是做事的共通法則，這沒有問題。可是對內在平面來講，我們不可以把理性延伸到思考內在平面的理論去，只有如此，我們才能稍微靠近無意識那一端，因為那是無法靠理性接近的東西。

在德勒茲的內在平面理論裡，他提到內在平面有兩個向量，一個是垂直向量，它朝向身心的廣袤大地，這是無意識；一個是朝向階層式的結構，走向意識。廣袤大地無法被意識察覺，可是它卻會帶動意識。我們知道大地的性質屬於土，土本身沒有形狀，但它卻可以提供一個支撐的基底，這就是無意識的特性。

學生：我以前讀過久松真一[6]跟田立克[7]的對話，他們談到「神聖的深淵」這個概念，但這個跟東方佛教講的「空」不一樣，它比較接近老子的「無」。

余老師：佛教的「空」被認為是空無一物，這是很大的誤解！久松真一的「無」是絕對的無，它的「絕對」不是指不可更動，而是指最底限，沒有東西比它更底限。所以久松真一的「無」也是飽滿的無。這跟我們用土地形容無意識很像，你每天站在土地上，你沒有注意到土地，可是它不斷支撐著你。你看著土地說「這裡空無一片」，可是這裡不可能是空無一片，難道你沒有注意到腳下的土地？這就是京都學派「絕對無」的概念，他們到現在還是很推崇「絕對無」[8]。

「無」的英文是 nothingness，拆開來看是 no 與 thing，no 指「沒有」、「不是」。Nothing 也是 thing，只是它是 no-thing，是意識認不出來、不能被指認的東西。

無意識帶動意識

我舉一個無意識帶動意識的例子，譬如睡覺，有一種身體狀態是「入睡的身體」，也有一種身體狀態是「無法入睡的身體」，這兩種都在無意識之中。然而，如果你想睡卻又睡不著，因為很多煩惱而失眠。這煩惱來自意識，包含著很多擔憂，例如「如果現在沒有睡，明天會很慘，沒有精神，沒有辦法工作……。」苦惱來自於意識，也就是佛家所說的「心」。可是身體呢？意識沒有辦法區別「入睡的身體」跟「不能入睡的身體」，因為它沒有這個區別能力，這些東西都在無意識裡。通常人會入睡是因為身體抵達到一個安適狀態，人就自然入睡了。但是人不知道怎麼抵達這個安適狀態，意識只能感覺到「怎麼突然就安適了？」很多人睡前會喝一杯熱牛奶，我們不知道這個效果如何，可是它顯然可以進入身體中產生效果。那如果用「數羊」呢？這效果很不好，因為它進不到無意識的身體中。

這種情況下，我們以為「意識先行」，可是其實是「無意識先行」。意識先行指的是「想盡辦法」，可是常常徒勞無功。很多修行法中會講到意念，我對這採取保留的態度。傳統太重視意念，例如說一念之轉，我認為這個被過度誇大了。

學生：「覺知」與「意識」的關係是什麼？它屬於意識還是無意識？

余老師：精確地說，「覺」屬於「前意識」。它指有一種東西，我直接看而保持最開始的知覺，所以王鎮華老師用「直心」來描述「覺」。「前意識」在意識的邊界，我們知道意識已經有「捕捉」的味道了，但前意識不是捕捉而是「碰觸」。碰觸與捕捉不同，例如我看到K，我捕捉K就會想他曾經改名，會想「為什麼他要改名字？」這就是捕捉。但如果一個兩歲的小孩子看到K就大喊「K！」他眼睛直接對著K的肉體，對他來說，K的全部就叫做K，這就是「直心」。

「覺知」簡單來講便是「旁觀」，讓心作壁上觀。這個在《大念處經》裡頭，佛說：「當你在旁觀呼吸時，呼吸很長，那就是很長。呼吸很短，那就很短。呼吸很急，那就很急。呼吸很慢，那就很慢。保持這樣的看，就叫覺知。」很多中國人教禪坐會要求「一定要保持呼吸又細又長，慢慢呼，慢慢吸，不要讓呼吸太急促……。」這是錯誤的，因為你去控制它，完全把這個覺知砍掉。真正的覺知是：你呼吸很急促就很急促，緩慢就很緩慢。禪宗把最根本的東西都拿掉了。我後來看《大念處經》才知道過去完全走錯了。

用王老師的話，無意識就是「天心」，最接近天心的是「夜夢」。

惻隱之心

余老師：接下來我們看講義的第三段。

惻隱心是無人稱的，在它出現之時，個人性暫時泯滅，不自主地給予，不計利害得失，純粹內在性的感性洶湧而出，這時，「有＋非有」傾巢而出，流溢的源頭既非知識亦非判斷，這種善不是根據意識可理解的善，而是從不可知之處（純粹內在）流出。

「有」就是曾經有的經驗，「非有」指你不知道自己有的部分。無意識作為主體並非無主體，而是「無人稱主體」。無人稱主體並非渾然一體，它有其「異點」，它的質地全然是特異的情感，它的徵候是流淚、嗚咽與狂喜。它的異點就是法則，但這法則只對它唯一一個有效。也就是說，它的異點就是它的法則，可是這個法則只用在異點者的身上，沒有同一化，都是獨異化的。

我們舉惻隱之心當例子，惻隱之心出現時是無人稱。當它出現時你就不再是一般人所認識的你，一個吝嗇者可以突然變得很慷慨。我們意識體察不到惻隱之心從哪流露出來，但當哪個場景被你看到，那個東西就出來了，而且是由你的「異點」來給出的。

我記得有一次晚上我跟顧老師去遠東百貨附近吃宵夜，那邊有一個賣香腸的小攤子，前面有一隻跟皮皮（余老師的狗）長得很像的小白狗，它很髒、很飢渴地望著香腸。那個瞬間我突然感到很焦急，甚至忍不住慘叫一聲。旁人也許難以理解，我好像突然看到皮皮在沒人照顧的情況下變成那隻狗。這種跑出來的感覺純粹屬於我，而不屬於你，我會慘叫就是沿著這個思緒感情跑出來的。顧老師就沒有注意，繼續往前走，我本來跟著顧老師走，可是走沒幾步路，我就走不下去了，轉頭去找牠，但牠就不見了。我最不忍的地方就是，我這麼疼牠，從來沒讓牠挨過餓，怎麼會讓牠淪落在街道上顯出這麼飢渴的樣子呢？突然，這兩隻狗的影子就疊在一起了。

如果有「個人性」，我可能還會算一算利弊得失。但惻隱之心出現時，個人性就泯滅掉，我的風格、我的特性與我的性格都沒有了。

細分子運動

談「內在性」不能從克分子的觀念來談。什麼叫「克分子」？哪些例子能夠說明「克分子」？價值、解釋、意義與語言都是克分子，克分子是用理解、意義來處理的，也就是說你講到意義，它就是克分子。無意識沒有克分子，無意識完全不使用語言。

生物的演化不靠克分子，所以動物演化不需要語言，動物不是因為讀書而演化的，他們不仰賴文明。譬如說，放生一種霸道的魚到某個湖泊，如果湖裡面其他魚類都打不過它，它就會開始繁殖，開始霸佔那個湖泊。這個現象跟一隻細菌霸佔你的器官一模一樣，我們知道，拿一個東西沾染一些細菌，它就會自己在那邊繁衍，當數量多到某個程度，它就佔領那個東西。細分子跟這個很像。克分子用理解、意義來處理，克分子提供解釋、說明；但細分子是用運動來處理的，細分子從來不說明，它只實驗，就是try to do（試著做），這樣做或者那樣做，這個區分很重要。

細分子的實驗是什麼？實驗有很多種。譬如德勒茲曾如此形容：配給這個細分子一個「加」的機器，於是這個分子每碰到什麼東西就跟它加起來。但如果沒有碰觸，這個加的機器就沒有用。或者我們給細分子一個「乘」的機器，它一碰到就自動會加倍，這就是實驗。

這種碰觸沒有意向，也沒有因果關係，沒有預先一定要選擇什麼東西來碰，每個人來碰的都不一樣。為什麼叫它「機器」？就是因為它不是預先用意識判斷，所以它沒有選擇，沒有主動這件事。它不選擇，但因為每個人有異點，所以它會循著異點走。什麼是「異點」？異點就是差異，你想像我們的無意識中充滿了岔路，為什麼你走這條岔路而不走那條？這就是你的異點讓你決定的。

細分子的運動其實很激烈，幾乎每個瞬間都在運動，就像我們的心臟細胞一樣，一秒都不能停下來，一停下我們就死去了。

學生：這是否能說，不管我做多少生涯規劃都沒有用，因為細分子有它自己的運動？

余老師：可以這麼說，它沒辦法規劃的。若用生物學解釋異點，異點就類似ＤＮＡ。我們的ＤＮＡ常能決定「你會不會得癌症」或「你的死期」，你只要不橫死，這些大概就是ＤＮＡ決定。

學生：我有一個疑問，如果遇到一個徬徨的人，這些概念如何幫助他？

余老師：徬徨來自煩惱，徬徨跟細分子沒有關係，因為細分子不可能到克分子的層面去影響。反過來說，你知道克分子的影響有多大嗎？如果用簡單的數字來想像的話，克分子是細分子的十之二十三次方。人會徬徨因為煩惱，等一下我們會分析如何對治煩惱，宗教修行一直在處理這個問題。煩惱跟意識有密切的關係，它跟世界也有密切的關係。細分子是在「非世界」裡頭，雖然它影響意識，但是它隱藏起來。

欲望運動與內運平面

學生：佛教講眾生皆有佛性，那個佛性是？

余老師：佛性是細分子。大家可以心服口服接受佛性是細分子的說法，但你把佛性放在世界中，每個人都不服。王陽明曾說：「滿街都是聖人」，精神科醫生王溢嘉看了這段話，轉身看到街道上販夫走卒為爭奪小利在吵架，他就想：「怎麼會？」但現在我們知道王陽明講的東西是細分子，眼前看到的這些克分子當然跟聖人沒有關係，就好像「人皆有佛性」一樣，很多人聽了覺得刺耳，反駁「那些政治人物有佛性嗎？」可是這是一種對佛性的誤解。佛性的存在跟無緣大悲、惻隱之心非常類似，它們都是無人稱的主體。

學生：我想問無聊是怎麼來的？我前一陣子碰到我的姪子姪女，他們一直喊：「很無聊，覺得人生很無意義」。我不知道怎麼跟他們說，只是想這種情況是少了什麼東西？

余老師：那是寓居於世（being-in-the-world）本身缺乏創造的能力所致。我們知道如果他在世界的創造力很強的話，他不可能會無聊！無聊不是孤單，一個人可以完全沒有別人可是很不無聊。他也許可以一直寫部落格，在那邊自吟自唱，有很多創造能力。創造能力是世界的，創造不是創生，創生是細分子的運動，創生是一個生成的運動，它不斷生成、消滅。所以無聊是「世界裡面的貧困」，這個貧困跟你從事什麼活動沒有關係。我可以每天打電動打得很無聊，我可以一天到晚或遊樂或讀書，但還是覺得很無聊，這無聊只是告訴你：你在世界的創造活動停下來了。

細分子以運動來進行，舉「欲望」為例，欲望產生就是運動的啟動，但是欲望要成為意識可以理解的欲望，必須顯現欲求物或對象。例如性慾，得把性慾的對象顯現出來，例如說他腦袋中有誰，這樣意識才會知道。意識一定要靠形象才會知道有欲望存在，這個對象藉由欲望如何在欲求物上作功而顯現出來，就像我們家皮皮，一定要等牠對某一個人做出不雅的動作，我們才知道牠的欲望，可是牠到現在還是處男（笑）。

這運動在內在平面中進行，是內在的運動，也稱為「內運」。內運的速度可以被意識感受到，譬如說意識會把緩慢理解為憂傷或鬱結，把加速理解為爽或慾，把減速理解為痛，把急速理解為驚慌，我們意識會把速度翻譯成我們瞭解的東西。

意識與細分子運動

余老師：請大家看講義最後一段。

為何意識對細分子的運動無法直接明白，卻又彷若有所覺？意識需要形象、形式來捕捉（因為是仰賴鏡像細胞），但是細分子運動是非—形象的，這往往只能成為意識可理解之前驅，其性質無法以意識的格序來界定（內運的不確定性），故意識面對不確定的流動，會出現無法捕捉卻有所覺的情況。西田哲學把這區塊稱為直覺。直覺不給理由，可是往往是對的。我們經常犯的錯誤是：把意識與無意識的次序弄顛倒，用意識去以為無意識而企圖以意識帶領無意識。例如，當身體的細分子失調而無法入睡，我們用數羊企圖哄身體入睡，這是意識的徒勞。

意識需要形象來捕捉，因為它仰賴著鏡像神經元。鏡像神經元位於大腦的前額葉，這些神經元對我們很重要。最開始的時候，只發現它與我們模仿別人有關，後來發現「模仿別人」只是其中一個小小功能而已，人類整體的系統都與鏡像神經有關，像自我系統，因為鏡像神經元結構了你的自我。我們的人際關係、倫理關係也是靠這個鏡像神經元結構出來的，否則根本不會有倫理的秩序。

學生：安眠藥是不是也是（以意識去控制無意識）？

余老師：不是，安眠藥直接進入身體的細分子中作用。所有的藥物都在細分子的層面中發生作用，所以它常造成沒辦法挽救的損壞，因為藥物一旦進去就沒有人可以調節它，就看你的天生造化了，看你原本的體質來決定你會怎麼樣。

現在醫生開始勸病人不要有「藥到病除」的概念，「藥到病除」是不成立的，而是：藥到，然後你的內在細分子去因應和調整。這種情況下，你用藥得適量，如果藥量過多，你的身體就失去控制了。再好的藥都一樣，過多你的身體就會失去控制。有些愚蠢的人說：「吃這個很好。」他就拼命吃，這就失去控制了。例如維他命B，吃適當的維他命B，很棒，但是一過量就慘了，以前我們以為身體會自動排出過量的維他命B，可是現在我們發現維他命B有毒，它會造成肝臟的毒性增加，所以那根本不是排不排出來的問題。

身體有時候需要一些「微毒」，但只是需要一些微毒，而不是一大堆毒。藥物太多就是一大堆毒，譬如有些人吃保健食品每天要吃一碗公，因為他覺得這個也好，那個也好，結果造成他失去控制。這是沒有辦法彌補的損害，因為藥物有時候會毒毒相剋！

修行療癒：以阿姜查《靜止的流水》為例

接下來我們要談修行療癒的問題。我為什麼挑阿姜查的作品來講？因為南傳佛教修行人講的東西都從他們的經驗出發，他們不跟你談書論道，他講的事情都是修行真實遇到的情況。這個在中國很少出現，中國人論說不是講理論，要不然就是閒談。以前很多人介紹我看大師全集，我帶著仰慕之心去看，結果看得很失望。有部分不閒談的，卻又抽象得一塌糊塗。所以我們來看實際經驗的資料。請大家看引文的第一段。

我並不是沒有聽到從村落傳來的歌聲，可是，我能夠使我不去聽。心專於一境時，當我將它轉向聲音，我聽得到；當我沒轉向聲音時，便安靜無聲。我可以看到我的心和它的對象是分開的，就如同這裡的這個缽和水壺一樣，心和聲音完全沒有牽連。

「我的心」跟「心的對象」是分開的，這是佛教很關鍵的一個概念。為什麼這個概念很重要？因為我們知道：對象是我們意識所作的對象化概念，心就是我的意識。我的意識捏造一個對象，可是我的心不是對象。所以我可以把我的心跟對象分開來，也就是說，我的心可以變成自由的狀態，它可以旁觀，也可以參與。心可以自由流動，可以離開它的對象，也可以跟對象緊緊結合在一起。修行強調這是可以分開的，我可以自由離去，自由離開對象。

我看到是什麼將主題和對象牽繫在一起的，而一旦牽連破滅時，真實的平靜便會顯露了。當我躺下來時，當我的頭碰到枕頭時，心中產生一種向內的回轉，我不知道它在哪裡轉，它往內在轉，就好像一道被打開的電流，而我的身體便很大聲地爆開來了。那個覺知細微至極，通過那一點，心便進入更深一層，裡面什麼也沒有，空無一物，沒有什麼進去，也沒有任何東西可以到達。

這個很容易理解，我的心跟物體牽連在一起時，我必須跟著它走，可是我要的平靜只有在牽連破裂時才會顯露出來。我們重念一次其中幾句：

當我躺下來時，當我的頭碰到枕頭時，心中產生一種向內的回轉，我不知道它在哪裡轉，它往內在轉，就好像一道被打開的電流，而我的身體便很大聲地爆開來了。

注意到，這個成立只有一個現象，唯有在內轉進細分子的狀態，身體才會爆開。如果不是在細分子的狀態，不可能有這個現象，也不可能有一道被打開的電流。

那個覺知細微至極，通過那一點，心便進入更深一層，裡面什麼也沒有，空無一物；沒有什麼進去，也沒有任何東西可以到達。

覺醒在裡面停留了一會兒，稍後才出來。不是我使它出來的，我只是個旁觀者，一個覺知的人。當我從這種狀態裡出來時，我回復到我平常的心理狀態，然後問題便生起了：「那是什麼？」答案說：「這些都只是如此，不需去懷疑它們。」只說了這些，我的心便能接受了。

停了一會兒之後，心再次往內轉。我沒去轉它，是它自己轉的。當它進到裡面時，就如以往般地達到其限度。這第二次，我的身體破碎成細片，然後心更進一層進去——寧靜、毫不可及。

當它進入時，任它一直停留，它出來，我又回復平常。在這段時間裡，心自己在行動，我並沒有用任何特殊的方法讓它來去，而只是覺知和觀照。

我並沒有懷疑，只是持續坐禪和思惟（觀）。第三次心進去時，整個世界分裂開來——土地、小草、樹木、山岳、人類，都只是空的，什麼也沒剩。當心進到裡面時，隨它停留，任它所能地一直停留，然後退出來，回復到原狀。我不知道它是如何停留的，這類的事是很難看到和談論的。沒有任何東西可以比擬。當我從這種經驗出來時，整個世界都改變了，所有的知識和領悟都轉變了。

大家看阿姜查的資料，這個修行過程幾乎跟超越經驗論所講的東西一模一樣！阿姜查有沒有讀過超越經驗論？沒有。他根本不知道這些東西，可是他的經驗卻告訴他有這個東西。而且希望你注意到：他進入細分子時提到「爆炸」兩個字，這意思就是說：你眼前的世界必須爆炸，一定要碎開來，才可能有細分子。你可以感覺到他變得很細微，他的打坐細微到這個程度，而這個程度過去都被叫做「入定」。

如果你沒有超越經驗論的基礎，你會看得莫名其妙。但如果你有超越經驗論的基礎，你會覺得這一段是精華，你會知道原來修行的過程是這樣子！所以修行的奧祕就這樣被解開來，他每一句話都是真實的，我不知道他怎麼做，我不知道他怎麼進去，我都不知道。

上週上課提過「什麼叫做宗教療癒？」宗教療癒就是一個「解域」的過程，也就是讓克分子轉變為細分子的作為。阿姜查的經驗讓我們透過實證看到真實發生的修行現象。

學生：好像只能說這裡面有轉化，可是卻沒有辦法說用什麼方法可以讓它發生？

余老師：方法是意識層的東西，只要方法一出來，無意識就逃得遠遠的。所以對於「覺照」不該說：「我就是旁觀！」你知道光是「旁觀」這個字有多難?!所有的現象學就是一件事：旁觀。旁觀然後把你旁觀的東西寫下來，這就是現象學。

無人稱主體

如果從這觀點來看，我們可以處理「掉舉」9的問題嗎？「掉舉」的意思是旁觀者懶惰，或者打瞌睡，沒在看。你越想處理「掉舉」，越是治絲益棼。這就像麥芽糖，你用手去抓它只會越抓越黏手。怎麼辦呢？你已經學了超越經驗論，你怎麼用超越經驗論來從事你的修行？這不是自我諮商，修行一定要在內運的狀態。自我諮商是透過自我的反思去反省，引導自己去做判斷，但內運過程就沒有這個東西。

什麼情況叫做「修行」？無人稱主體是修行很重要的一個主體狀態。它含有深邃的奧祕，「觀」只是其中一個狀態。嚴格來講，「觀」並不在細分子裡頭，它在克分子的邊緣。像剛剛阿姜查的例子，他後來其實不再「觀」了，他躺下時突然啪啪地就「進去」了，這就是他的修行。這個情況下他很清楚，沒有驚慌，他只是一直看，然後看他自己出來，出來之後又恢復平常世界的心。他進去之後的狀態就是無人稱主體。

良寬和尚與孩子一起玩，近晚孩子要回家了。夕陽西下，良寬和尚站在荒野中一個人望著夕陽，這個身影彷彿便是永恆，這是良寬和尚的修行狀態。這個跟阿姜查那個突然進去的狀態很類似，都是無人稱主體。

進入無人稱主體的路徑

學生：我們怎麼找到路徑進入「無人稱主體」的狀態？

余老師：隨便！真的是隨便。宮本武藏10的無人稱主體也是這樣，拿起劍他眼睛便對著劍尖，一下子他就進去那個狀態。進去後，外面世界怎麼樣他都不管了。甚至有沒有劍存在也都不重要了，那個就是宮本武藏的無人稱主體。

而王貞治11自傳中描述其做「金雞獨立」的打擊時，他說：「當我準備打擊的時候，我不懂得什麼叫做『球』，什麼叫做『動』，我只懂得在七噚底下的心。」「噚」是日本丈量水深的單位，水深七噚底下的心，你知道那是什麼心嗎？那是一個非常平靜，沒有世界的心。你問：「他不看球，怎麼知道如何打球？」在七噚底下的心，因為它的粒子很細，能清楚意識到球與球棒。如果粒子很粗，你便會慌亂，只要差零點幾秒，球可能就擦身而過。所以那個粒子必須十分細微，必須把你的精密度提高到連零點幾秒都是很大的單位時，便能結結實實地打到那顆球。王貞治的無人稱主體就在那個瞬間，把球用無人稱主體打出去。

你們不要以為，他們能抵達那個打坐的境界或打出全壘打，都是運氣或心血來潮。不是！很多狀態都是他們知道但是講不出來的東西。透過王貞治的自述才讓我明白：很多東西不是你用訓練、用腦袋去想，或用理論來設計便可以抵達，不可能！它必須結結實實地進入某種狀態。這個狀態怎麼來的？不知道。但是它在某一個瞬間會跑出來。我想那些乒乓球選手也有過這種經驗，因為速度太快了，感覺不是自己在打球，不知道是誰在打球！這是因為速度太快，根本不可能仔細看球，想好對策再打回去，它就是一團東西在那邊很快速地反應。在那個時候如果你有一絲分心，你的球就打不好。但這不是說要刻意地專注，因為專注是一種對治，就像告訴自己「我要專心」，但其實不可能。那它怎麼來的？可能類似你在那邊，不管是眼前或某一個狀態的發生，讓你突然整個人敏銳起來，彷彿一隻八爪章魚，那就是無人稱主體的狀態，但意識無法知道這是怎麼抵達的。

射箭也是一樣，選手射了之後想「只有十分」，那就完了，就是不能分心啦！這就是「定力」的問題，大家都知道定力，但很少有人把定力講得清楚。在我看來「定力」是落入無人稱主體的狀態，而且它會流動。常運動的人一定有感覺「Today is not my day」的經驗，因為他們感覺有個東西在流動，如果發現這個流動很順，那就是「my day」。不管打籃球也好，騎自行車、游泳也好，像游泳游到感覺突然什麼聲音都沒有了，非常寧靜，很多電影會這樣表現，那是對的。進入無人稱主體的時候，其實是沒有聲音的。

修行的平台

學生：如果不先做出一個決定，怎麼達到無人稱主體的狀態？像王貞治如果不打棒球，他也許可以在其他事情體驗到無人稱主體的狀態，但如果不是棒球，他就無法在棒球上體驗到。所以他是否應該先做出一個決定，如我要打棒球或我要當廚師，必須有一個決定？

余老師：那個決定其實無所謂。那基本上就是一個平台而已，在這平台中能達到王貞治境界的很少。你看台灣棒球明星有幾個像王貞治這樣？你知道全壘打王不能斤斤計較自己的支數，他如果一直計算那就完了。所以我要講的是，任何一個你可能碰到的東西都是修行的平台。修行不是進入某一個宗教才叫做修行，而是任何一個地方都可能是修行的地方，這是我真正要講的。

這個平台可能讓你在一個不經意的地方突然就碰到「無人稱主體」，但是這個無人稱主體的狀態也像阿姜查、王貞治的經驗一樣，出來一下下，然後你又恢復成普通人的樣子。所以像宮本武藏，他不進入無人稱主體的狀態的時候，他不會處理愛情，又不懂政治，常被那些幕府的人欺騙。阿姜查也一樣，他常常打坐，但他有沒有常常進入無人稱主體？沒有！真的沒有！

學生：所以在那樣一個無人稱主體的狀態，說「永不退轉」是太高估了？

余老師：對，不可能！最多就像良寬和尚那樣子，就是每個人看到他突然會感覺「怎麼這個世界突然變得如此仁慈寬大？」最多是這樣子。

學生：我想瞭解像佛陀悟道之後，他回到現實是什麼樣子？

余老師：佛陀切換的方法很簡單，他後來開始喝人家的牛奶，接受女生的供養。然後那些修行的形式主義者就竊竊私語，批評「你退轉了」。所以他要初轉法輪的時候，很多弟子不相信。修行的形式主義是假的，苦行等都是修行的形式主義。

學生：有種說法說從假的東西裡看到真的東西？

余老師：「以假修真」是有的，但這句話有語病，因為「假」沒辦法修「真」，「真」是被碰見的，不是你去修的。「假」是一個平台，即使沒有這個平台，人也可以進入這個狀態。如果不相信，你們可以去讀威廉．詹姆斯《宗教經驗之種種》，他裡面提了十幾個人的例子。

再者，我們注意到，「解疆域化」是一個很重要的現象，可是你不能用意識強解，不然就會打死結。

學生：如果擔心會打死結，那我就不要去解它？

余老師：至少這是正確的第一步！你要區分兩件事情，一件是人間的事情，人間的事情會不會自解？不知道，但有時候它會自解，時間會讓它自解。但是「內運平面」大概是越想去解它，越會打死結。包括「魔障」、「著魔」等，這些都是死結。

身體感的諮商

學生：心理治療也是死結嗎？

余老師：心理諮商絕對是死結！我常常勸諮商者不要從個案的語言去跟他談，而要從身體去感覺對方的身體，用身體感來讓運動進行。但是這樣做就會遇到假的諮商倫理法則：「不要去碰你的個案！」那是錯的，那是假的諮商。它以為自己的方法是對的，不斷進入讓自己溺陷、纏繞的洞裡頭去，而且越纏越深。就好像為了研究倫理發明IRB[12]，纏到後來很可笑，那個就是作繭自纏。你們看《心理師法》，會不會越修改越纏自己？到後來每個心理師都被纏足加閹割了，再後來眼睛就瞎掉了，到最後什麼都沒有就剩下兩個嘴巴，越講越荒唐。

有一次A跟我分享一個諮商經驗：有個學生要去參加朗誦比賽，朗誦比賽有朗誦的規則，譬如說要注意語調的抑揚頓挫等，這個學生為了處理這個抑揚頓挫整個身體就很不舒服。在朗讀比賽的前幾天，學生終於受不了而去作諮商。這個學生如果碰到沒有身體感的諮商師，諮商師就會告訴她：「不要緊張啦！放鬆——」A分享她如何在諮商室中看到這個朗誦的身體「胸部的氣用憋的」，A不跟她談，叫她手舉起來，在諮商室裡直接教她作體操，慢慢這個學生的身體就放鬆下來了，這就是直接進到身體中工作。

我們的意識沒有辦法直接改變我們身體的狀態，以上面這個例子，雖然我們可以告訴她「放鬆，不要追求成功……」，可是那不是問題。問題在於：你已經把你的身體跟朗誦結合在一起，你已經開始在矜持了。所以A最後跟她說：「你朗誦給我聽」，當學生又開始要矜持，A便再來一遍，一直到學生僵硬的身體開始放鬆。提醒大家，身體感很重要，要用身體感來諮商！

超越經驗論（二）

標題：繼續談超越經驗論。

王鎮華老師提到「無意識是真實的起點」，這正是超越經驗論的立足點，在德勒茲的內在平面有兩個向量，一個是垂直的，朝向身心的廣懋大地（無意識），一個是朝向階層式的結構，前者無法被意識察覺，卻帶動意識，後者則在意識的掌控之中。無意識帶動意識的方式很直接，例如，入睡的身體與無法入睡的身體，意識無法區分，直至身體突然安適，即恬然入眠。意識唯一能感覺的只是突然的安適，其餘則一無所知。用王老師的話，無意識就是「天心」，最接近天心的是夜夢。

無意識作為主體並非無主體，而是無人稱主體。無人稱主體並非渾然一體，而是有其異點，它的質地全然是特異的情感，它的徵候是流淚、嗚咽與狂喜。它的異點就是法則，但這法則只對它唯一。

例如：惻隱心是無人稱，在它出現之時，個人性暫時泯滅，不自主地給予，不計利害得失，純粹內在性的感性洶湧而出，這時，「有十非有」傾巢而出，流溢的源頭既非知識亦非判斷，這種善不是根據意識可理解的善，而是從不可知之處（純粹內在）流出。

微觀：無意識是細分子的，它與意識的克分子是相剋的。克分子用理解意義來處理，細分子則以運動來進行。例如，慾望是在細分子的運動，欲起即是啟動，但要成為意識可理解的，它必須把欲求物或對象顯現，以及慾望如何在欲求物做工顯示出來，意識才能瞭解。但這運動是在內在平面進行，簡稱內運。內運的速度可以被意識感受為緩慢（憂傷、鬱結）、加速（爽、性慾）、減速（割裂的痛）、急速（驚慌、嚎啕）等不同速度。

但是為何意識對細分子的運動無法直接明白，卻又彷若有所覺？意識需要形象、形式來捕捉（因為是仰賴鏡像細胞），但是細分子運動是非—形象的，這往往只能成為意識可理解之前驅，其性質無法以意識的格序來界定（內運的不確定性），故意識面對不確定的流動，會出現無法捕捉卻有所覺的情況。西田哲學把這區塊稱為直覺。直覺不給理由，可是往往是對的。我們經常犯的錯誤是：把意識與無意識的次序弄顛倒，用意識去以為無意識而企圖以意識帶領無意識。例如，當身體的細分子失調而無法入睡，我們用數羊企圖哄身體入睡，這是意識的徒勞。

註釋

1 王鎮華老師：原為中原大學副教授，一九九〇年辭去教職，自辦德簡書院，以傳統書塾授課方式，教授中國古代經典、討論生命與人性。此處引用其「無意識是真實的起點」觀點，出處不詳，但可能是王鎮華老師受邀至慈濟大學演講時所提及之想法。

2 請參照第六講課堂講義。

3 「胃慒慒」（台語），指胃氣不順，消化不良而覺得刺割、嘔酸的感覺。

4 「心慒慒」（台語），指心煩意亂，心中或胸口氣悶不順像針刺般難受。

5 中世紀伊斯蘭醫生伊本．西那（Ibn Sīnā）認為人類具有七種心理官能，包含最接近感官的官能到最接近神性理智的官能。

6 久松真一（1889－1980），日本京都學派學者。京都學派環繞著「絕對無」之觀念而展開其哲學，以禪與佛教為精神內涵並嘗試融會德國哲學為主的西方哲學，進行東亞哲學的當代詮釋與跨文化溝通。參見：賴賢宗（2004），〈佛教詮釋學的建構與反思：京都學派哲學與海德格爾的交涉〉，收入：洪漢鼎編，《中國詮釋學》第二輯，濟南：山東人民出版社。

7 田立克（Paul Johannes Tillich, 1886－1965），美國基督教神學家、哲學家。

8 請參見：吳汝均（2012），《絕對無詮釋學：京都學派的批判性研究》，台北：台灣學生書局。

9 掉舉：《成唯識論》云：「云何掉舉？令心於境，不寂靜為性，能障行捨，奢摩他（止）為業」。掉舉指心浮躁的狀態，亦即坐立不安的現象。掉舉有三：（一）身掉舉——亂動；（二）口掉舉——亂言；（三）意掉舉——亂思。此能障礙所修的禪定，因為禪定要心寂靜才行，如果一味的掉舉、輕躁，心就散亂，不得入定。

10 宮本武藏（1584－1645），日本江戶時代初期的著名劍術家、兵法家、藝術家，為創立二天一流劍道的始祖。

11　王貞治（1940－），日本著名的職業棒球選手，以「稻草人式打擊法」（又稱金雞獨立式打擊法）聞名，球員生涯一共打出八百六十八支全壘打。

12　IRB（Institutional Review Boards），對自然或人文社會科學研究進行倫理審查的委員會。

于是，在他內心便產生了很大的辛酸，因為他一輩子都要去配合人家，然而在此刻，他才發現他是所有燈光的凝聚點，他在表演結束後當場哭了。這就是他整個狀況在經過了翻轉之後，所流露出來的無限感。

療癒：成為「我的不是」

過去人們一直把療癒當作是一種目的論，要獲得某種確定的價值或結果，這其實是不對的。事實上，療癒是作為一種存有模態的改變及生成。所謂模態的生成，一定是要「有來有去」，怎麼來及怎麼去。所以它並不是一種目的論式的定義。也就是說，它必須讓整個過程像活的動物或植物一樣，從種子被生出來，然後接受滋養而成長，以至於後來的開花結果。所以，療癒作為一個存有模式的生成，他是朝向「我的不是」的方向，也就是朝向一種「no longer」、「not the same」的狀態。

我們知道，「朝向『我的不是』的方向」這句話其實是非常豐富的。因為「我」本來就是一種習性，他甚至是「以在世間生存為目的」的一種存在模式。可是，他本身卻沒有辦法去處理我們在人格上所碰觸到的各種可能的傷痛、重病、尤其是死亡的這些問題。所以，當我在講這個東西的時候，我當然要提到像虛雲和尚、弘一法師、小德蘭、阿姜查、密勒日巴尊者等這些人，因為我們發現，當他們在面對死亡時，是在一種喜樂的存有狀態中。也就是說，他們從來沒有把他們的苦難與死亡當作是悲劇。惡疾並不是他們悲慘的來源，他們的孤老也不見得是來自於自己。但這並不是一種結果，而是因為他們的存在狀態所帶來的情況。

我們也談過，若要達到像他們的這種存在狀態，就是「身」跟「心」要能脫勾。而「身心脫勾」要做到並不難，最簡單的方法就是「觀照」。譬如說，當你感覺到身體有哪個部位在癢或疼痛時，你就去觀照它。而且，要以旁觀的方式靜靜地觀看它，你就會發現它本身跟你的「身」可以是分離的。

而療癒的這種存有狀態，是不同主體各自發展自己的「異點」，以此做為他們內心的菩提。那是完全沒有辦法仿效的。他們的「當下」是一個不可思議的世界。也就是說，他們能奇妙地把他們的「當下」變成一個不可思議的狀態。其實，每一個人多多少少都能體會到「當下」的狀態，譬如說，在某種情況下，那個「當下」會非常的豐富，而在某些情況下，那個「當下」是非常的無聊或空虛。而這個部分所導致的結果卻是非常厲害的。那麼，其關鍵點在哪裡呢？其實就是我們在上次所提到的「時間岔路」[1]。

「時間岔路」就是：在每一個「當下」中，都會面臨兩種狀況，一個是「往外」的，一個是「往內」的。當他們（指獲得療癒者）在這個岔路上時，他們常常是選擇了「往內」的狀況。一旦「往內」，他們就必須在他們的內在發生一些作為。而我們一般的人，通常在「時間岔路」的當下會選擇「往外」的方式，那時間就會很快地過去了，而那「當下」就變得空虛、軟趴趴而不結實。這就是他們的「當下」與我們的「當下」不一樣的原因了。

一般人錯認為，要認識這些療癒的修行者，就要去讀他們的傳記。我跟你講，那是沒有用的。認識他們不是來自於他們本身，而是來自於我們的內在性。也就是說，你必須要有相當程度的內在經驗，你才能透過自己的內在經驗去看到他們的。大部分的傳記所講的東西都是表面的、外在的，那只是在「擬測」他們的經驗罷了。

「我的不是」的無限延伸

「我的不是」包括了很多的面向與狀況。我們對事物，本來就是從某個角度去看到它的某個面向，然後就把它抓住，這就是「意義」。可是你會發現，在「我的不是」裡頭會出現一個無限延伸的平面，而這個無限的運動，就是 Infinity。這個想法在列維納斯是非常可能的。

列維納斯為什麼會談到 Infinity 呢？他說，當人在面對他人的苦難而產生惻隱時，那種流露出來的東西是無條件地傾巢而出的，所以就叫做「無盡」（Infinity）。因此，很多人在某種情況之下，不管是說不出話來或是哭泣，這基本上都是流露出來的某種無限的情感。譬如，我昨天在電視上看到一個故事。故事中的主角在過去三十幾年來，一直是當人家的配角在表演。有一天，當他要辦自己的演唱會時，突然害怕了起來。那一天，他站在舞台上，所有的聚光燈都照向他，他突然覺得，自己好像把過去三十年來的一切都翻轉過來了。於是，在他內心便產生了很大的辛酸，因為他一輩子都要去配合人家，然而在此刻，他才發現他是所有燈光的凝聚點，他在表演結束後當場哭了。這就是他整個狀況在經過了翻轉之後，所流露出來的無限感。我想他的那個哭，是從他的生命裡，突然釋放出他從未想到過的自己，這也就是他的「我的不是」了。當下，某種無盡的東西就在那一瞬間爆發開來。這就是列維納斯所講的，當你被受苦的人所感動，或當你的惻隱爆發出來時，即使你正要吃手上僅有的一片麵包，你也會把它送給對方，並且心甘情願地當對方的奴僕。

微米意識

另一種情況就是「微米意識」的生成。什麼叫做「微米意識」呢？「微米」是一種形容詞，它原來是十的負八次方。「微米意識」基本上的意義是：意識狀態突然變得像細分子那麼的微細。當一個人的意識狀態像細分子那麼細的時候，他本身會有某些東西就不見了。那麼，怎麼會不見了呢？

我們來看松尾芭蕉[2]，他有一首俳句叫做「古池塘」。在他的這首俳句裡就只有三句話：「古池塘很舊了。青蛙跳。水聲響。」這三句話就構成了俳句。你可能會突然發現，這三句話裡的每一個東西，你都可以用一種很輕柔的方式去看見。大家可以看到，這個描述是在幾秒鐘內發生的，也很可能還不到半秒鐘，就這樣「砰」的一聲就沒有了。對不對？

一般人是不會注意到這個東西。但這對我們來講，就好像是當你在散步的時候，你聽到的是蟲鳴及青蛙的叫聲。可是，當你的意識變得很精細的時候，你就會發現，叢林已不再是叢林；你會感覺到在某個角落可能會有一隻蟋蟀；青蛙也已不再是單純的青蛙，牠可能是變成了兩隻或三隻在互相叫嚷等等。也就是說，你會開始聽出一個不同的細緻的狀態來。

又譬如，佛頂[3]問松尾芭蕉：「最近如何度日？」芭蕉回答說：「雨過青苔濕。」這對我們這種意識很粗的人來說，就會想那是什麼意思，就會用意識去捕捉那個意義。好像那就意味著某種清新的感覺，或是某種不一樣的心情狀態。而事實上，這就是俳句的詩句，它沒有別的感覺，它就只有看到「下過雨。青苔濕濕的。」然後就沒有了。你不能從這裡再去推論出任何的東西，因為你進行推論的意識是一種很粗的克分子意識[4]。

佛頂又問芭蕉：「青苔未生之時佛法如何？」芭蕉回他：「青蛙跳水聲。」青蛙跳水聲是什麼意思啊？沒有意思，青蛙跳水聲就只是「砰」的一聲而已。所以基本上，很多人後來在分析松尾芭蕉的俳句時，都用詩的方式來處理，我覺得這是完全的錯誤。

在二十幾年前，當我第一次看到俳句時，我就發現那是一種細分子的狀態。所以我寫過一篇文章，叫做「微米意識」[5]，就是專門在談俳句。直到現在，我還是沒有改變我當時的說法。我要跟大家講的就是，德勒茲所講的細分子狀態並不是不存在，德勒茲所講的細分子也並不只是理論上的東西。它其實是一個非常真實的東西。那麼，它的真實性在哪裡呢？

舉個例子來講，當我們在看那些吸毒的人時，我們會用「克分子」去看他們。我們都會覺得，你為什麼要陷溺在毒品當中不可自拔？你為什麼要被身體的快樂與愉悅感控制？然後去偷、去搶、去賣淫呢？可是，你若從「細分子」來看他們的情況時，你便可以想像到他們體內那許許多多不同濃度的神經傳導元的收納器了。由於服用了毒品，在吸毒者的血液裡頭，就有很多的毒品細分子。所以他們的血液濃度也就會變得很濃稠，而占據了神經系統的收納器。我們體內本來就有少量的鴉片成份，可是當成份濃度變得很高時，便會立即讓腦神經系統衝出快樂的感覺。如果他們之後沒有再繼續吸食的話，血液濃度便會回復到正常，神經所釋放出來的快感也就會大大減少，他們也就會因此感覺到不能滿足。而且，這個不滿足也會讓人產生很多在戒斷後的不舒服情況。

在我們的腦神經系統裡，這些神經傳導元的收納器至少有上億個以上。也就是說，在吸入毒品的過程中，你就要用上億的細分子同時來進行這個運作。當你想到這裡，會覺得很可怕！所以，你若用細分子狀態去考慮一個吸毒者的情況，你大概就笑不出來了。而且你也不用再問，為什麼他們要去偷去搶的這個問題，因為那已經不是要點了。真正的要點是，那個細分子狀態已經產生了一個無法自拔的情況。

可是，在這種情況之下，為什麼還有人能夠成功的戒毒呢？那些成功戒了毒的人，他們是忍受了那一段痛苦的過程，就是當血液中的毒品細分子濃度不高，卻還是可以活著的那種生不如死。如果你能熬過那個階段，你就可以恢復正常而不再那麼難過了。

有人在戒斷了之後又會立刻再犯，而且再犯率很高。你要知道，這種再犯的情況，不是在於他的品德，也不在於他的意志力不夠，而是在他的細分子的過程裡頭，已經潛伏了那樣一個神經的經驗。所以，當他的上億個神經傳導元的收納器，處在那種微米的意識狀態時，他其實就是在體驗著那上億的神經傳導的變化！因此，當我們在認識東西時，必須要從微粒子狀態的部分去看生成變化。

修行是進入微米意識的狀態

同樣的，當我們在談修行時，譬如說我們上次提到的兩種修行6，一個是金剛薩埵，另外一個是內觀、正念或是四念住，這兩種修行的方法，其實最根本的地方，就是你必須進入「微米意識」。

那麼，「微米意識」是怎麼被瞭解到的呢？當「微米意識」產生的時候，你會發現很多東西都會以「流動」的狀態在進行。而且，那個「流動」帶有非常深刻的真實。而那真實包括了情感性的，也包括了真正的信仰，那也就是金剛薩埵所說到的「深解信」。「深」就是深刻，「解」就是瞭解，「信」就是相信。我們知道，「信」這個東西，其實已經是到了一個最根本的狀態了。

在這裡所講的「信」，不是我們所講的那種一般克分子的相信。在現象學裡頭，你的存在狀態是踩在什麼樣的 ground（基礎地），這個 ground 就是你的 believe，也就是你的「信」。而這個「信」已經被還原到最根本，也就是不能再還原的地步了。所以當那個 ground 在某種進行的方式裡頭，當「微米意識」的狀態出現的時候，金剛薩埵便成為一個身歷其境的東西。所以，當你在修練金剛薩埵的時候，如果沒有進入「微米狀態」，你便進不了金剛薩埵。因此，你的禮敬上師已不是最重要的，最重要的是一開始就要能「深解信」，就要能進入細分子的「微米狀態」。

一旦進入了「微米狀態」的金剛薩埵，是比莊子的神遊還要深切。根據莊子所體會到的神遊狀態，那是「我用我身體的總體，投入在突然被我感覺到的東西上」。當真正進入神遊時，其實是必須要比夢還真實，比夢還在乎的。而神遊本身顯然也意味著它並不是一個意識上的作為，反而是一種無意識的作為。

我曾經搜尋過道家在這件事情上的處理方式。我查到有一本書叫做《周氏冥通記》[7]。這本書是周氏的師父為他所寫的，主要是記錄周氏的冥通事件。周氏的「冥通」是怎麼一回事呢？就是在晚上睡覺的時候，他的精神跟看不見的東西來往的過程。他把每一晚所發生的每一個冥通事件都清楚地寫出來，譬如，今天某某夫人來，夫人穿的是什麼樣的衣服，戴什麼髮飾，然後她怎麼跟我說話等等。這並不是在授法，而是在告訴他事情。當然也包括請他處理事情，譬如，有一個職位要留給他，請他快來赴任。他在談的這些東西，我們或許會覺得就像是普通的做夢，但事實上卻又不是。當初我在看這本書的時候，我的第一個疑問是：在冥界出現的人物，為什麼都是有名有姓的？為什麼他們的衣著服飾能被清楚描述出來？對這本書研究得最好的是日本人，日本有好多權威的教授在研究它。後來我發現日本的教授還滿聰明的，他們不去碰這個問題，大家就只是把它存而不論。在這當中能夠被確定的是，它絕對不是造假的，它絕對不是捏造的，它一定是在某個情況下真實發生的。

我曾經做過「乩童」的研究，乩童的現象其實是一種冥通的狀態。譬如說，神佛授法的現象。一般的民俗專家在研究「神佛授法」，是把它當作事實來說，是以一種外在的觀點，甚至還有一點通俗語言的方式來講，但這是克分子的概念。可是，當乩童在接受類似這種東西的時候，幾乎是沒有固定的形式。換言之，他們其實是有自己各自獨特的異點，來進行他們的冥通狀態。整體來講，冥通是存在的，但冥通的路徑其實是沒有辦法去說的。不過，我們卻可以從乩童的狀態裡頭，去發現那種可能性。

夢是原初的無人稱主體狀態

在我的研究裡頭，感覺最深刻的其中一個就是「夢」。也就是說，幾乎每一個乩童，他們都沒有辦法不服從他們的夢。為什麼他們對自己的夢如此深信不疑呢？後來我才在理論上解決了這個問題。夢本身就是一種原初的主體狀態。也就是說，夢不只是單純的影像，它其實是我們最古早時的主體樣態。我當初在推論這個東西的時候，是把它推到：在人的腦神經系統還沒有整合完全時，就是當他還在胚胎時期、四周都是羊水的狀態，他其實就已經在進行初期的做夢了。

你或許會說：必須要先有經驗才能做夢啊。其實不見得，夢可以是些許的聲音，譬如說，在媽媽的肚子裡不是有羊水嗎？羊水不是會流動嗎？所以偶爾就會出現咕嚕咕嚕的水聲，或者是從媽媽的胃腸及其他器官所發出的聲音等等。而這些都是很細微的聲音。除此之外，還有很多是空白的噪音。你們聽過空白的噪音嗎？那就像是當電視被轉到沒有影像的頻道時，便會出現ㄘ……的聲音，那就叫做空白的噪音。其實整個子宮的環境就是一個空白的噪音，它很好聽，不會像電視機的聲音那麼難聽。那聲音就構成了初期夢的本身，而夢本身在這種情況下就是一種主體的狀態。我為什麼說它是原初的主體狀態呢？因為那原初的主體狀態是：幾乎不張開眼睛，也不幹什麼，就只在那裡飄呀飄盪著。這種東西對某些人來講，印象會很深刻。所以當有些人在他的日常生活裡，碰到了某種類似的原初狀態時，他整個人就會進入一個不可思議的感動中。像我個人的經驗是，當我在半夜下雨時，聽到雨水拍打在香蕉葉或是屋頂上的聲音，整個人就會產生一種不可思議的神情狀態，我可以手舞足蹈地睡覺，這是我無法控制的情形。

過去美國人喜歡把這個叫做高峰經驗（peak experience）、或叫狂喜狀態（ecstasy），基本上這都是宗教性的東西。那是人在禪坐或冥想的經驗中，在某種情境下所觸動而出現的狀態。其實美國人講的 peak experience 並不能解釋什麼，那是一個很不好的形容詞。peak experience 隱藏的奧祕經驗才是它的基礎，因為那是在意識上沒有辦法解釋的。

當我們的意識過於熾熱的時候，便會把奧祕經驗排除掉。所以是你自己的意識狀態去排除你的奧祕狀態，而不是你沒有奧祕狀態。任何人都有奧祕狀態，那是一種原初的主體狀態的存有構成，它一度做為存在的狀態。只是人後來在世界的生活裡頭，在接觸到很多的現實之後，主體便長出了自我意識，而自我意識便取代了當初的主體狀態。所以，後來的主體是一種「自我意識」的主體。而在這個自我意識的主體之前，其實那個原初的東西是跟夢有關的。因此，大家或許已經可以體會到，其實我們的現實生活是在「認賊作父」。我們知道當 baby 還在子宮的狀態時，他隨時還是處在他自身的空隙狀態中，那是一個天堂。

當你的空隙狀態被自我意識所占據時，突然有一天被你發現了那個空隙，而你便從這個空隙溜了進去，於是你就在意識狀態中拉出了一條逃走線。這種空隙狀態，佛教稱之為「大自在」，而洋人喜歡說它是自由狀態。

好，現在我們要談夢的狀態，也就是一種無人稱的主體狀態。無人稱的主體一般都用「無我」來說，但用「無我」是不太恰當的。因為「無我」畢竟還是由「我」來理解事物；而無人稱的主體狀態它本身就直接地告訴你，它是一個超越性經驗。記得我們在談無人稱主體狀態時，它的脈絡是放在哪裡？它是把兩個完全矛盾的事放在一起。所以這無人稱主體在超越經驗論的脈絡底下，它還是可經驗的狀態，它的經驗狀態是在一個終極或超越的情境底下。而這超越的經驗，是一種純粹的內在性，而且在它裡面還有它的異點。因為無人稱主體有它的異點存在，所以它在生存方面不會受到法則的影響。

細分子書寫

學生：您說要以一種微米意識去瞭解吸毒者內在的真實情況，可是當我們在面對他們時，畢竟是隔了層距離而無法真正的進入，那……。

余老師：我們對他人的理解會有自己的看法，很多我們的瞭解都是來自於我們內在性的世界，而這個內在性的世界，基本上不一定是你直接碰觸到的，它其實多多少少還是有所謂的超越經驗論的概念。所謂的超越經驗就是說，我可能有某種經驗，但是這個經驗沒有被打開，我於是用了一些類似哲學上超越的語言，試圖用它來結合那個經驗。我所瞭解到的超越經驗，就是我們所說的內在的世界，而這並不是純粹來自於我們所看到的。因此我才會說，你就算去跟毒販在一起，你也沒有辦法瞭解到他們內在的實際情況。但是你可以從他們那邊慢慢地揣摩出來，譬如說你陪著他們去喝美沙冬[8]，你去看到他們在這些行為裡頭的很多蛛絲馬跡等。

若從細分子的狀態來看這些事情，你就會對這些吸毒者相當寬容。這是真正的諮商師才會做的事。如果沒有寬容，你根本就不可能在這個處境裡頭，因為人還是要活下去的。所以諮商師對於戒毒者的再犯，不會說他們是罪深惡極、要馬上把他們關起來、要馬上處罰什麼的，通常就是把他們拉回來，然後對他們說：我們再試一次看看。

學生：是否儒家所說的「有過則改」，都是出自那滿粗糙的克分子形式。

余老師：對，在我們的文化裡頭，我們所學習的沒有一樣不是粗糙的，也就是沒有所謂的「內在性文化」。你可以看到的例子很多，譬如像邱妙津的《鱷魚手記》[9]。書中的男主角就是那隻鱷魚，你會覺得很奇怪，她怎麼會創造出一隻鱷魚？其實在我看來，她一定有某種綜合的感覺，而使得某種「鱷魚的狀態」在她的生命中變成一個巨大的真實。邱妙津曾經是我的學生，當時同性戀還很禁忌，而她已經如刺蝟般，感覺世間隨時會吞噬她。其實那種感覺是很難過的。你如果從細分子狀態來看她，便可看出她就是處在如鱷魚的狀態中，她的書中才會出現鱷魚的角色。也就是說，她真正的問題就是出在「內在性」。很多人嘗試用其他各種方式去解釋她都沒有用。當時她最可能的狀態，就是如同鱷魚般的內在狀態，這對她來講如芒刺在背。你想想，如芒刺在背是有多難過啊！

學生：那鱷魚的意象，很有卡夫卡的……

余老師：喔，卡夫卡可多了，卡夫卡什麼都是，老鼠、猩猩、地鼠，還有狗。喔，他變的東西最多了。

學生：所以在卡夫卡內在最深的、那屬於他異點的主體狀態……在這世界上是沒有異質空間的？

余老師：對。卡夫卡有一個意象，他是一隻活在地下的鼴鼠。當時我在他書中讀到那隻鼴鼠時，心裡還在發笑。那隻鼴鼠挖了一個洞，然後牠在洞口做了很漂亮的裝飾，讓人家知道這就是我的洞，會想進來看看。而那鼴鼠呢，牠在洞內又做了一個相反的彎道，然後再轉出去。如果你不知道的話，你看到那彎道會以為是死路。那鼴鼠就以此感到心滿意足。可是呢，牠總是會聽到地面上有一些聲音，一緊張就停止不動，一直到那個聲音沒有了為止。卡夫卡把所有的心思都放在那個地洞底下，他能想像作為鼴鼠的全部，以及被追趕時的情況。你如果讀過他的生平，就知道他的爸爸是一個屠夫，一個男性沙文主義者。有一次卡夫卡在吃飯，他爸爸從外面回來，「砰」的一聲，他竟嚇得刀叉碗盤都掉下來。他每天都被爸爸罵「不中用」、「膽小如鼠」、「那麼秀氣，老是做那些細巧的小東西，一點也沒有爸爸的氣概」等等。而卡夫卡的寫作，是在他的異點出現時，把他推進了一個文學的空間裡。

以上所談的，宗教療癒就是靠這些。

療癒的入門

療癒入門是一種操作，第一是「止步」，第二是「迴轉」，第三是「負顯化」、第四是「差錯」、第五是「不勾連」。這些是什麼意思呢？

「止步」就是說，不做出往目標前進的動作或方向，也就是不採取任何因應的策略。你說，要這麼做容易嗎？在宗教療癒裡頭經常講的是「不動心」。「不動心」是一個廣泛的名詞，在世俗化的宗教就叫做戒律。譬如說戒色、戒貪吃、戒喜歡、戒習慣等等，那已經是個世俗化的想法了。而戒的原初狀態就是「止步」。

「止步」是一種全然的被動。譬如說泰山崩於前，我們一定會臉色發白。如果臉色不會發白，那他一定是個白癡。其實宗教在談的就是：你要有白癡的本領。這白癡的本領我們講過，它就是「神引」。「止步」涉及到最核心的部分就是「被動性」。「被動性」在世界中是最不好的，可是在宗教世界卻剛好相反。生命就是最大的「被動性」。也就是說，你怎麼樣努力都沒有辦法去改變它，譬如說「死亡」。

學生：那算是一種放棄嗎？

余老師：被動性的東西根本無所謂放棄，既無得又哪來的失呢？「放棄」是世界的習性。

第二個就是「迴轉」。「迴轉」的意思就是說，往內轉向，而不像一般的往外。「往外」是世界的常態，「往外」就是要看到願景，要採取行動。而宗教基本上是往內轉的。

第三個很重要的就是「負顯化」10。它是透過否定、是透過「不做」來顯現。最明顯的就是良寬和尚的例子：某次，一位弟子請良寬和尚去勸誡他的兒子。可是良寬到了他家，也不對他兒子說什麼，就只是跟他們在一起燒柴、唱歌、吃飯，直到快要離開了卻還什麼都不做。弟子急壞了，主動把兒子叫到師父面前，讓師父勸誡他。結果師父什麼也沒講，還流下眼淚，嚇得那孩子馬上跪了下來，就這麼悔改了。這就是一個典型的「負顯化」例子。

另外，我們在心蓮病房也看到一位李醫師的例子。李醫師是血液腫瘤科的醫師。他的病人被轉到心蓮病房，他為了不讓病人以為自己被醫師放棄，依舊願意掛著主治醫師的名義。他每天巡房時，都會和病人親切地談話。每次談話結束，他轉身出房門，走到牆後就開始哭了。因為他心裡很明白，這個病人就快死了，可是他卻不敢講。醫院的同仁都看在眼裡，覺得很感動，即使彼此默然不語，卻覺得整個世界好像都融合在一起了，這就是「負顯化」。

你以為李醫師做了什麼？其實他什麼都沒做，可是世界就是改變了。李醫師怎麼會哭呢？病人死亡的事件醫師不是看多了嗎？其實那就是我們的成見，我們是在用世界的觀點去看東西。

所以，現在大家就知道「負顯化」的厲害了。惻隱之心也被視為是「負顯化」的作為。當惻隱之心出來的時候，你原本應該是一個施予者的，卻也可以變成受苦者的俘虜，而且你還會感到很高興、心滿意足。就好比，你要無條件地給人家錢，你還唯恐對方不要拿，當對方願意拿，你就快樂得不得了。當這個「負顯化」出現的時候，會像是天崩地裂般，這是諸種心理機制中很值得注意的一種。一般的行善，比起它來簡直就差遠了。

接下來就是「差錯」。「差錯」就是，你如果刻意做善事，那大概只能達到世界裡的好，或者是世界裡的善。而療癒在本質上是沒有辦法用意識來獲得的，因為你不可能針對性地獲得療癒，反而在陰錯陽差的情況下，才會抵達療癒，這樣懂嗎？也就是說，你的意識想這樣做，可是卻跑到另外一個地方去，這就是陰錯陽差。「陽」指的就是你的意識，透過差錯才有可能入療癒之門。你刻意用意識去弄清楚什麼是對的，什麼是錯的，然後考慮朝向對的方向去做，那你就永遠沒有辦法抵達療癒之門。也只有在你沒有想到要獲得療癒，或在某種不經意的作為下，那朝向療癒之門才會打開。

譬如像「小雪」的故事。小雪是一個三十幾歲的女孩子，她的父母很早就過世了，她的姊姊就像父母般照顧她。後來小雪得了重病住到安寧病房，她的姊姊很著急，不停地哭罵，要大家一定把小雪治好。小雪對姊姊說：「你不要這樣啦！」接著自己也哭了，她姊姊就拿衛生紙替她擦眼淚。不久小雪過世了，她的姊姊很悲傷，每天渾渾噩噩過日子。一天，不知怎地，姊姊突然醒了過來。她又來到安寧病房，掏出幾張揉皺的衛生紙。她說，突然看到小雪的眼淚，讓她整個人改變了。我們也想不出來，這跟小雪到底有什麼關係？看著她手中那團皺皺的衛生紙，我們這些外人只覺得啼笑皆非。可是她的態度又是那麼地慎重，那就是她能夠產生力量的泉源。

另外一個例子，是從美國回來的一位中醫師的太太。她因為罹患癌症而躺在病床上。先生為了要救太太，整天上網搜尋最好的藥材。他每天燉藥、跟醫生討論太太的病情，努力地讓太太朝向治療的方向。一直到太太過世前，跟他講了一句：「你不要再給我藥吃了，你就靜靜坐在我的旁邊就好了。」哈，那先生以為是對的而拼命去做，結果卻是全部都錯了。

好，最後一個是「不勾連」。「不勾連」在佛教裡頭叫「不攀緣」。其實「不勾連」的意思就是「道似無情卻有情」。譬如在病房裡，在病人生病時，對病人百般呵護，一旦病人痊癒了，就不會再提起自己曾經對病人做過的事，好像沒事情發生過一樣，而且也不會去攀緣，事情過去就完了。這個就是所謂的「不勾連」。

有些志工師姊們就能做到「不攀緣」。她們也沒有刻意地培養，或要人教她，好像天生就能這樣。這樣的師姊在慈濟其實也不多，很少，所以她們有時候反而會被稱為是孤鳥。可是，這種師姊的陪伴能力都很強。她們在陪伴時從不囉唆也不多話，病人躺著的時候都不會覺得她們有什麼。可是當病人一有需要時，她們的手就伸到了，這點就真的很厲害。

宗教療癒的入門所要講的就是：你怎麼進入門道，怎麼進得了那個門檻。

療癒的存有

我們現在來看第三項：療癒的存有。「療癒的存有」的存在模式到底是什麼？我們講過，它是一種純粹的內在性。為什麼叫做純粹的內在性呢？因為它不在世界裡發生，所以它沒有世界的性質。譬如像禪坐、冥想、或者是金剛薩埵等，這些都是在進行「覺」的訓練，都是純粹內在性的東西。那它的處境呢？我們把它視為終極的處境。為什麼叫終極的處境？因為它已經到達了最根本與最底層。

它的形態是一種「裸活」的型態。「裸活」的型態，就是單單地讓活本身活下來。這就像良寬和尚喜歡講的，我的米缸只有一些米，我的爐子只有幾星柴火，就這些，這就是「裸活」。就像過去施明德講過的一句非常雄壯威武的話：「每天晚上我就把茶杯倒過來放，因為明天不知道我是否還能這樣子活著。」這樣大家聽得懂嗎？意思是說，晚上我睡著了之後可能就死掉了。

我們曾經用了兩堂課去講「裸活」這個東西，包括「裸活」現象學的還原分析[11]。「療癒的存有」狀態是「流動」的。我們不用「無常」這個字眼而用「流動」。意思就是說，我們跟孔子一樣，看著生命，「逝者如斯夫不舍晝夜」，這就是所謂的「流動」了。

療癒的關鍵

我們來看第四項：療癒的關鍵。我們已經花了很多時間在談「凝視」，怎麼從現實的實在轉換成虛擬的實在。我們也花了很多時間在談「凝視」的機制，看那潛在的心靈怎麼翻身，而變成最深刻的真實。我們也相信有很多聖徒，他們可以看到他們的主，他們跟主說話，這就是我們看到的「凝視」的發生。這也就是關鍵之處。

療癒的蔽障

最不容易的就是「蔽障」，那就是「自我的是，自我的懂」。

以上所講的這些回顧，就是這學期談的幾個關鍵的部分。然後，我們要做的工作是，重新再使力來瞭解這些東西，而這些也就是內在性哲學的超驗性理解。我說過，這些東西目前還沒有參考文獻可查，你去看什麼弘一大師傳也好，什麼星雲和尚傳也好，你大概跟不到什麼東西，你還是要用你自身內在性的理解，去默默地觀看，去體會他們的東西。

我長久浸淫在這些東西中，使得我沒有辦法很深刻地去讀宗教文本或經典。我對經典是充滿疑惑的，我認為它們是捏造的，這句話對教徒來說是大不敬。可是當我看人家引經據典，講得頭頭是道時，我很懷疑那是在自我欺騙。也就是說，精通這些經典的人，其實他們是越來越迷糊了。

課堂講義

宗教療癒暫歇語

標題：二〇一二宗教療癒總整理

一、療癒：成為我的不是……一種望斷天涯的無盡（vision），一種微米意識的生成（mode of becoming）。無人稱主體（impersonal subjectivity）。

（賞例）佛頂：「最近如何度日？」芭蕉答道：「雨過青苔濕。」佛頂又問：「青苔未生之時佛法如何？」芭蕉答道：「青蛙跳水聲。古池塘／青蛙跳入／水聲響／旅途今臥病／夢見在荒原。」

二、療癒入門：止步。迴轉。負顯化。差錯。無勾連。

三、療癒的存有：純粹內在性。終極處境。裸活。流動。

四、療癒的關鍵：凝視的發生。虛擬的實在。

五、療癒的蔽障：自我的是，我的懂。

六、實例：我們嘗試從一些修行療癒者的情形，以我們的療癒理論加以說明：

1. 虛雲和尚
2. 弘一法師
3. 盧雲
4. 小德蘭

5. 耶喜仁波切

6. 阿姜查

7. 密勒日巴尊者

◎他們面對的死亡是個喜樂，而不是悲劇。

◎惡疾不見得是悲慘的來源。

◎他們各自發展自身異點的菩提，無法仿效。

◎他們的當下是不可思議的時間。

◎認識他們來自我們內在性的蹊徑，而非對他們經驗的猜想。

註釋

1 關於「時間岔路」的講解，參見本書第二講「無人稱主體的兩種樣態」。

2 松尾芭蕉（1644－1694），日本江戶時代前期的一位俳諧師的署名。

3 佛頂禪師年長松尾芭蕉四歲，一六七四年成為日本鹿島根本寺二十一代住持。芭蕉在一六八〇年冬天移居到深川「芭蕉庵」，與佛頂和尚暫住的臨川庵只隔一條運河，兩人因此相識，芭蕉並不時前往臨川庵參禪。佛頂和尚指引芭蕉參禪，很可能深刻影響芭蕉在詩歌寫作上的風格。

4 關於德勒茲的「克分子」與「細分子」的使用，可參照《德勒茲論文學》一書之第六章〈生命、路線、景象、聲響〉，其中第269頁對於德勒茲所區分的三種路線（line）有精要的解說。參見：雷諾・博格（Ronald Bogue）（2006），《德勒茲論文學》（*Deleuze on Literature*），李育霖譯，台北：麥田。

5 參見：余德慧（2010），《觀山觀雲觀生死》，台北：張老師文化。

6 參見本書第二講「無人稱主體的兩種樣態」。

7 《周氏冥通記》為南朝梁代道士周子良與茅山諸神冥通的記錄，該書既是中國古代稀有的夢的記錄，亦是瞭解六朝時期茅山道教實態的基本資料，有很高的文獻價值。

8 美沙冬（Methadone），一九三七年由德國人發明，原來的用途是作為止痛藥嗎啡的代替品，因為兩者有一樣的功效，其高脂溶性使它可以留在人體內長達二十四小時，更能有效地減輕病人的痛楚。美沙冬現在主要用來當海洛英的代替品，用以治療有海洛英毒癮者。

9 《鱷魚手記》是台灣作家邱妙津於一九九七年出版的首部女同志長篇小說。書中以孤絕的文字，描繪女同志的身分認同、情感歸屬與自我探求，並以詼諧手法穿插了鱷魚的故事，以「鱷魚」象徵在異性戀為主流的社會中，同志必須穿著人裝、隱身生活。

10　關於「負顯化」（Negative Epiphany）概念，可參見：宋文里（1999），〈負顯化：觀看借竅儀式的一種方法〉，《台灣社會研究季刊》第三十五期，p.163-201。

11　關於「裸活」的講課，並未收錄在本書中。

附錄・轉向臨終者主體樣態——臨終啟悟的可能[1]

余德慧

如果我們只懂得作為某某人活著的生命，如果我們僅從現實去考量這個已經存在的「我」的諸種特質，那麼我們非常可能會錯失一種深刻地認識生命的機會。本文在法國哲學家德勒茲的啟發之下，試圖去揭露那真正面對死亡的主體樣態（臨終者主體樣態）可能的形貌，將之設定為人與人之間在存有層面相通、卻無稱名的生命範疇：這個範疇在陌異人之間可以相通，乃至在各異質心智之間可以流通，而無須訴諸於認知的熟識或動機性的良善。這個揭露過程，我們採用一種顛倒的知識方法（超越—經驗論），將死亡當作給定的基礎，反過來以解構的方式批判自我現實的誤識以及認知主體的宰制，指出純然的事件、原生質的不可能形式才是面對死亡（空無）的主體。然而，這只是一個暫時的結論，真正的問題則在於我們早就被認知主體所收養，轉向問題成為一種必要的弔詭：我們必須從所有的誤識與幻見之交錯間隙被死亡的悸怖照見，也就是說，幻見是我們唯一的希望，而讓幻見出錯是獲得臨終啟悟的可能契機。

前言

對於死亡，我們永遠無法經驗，所有經驗死亡者都已經沉默，而對我們這些尚未經驗者來說，死亡的一無所悉構成絕對的黑洞，活著就如同對著黑洞尚在盤旋而隨時都可能被黑洞捲入的危險時刻。死亡是充滿力量的大（寫的）他者（Other），雖然我們無法知悉任何大他者的訊息，但是我們很明白我們正在它的磁吸力的軌跡盤旋，正是這個盤旋的懸宕使我們終將面臨一種轉向，從常人的世界轉向面對死亡的主體，在這轉向的過程，我們終將獲得某種臨終的啟悟。本文的分析即在於為臨終啟悟研究的先驅工作做準備。

本文將以德勒茲自殺跳樓之前最後一部作品《純然的內在性》（*Pure Immanence*）[2]為基礎，試圖在德勒茲的超越－經驗論（transcendental empiricism）的基礎之下，將無法在經驗論下進行的超越性賦予經驗的質地，這條路數之所以可能，乃是因為我們將死亡作為給定的絕對條件之下，朝向主體的方向立論，這意味著一開始就是以「去人化」為奠基的立論，與一般透過主體的立場來論列給定性大異其趣，後者明顯地是以「人化」為立論的基礎。在超越－經驗論的引導之下，我們透過「主體如何在死亡的給定之中被構成？」的詢問，得以重新檢視我們的日常心智，探討那不肯面向死亡的認知主體，也就是說，背著死亡的認知主體否認生命的被動與受動，無論如何也要能動與主動，而這背離正好就是那認知主體的構成根源，我們進一步去發展認知主體的背對死亡的過程，揭露認知主體以自身的同質系列活動循環於己身，但是與這認知主體的系列活動平行而二律背反的另一系列「無人稱的生命」（the Impersonal Life……）也在同時被發展起來，兩者的系列完全不相交、完全的異質，只有到了臨終彌留之際，兩者才有相交的可能，但這可能如何發生，就涉及臨終啟悟的過程探討。

一、有關於不肯面對死亡的認知主體

（一）認知主體的常人性生產常數，以保持世界的恆性

海德格在《存有與時間》一書中對「常人」（Das Man）所下的定義是「在世界中沉淪（befallen）」，「沉淪」意味著「人在造就自己的個性之後，隨即以存在者（the existents，即某特定有名字的個體、某某人）自居於世界」，這是存有學含意的「沉淪」，在這含意之下，存在者與存在（existence）自身的關係變得非常的弔詭，一方面存在者進入世界並沉淪其中，而在沉淪的世界裡認為自己所看到的都是真實的（即世界所提供的即是基本現實，primary reality），所以喜歡到處看東看西（好奇）、講東講西（閒言），喜歡把生活的時間全都花費在他所認為「現實」的功能世界裡，也就是海德格所謂的「常人的真實」裡頭。如果我們進一步強化海德格對「常人」的定義，將「常人」視為「自動進行認知主體的人化，強化以主體的認識作為存在的根據」[3]；主體的認知運動（認識）就是「將事物不斷歸回到常數項」，冀望事物恒有一個「定數」，長長久久的可以望見思及，隱隱之中形成主體生產的自我命運觀。

於是在主體的認知運動之下，主體所進行的連結法則（the principle of making connection）是

以常數的認知方式來生產，成為認識世界之器，並將「述詞」轉譯為名詞（如，我認識了誰，他是那個樣子），以便產生一種想像、心態以及「物象化」的傾向，甚至會將其認知化的物象當做真理的規格來把握，若有不合乎此物象化的設想（如講話顛三倒四，心思詭譎多變、譫妄〔delirium〕等）就會被「常（數之）態」所校正。這認知活動即為人化的基本機制，其範圍極其廣泛，即使是科學精神裡的「懷疑」本身也是人化的一部分，人類透過懷疑而促使連結更具發展性。因之德勒茲指出，現代懷疑論都是對譫妄的馴服，以掃除人化的非法性為職志，所以懷疑論看似是產生新視野，但實則進行掃除譫妄的運動。然而後結構主義者如傅柯、德勒茲、克莉絲蒂娃所指出，譫妄其實應屬生命混沌的母體空間，臨終主體的樣態正是朝向此母體出發，若然，這條路數就值得我們進一步探討。

先從這條路數比較早的源頭——尼采來談，他說世間一切事物都是斷裂的，人若能在這些碎片中形構出一些概念，那是因為使用了「價值」來進行組構[4]，所以到來頭「價值」就是一種組構器、一套平準儀，人化正是以「價值」的一切重估作為知識的來源。德勒茲沿此思路反思[5]，將「價值」視為多樣、多元空間、異質的複合體，不似現代的系統觀念化，將價值均質統一起來，使之獲得概念核心，例如，「朋友」的價值被現代均質化，朋友的中心是「友善」，不會欺騙我們。但依德勒茲的多元多樣結構來說，朋友既是競爭者又是覬覦者，也是情敵，就因為他是你的朋友，他才懂得如何覬覦你，若是陌生人，反而不知道你的斤兩，而無法站到你的對立面。所以德勒茲主張價值不能是把事物轉變成同質、有系統，而是活生生在世界上活出的狀態，任何價值的概念有不同的遭遇就有了不一樣的界定。

懷疑論首先為知識設定了實證信仰的基本假設，然後以此來消滅諸種非法的信仰（不合乎實證的信仰），最後將此消滅非法信仰的運動擴及自我、世界與神等諸領域，例如醫院用現代知識消滅病人的異質性，所以醫院就成了一種消滅非法信仰的機構，在此生命就被人化所「領養」了，成為人化的螟蛉子。

然而真實的生命依舊逍遙在「域外」（the Outside），意思是，生命是認知主體所「不知道」的、無法捕捉的、無法料想的，生命總是在主體認知的視域之外；隨著人類文化的發展，生命被許多人化的不同認知領域所領養，亦即生命被轉化為認知主體的可視範圍裡。傅柯曾說「我在說話、我在說謊」，話一被人以語言說出，話語的意義還在之際，主體已經溜走，話語卻已被領養，亦即說話生命已經消渺，卻無人理會，人們所記住的唯有話語，以為生命即是話語，所以語言讓生命（A Life…）摹本化（mimeticized），被語言平面所覆蓋，同樣的，自我、世界與神都被收納入各種合法的信仰視域之內，這就發生在知識的生產運動源頭，而且「人化」也不曾停留，它會進行第二、第三、第四……多次折疊的虛構，像是岩石的多層次一般，在不同岩石層裡，有些接近岩漿，有些硬化，有些被風化，生命在不同的層面被摹本化、虛構化，所謂「生命的知識」並非只是一次的虛構，而是無數次的堆疊。

虛構出現以後，內在性不再是純然的內在性，而是我們比較熟悉的「內在特徵」——例如某某人的特質、內涵、個性等，這樣的內在性已經是建構之後的內在性，也只有這樣知識運動的知性在外部立法，想像與熱情才開始扮演所謂內在性的角色。在此之前，生命還是域外，內在性還是屬於域外的內在，那是無法想像、「碰上了才知道」的油然而生，無須特設想像與熱情作為「第二次的內在性」，例如，我們起初並不知我們的脆弱，只是碰到了悲慘的事情，惻隱脆弱之情不自主地油然而生，這是一種突然瞬間的情動[6]，是一種令聞者發抖、令聽者轟然的撞上，這原初的惻隱經驗無法被建構複製，也不是在某種條件的設想之下成立的。對德勒茲來說，無法被建構的內在才是「純然的內在性」，而像宗教的功德善行是有預先的設想而依教義奉行的行善，已經有了某種構念來呈現行為的意義；內在性經此虛構之後就被個體性（individuality）所圈圍，此時的內在性已經是屬於自我的內在性（有人心地柔軟，有人心腸硬等等），熱情與想像已經被「人化」了，而德勒茲引用休謨的經驗主義指出，真正的「熱情」並不似智能的「連結原則」，反而直接承接自譫妄或幻想的母體空間，而這種主體可觸的感官是一種流質的無器官的身體，會流動的情動，不再是器官的特化組織反應；內在性流動接近無器官的身體，沒有特化的組織功能，只是身體的碎片或結締組織，是全身性的通電感覺[7]。

（二）進一步檢視認知主體的做連法則（principle of making connection）

就柏格森的「時間倒錐形圖」的論點來談[8]，每一個（時間）當下（S切點）都會沿著虛構線建立虛構，任何一個當下的現實性都必須要由虛構呈現在記憶與未來的投向，因此，當在生命現實的虛構時刻，「人化」已經沿著虛構線發展，每一層面的現實都變成可微分的切面、可微分的記憶[9]。此處的虛構不一定是某某人的虛構，而是「人化」對「無人稱生命」（impersonal life）的虛構。然而，無人稱生命從未被真正人化，它擁有它自身的獨異性（singularity），整個生命的流動都是在虛構線的域外，在所有生命點上，都有可能是「當下」的切點，所有的生活都從虛構面溢出，朝向世界去建構，但生命則兀自前流。虛構會生產人間事件（Y軸的發展），純然內在則只是一個聚集領域（S切點）。

虛構的本質就是透過常數法則建立「相續連結線」，此即為柏格森所稱的「綿延」，成為認知主體合乎目的之張論，例如「永久」、「永續經營」、「亙古」等等；在朝外的運動中，首要的條件就是建立「常數」，亦即建立「經常性」，不管X軸的時間流如何變動，Y軸的常數都不變動或緩變，以不變應萬變，以認知主體來應對變數（y＝f（x）＝x＋n）——如果「我」建立了一個常數，「我」就能設想恆定。但這恆定只是認知主體本身的常數，不是宇宙恆定。如果自我所造是常項，無論是二次項、三次項，看起來都能有規律可循，只是更加複雜（雙曲線、拋物線等）。每一個瞬間都從常數建立起，每次都回到常數，就會佔領生命時間，然後遂行全面性的佔領，使「現在」、「剛剛的過去」與「將來的未來」之間是綿綿密密無甚差別，不斷地在之間穿梭返回。

做連（making connection）產生 principle of association，存在者的建構值都圍繞在某一個區域，認知主體由此設計出自我，處置機器的內在邏輯（sense of logic）都落點在常數的附近，就像是idea、理想、目標不斷地跟隨著常數，這使得生命在被認知之間被誘發出最終的目的論，生命中高度強迫性地欲建立常項（數），使得在所有流動的生命，所有的瞬間、當下全部都集中在某一個區域相去不遠的範圍裡（領域化）；到此為止，主體才顯露出「人性」的結構——雖是虛構但卻真實。存在者透過常數產生人性的真實，但生命卻依舊在「域外」，亦即生命不再被認識，人所認識的是他的人性所創的常數項；前者顛沛流離（uncanny, not-at-homeness），後者安居樂業（canny, being-at-homeness）。

如果認知主體被連結法則支配，心智就可以用擴衍的外插法拓展視野、越過給定與已知，但是熱情可以限制其擴衍的範圍，會讓心智流連在某一種喜好上，不會無限擴充，使心智透過聚斂的運動而獲得「偏性」或「局部性」（partiality），也就是個體性裡的「興趣領域」，它的方向與知識生產剛好相反，總是首先由世界出發（例如，愛媽媽勝於爸爸），有了既存的世界，慢慢造成偏性的大集合體（像是某種偏性養出的女子有些變成嬌滴滴，有些變成粗線條的女強人），遍及自我（即「個性」），然後才及於知識。熱情的另一始料不及的效應在於其「局部主義」，類似狹義的民族主義激情（吾土吾民，我們台灣人、我們原住民……）做為界圍——非我族類，其心必殊，使得人的同情變得有限（別人家的小孩死不完），人們走不出自己的圈子，與「同體大悲」絕緣。

沿著人化與虛構物相編織的活動，人間的「事界」（事情的領域）是對生命第二次的虛構，例如每日新聞即是第二次虛構，其核心機制為「物象化」：「物象化是指一定的關係（即在一定歷史中存在的具體事件）轉化為對我們而言某種特定的為我性（for-my-own-ness）物象」[10]，變成我能理解，我要用這種方式來理解，成為「為我性」，我懂的物象化。物象化是所有人類的命運，並非你物象，我不物象。例如卡通的動物擬人化，這是讓「物在」（及手性）轉變為「用在」（上手性），而在這轉變之時，「去連結」成了動詞狀態，也成了被物象掩蓋的狀態，我們雖然看不見「動詞」，其實這已經進入內在性，只是在無意中進行連結（例如，看到好學生就喜歡，看到壞學生就排斥）。人們從「用在」出發進行物象化的「做連」，使得「去連結」成為看不見的基礎底部（名詞取代動詞，使動詞沉隱），而使物象及其功能浮出檯面，成為認識的對象，使得人們將「去連結」的關係視為「物」及其功能，而形成對關係的錯認；就是這一錯認，使得文化被轉換為「實體」，而出現「實體主義」。所謂「事」指的就是「存在自身在物象化之後所現身的時空的事情」，本來應屬第二性的，現在卻在錯認之下，取代了關係做連的初始性，名詞變成動詞，我們學到的都是名詞，所以對生成的認識變得如此困難。

我們應當注意「實體主義」的作用：當物象取代了關係成為可見者，於是實體主義即不斷自我生產（autopoesis）、自我感動，在錯認的知識之下進行生產，因而獲得自我的內在性，人們習慣在這錯認的基礎底下，描繪物象的內在特徵，彷彿文化、心理、精神或神是（錯認）某種實體，有真有假、有虛有實、有內在特徵、特色與作用，然而這些內在特徵都是第二次虛構派生的，也因為如此，人成為某人，成為「被拘束的存在者」，人群成為「被拘束的存在者協作關係」的義務生產者（我們是客家人，我們是志工），完全淹沒於「用在」之中。

如果只是認知主體的自我主義（egotism），我們還可以使用契約來約束個體與社會的關係，我們依舊有機會發展公正無偏的司法、道德與培育政治情操，但是地方的局部主義卻可能以某種偏態的獨斷。在這裡，休謨的轉折在於：至此地步，我們不再是涉及人性與其幻想母體（delirium）的關係，而是人性與它的虛構物之間的關係。人性與他的母體之間，還保持人跟宇宙的原初狀態，就像是靈恩狀態，但是人與虛構物，就像是教會跟經文，以虛構物討伐原初，這就是人性跟虛構物的關係；若是人與母體關係，應該是諾斯替的層面，關連到我們都是宇宙原靈，跟母娘、太上產生聯繫，這是人性與宇宙之間的作連，生產神祕經驗的密契主義；但是隨後心智就開始引經據典地掰，神話於焉附身，例如人們設想三太子就像《封神榜》的紅孩兒，濟公就像《濟公傳》地大口喝酒大塊吃肉，反而淘空神祕經驗的內涵。人在事物裡頭的考量，已經從與母體的關係轉換到與物的關係（如「打電玩」、「吃喝玩樂」、作詩等），問題不在於人到底要做什麼才算真實，而是人與虛構物進行堆疊運動之中的自我不斷地在流連。

於是虛構建構領悟。本來悟性本身是隱藏的默會，如果硬是行使語言，悟性就為虛構所替代。基本上第一次虛構之時，人還無法主動，依舊在一個空無邊緣的拯救狀態所產生的反動力（受動），這是原初的虛構，有一種開天闢地的感覺，就像《山海經》的第一句話「天地混沌，宇宙有如雞子兒」，像是倉頡造字，要衝破心智的混沌；還是在第二次虛構之後才發生主動，但是主動、被動的區別其實並非核心之所在，真正的問題自我提供秩序的緊密，擔心自我破碎之後，不是破壞虛構而進入生命之流，反而是感受生命的亂流，使人進入譫妄母體狀態，甚至會不想活，從主體的立場來說，這似乎無關乎超越的神聖境界，或是天人合一的安穩狀態。

「面對死亡」是實體主義意義下的危機，對實體主義來說，「世界不過是個函數式，功能式的相互關連的感性要素複合體」，這樣的世界觀正是我們得以把握的世界認知，也是實體主義的起身炮，當實體主義談文化與自我的關係，文化成為自我的函數式，而「自我的同一性」被視為主體性，但是對非實體論者（如「關係本體論」）來說，自我只是「他我反身關係所規定的連結網絡」[11]，而不是獨立的實體，是「能知與被知的中介態」，而非客觀地存在著實體。即使我們承認有實體的基本元素，也無法擺脫物象化的誤認，把基本元素的組合過程無視為「關係」，但是虛構本身卻必須是關係網絡的做連，自我必須是主體間際（inter-subjectivity）交互參引之間的停歇點，文化必須是各種異質之間交相牽引（對峙、勾連、附會、重疊等）的森羅萬象。

至此，生命遂被多重的虛構面所掩飾著，所有的可見都成了完美的系統平面，所謂「觸目皆是」，然而「事物本身並不真在，這些事物有其形而無其實，一切都在其自身的表象之後退隱，因此從來不與自身一致，這就是世界上最具體的幻覺」[12]，而真正的事物（The Thing，顛峰慾物the sublime thing）卻被鎮鎖在真實界（the Real）裡，自我不僅從「不知有內」而創建了自我的內在性，同時也開始有了自我的外部性：虛擬的多我（virtually multiple selves），MUD[13]（多個角色的互換，像是電玩遊戲，爽）取代多重性格MPD[14]的強迫症（三面夏娃，自我分裂成多塊，A主體不認B主體、C主體，是深沉的分裂，相當痛苦）。

如果要跳出既定已知的框架，我當如何才能觸及那我所不知的？如果我每次見及陌生物，我勢必攀援我已知為「類似之物」而勾連之，如「某人」類似吾姊，則將「某」人之陌生處盡行消除，代之以熟知之「吾姊」，則此取代乃是以「已知」覆蓋陌生，使得對事物之瞭解依舊斂聚於我原來的視野，故此「勾連」恰與超越個體的運動相反，如此做連，只是無差異的反覆，繞圈子與領域化。於是在「關係法則」（principle of association）之外，我們面對第二次大虛構的「取代運動」（substitution），但是「取代」這個動作不曾浮上被認識的意識層面，而以自動化機制「去製造相信」（to make belief as……）去生產信仰，因而虛擬成為可意識的行動，被認知主體所掌控，因此它滋生的是自我的外部性、自我的延伸平面，不再是域外。弔詭的是，正因為這延伸平面使得「真實界」被隱藏得更深、更無法可見，這就是讓・博德里雅爾（鮑德里亞）所悲鳴的「太多的虛擬物」。

（三）認知主體的誤識

從虛構面的觀點來看，任何思考和運動都不離開常數項的建立，不可能失去常數而獲得無常。只要這個虛構運動不止，我們就永遠不可能有面對死亡的可能。面對這個本質的聚斂運動，齊克果的解法是[15]：讓自我不斷地被破壞，每個當下都不斷地被淘空，人不斷地侵蝕自己，自我變成漏洞百出，以致於想要延續而不可得，以致於死亡變成他的希望，那個期望也許是療癒的來源；齊克果認為，人真正的絕望是人的自我與他的生命之間發生了錯誤關係[16]，人沒有跟著域外的生命之流走，卻跟著虛構線走，跟虛構物建立關係，因此建立的關係是「錯誤」的，就如同一個女孩為情神傷，傷心男友背叛她，她的絕望來自於認了某男人作為存在的依據，以為那是真正關係，彷彿失去這個人，就失去了生存的一切，然而這個以為的生存依據就是錯誤關係，為此，女孩不斷地哭泣，而對齊克果來說，哭泣反而是療癒的契機；人以為穿了襪子靴子的腳才是自己的腳，卻認不出光溜溜的腳丫子是自己的腳，人真實地活在虛擬實境當中。

齊克果的解法逃脫不了德勒茲所批判的超越哲學17，德勒茲反其道而行，從死亡作為給出的條件之下，指出任何一個無人稱的狀態，到頭來都以某一組符號被記憶，例如，在嘉年華會式的狂歡之後，我們只記得、只能說出「某某日的盛會」，這裡一定要有一種規定，進一步從「無人稱」（the Impersonal）給出規定，規定給出花車、火辣的女郎、鼓樂、儀式等等，這種規定就是「認知主體化」。因為進行了認知主體化，所以要從盛會返回「無人稱」是不可能的，因為在任何返回的瞬間，卻又外向地進行認知主體化，形成「誤識」。

所有的「誤識」在認知主體化當中具有肯定、正面的條理，就像我們在討論嘉年華會時，可以談論到遊行的秩序，身體展露的秩序，嘉年華會裡頭進行的是「滋味」，但滋味對認知主體來說，真實的淫穢的上帝，是充滿了邪惡與暗爽（jouissance）的「犯禁」。

而誤識的就是所謂的「秩序」，這是認知主體化裡頭相當重要的正面肯定，其作用甚多：第一、阻斷現身的具象返回「無人稱」，使之「不見（unseen）」，斷絕與無言母體之間的關係；第二、提供煞有介質的觀看，有「墊」的介質，有條件的觀看，使「無人稱的看」失能；我們談的生命（A Life…）就是漂流的，最大的被動性，是絕對性的被動，但此絕對被動性卻被阻斷，認知主體進行「誤識」的操作使之不得見，但我們卻引以為認識的方法而視之為正當、合法、理應如此。然而，何以稱之為「誤識」？簡言之，當死亡來到，該認識立即圖窮匕見。取消直接性，用語言的講述，看似「合法的」，但卻是知識的幻見，以實為虛、以虛為實，唯有當人遭遇突然的災變，當眼下境況的連續性斷裂，令主體陷入巨大的「怎麼可能」嚎哭之時，才有可能把「誤識」取消掉，讓原初母體（urdoxa）現身，所以「誤識」本身即是「禁制」，而返回「無人稱」就成了「犯禁」，使得空無之流、不可見性只有犯禁才能再度顯露。

二、從個體化的虛構還原

（一）力的群量運動

用尼采的「力」的概念來介紹urdoxa。力的概念來自尼采的《權力意志》，他談到「非」哲學是一種哲學，但不像正面物品被擺出的那個樣子，而是在某個斜角閃光當中被發現。例如說，德希達的「延異」（differance）這個字跟difference之間，在唸法上幾乎無差別，唯有在書寫時，在紙面上時，我們才看出其間的不同，所以差異來自某個小斜角的被觀看。延異是指力所出現的綜合性的作用，只有光線、色素的交纏，但不現出某種樣貌，所以延異的「異」並不意味「不相同」，而是指稱元素、平面、力的交互作用；差異則是建立在指涉系統的符號區辨。

尼采的第一哲學指出：「無人稱」本身是力。「無人稱」的生產基本上就是力的湧現。尼采第二哲學：力不能也不會被認知主體所宰制。認知主體充其量只能在力的方向上取得一丁點符號

（箭頭方向性），獲得價值意義，但是力並非這些符號，力很快就滑脫符號所指，在不同的向量亂竄、發展。在尼采那裡，意志並非指人類的動機，而是當兩個以上的力做某種方式的相關時，所產生的交互抵消、相增、消滅等等，因之意志就是力的群量運動。

域外力量透過不可思議的方式作用於自我，稱之為「意外」，其情感是「驚心動魄」，不是柔情婉約，也非落花有意，仿若嘉年華會的在場者進入一種「魔力」環繞的狀態時，就進入了一種「無人稱」的狀態，這狀態不斷繼續流動，其作用是真實不虛的，而意義卻是空無的。如今我們處在過度的虛構與認知主體之間的層次，但也謀思貫穿到生命與主體之間的間層，於是我們必須同時穿越兩層，而不僅在單層邏輯運作。複層邏輯的基本概念在於群量，每組群量都從生命層穿越而出，以致於每組群量都攜帶著人類歷史的意義，換言之，生命的群量本身以力的意志為主軸，將力與力之間的關係構成的主權力，表現為意志（尼采稱之為「權力意志」），而在每種權力意志的箭頭所指之處，標記著符號，做為指示性的價值，但是如果人們只是注意這些符號（無論是象徵或是意義），會出現尼采所謂的「虛無主義」，因為這些符號並非與群量的強力意志相符，而是片面性的概括，當群量峰起之時，符號之間出現紊亂，人們若只是忙於將紊亂的符號統一，獲得理性的一致，這個作法僅僅是買空賣空，終究逃不過虛無主義的命運。

就像我們以為空氣中什麼都看不見，但手機一撥就通了，這就意味著，看不見的電磁波到處充滿，只有「用」介質了之後，才現出一個可見的樣貌。如何現身？尼采用「永恆回歸」來談，他說某種力總是在某種失憶狀態離開了原來的位置，跑到別的地方去，但是在某些情況下，又返回原初的狀態，轉去又返回。

「永恆回歸」不能從名相的法則來理解，而是從群量的力矩來理解，那是群量的相互作用力，讓我們得以透過力的差異來估量一種必然的結果，然而這估量不是預估而是顯現，裡頭沒有完全性，可以看出微分的痕跡，一種餘數、力矩。而認知主體是虛無主義的源頭，它的衍生物「自我」、「世界」與「神」全都進入虛無主義的生產：片面的、整體的，將永恆回歸化約為有規則可循的意義。在空無這邊，身體是一個大理性，意思是說，這是一種「聚集」的結果；但在doxa這邊，就不是一個身體理性，而是心智理性，一種區辨的成果。

群量的力如何發生？力從何來？生成又是怎麼一回事？首先在於聚集，有各種召喚是無聲的聚集（被動性），例如靖國神社、愛國同盟、黨派都意味著聚集，性本身也是個聚集，從發情的動物聚集到人類的選美、明星的制度，宗教是苦難的聚集，使苦難發聲，出現乞求以致有「神」。然而，所有的力的形式皆遭掩蓋，其中力場的被動性橫遭抹除，而代之以認知主體的意向。

例如，縈繞空間原本是最大的被動，它是對理性虛構的放棄，它弔詭地被認知主體視為夢幻——這是認知主體的魔幻作用，它使虛構成為現實，卻淘空虛構之外的實在，亦即，認知主體取消所有的被動，取消時間性的耐心，取消無限的他者，而以對象性、意向性為帷幕，所呈顯的畫面式的再現形式[18]。這是自我的魔幻，也是認知此體的宰制。

然而，認知主體並非無懈可擊，羅蘭·巴特以攝影平面為例[19]，認知主體與客體世界的勾聯（運動）形式分為兩種，一為「知面」，一為「刺點」。知面做為觀看對象，可以指出某種邏輯，可以指稱的符號系統、觀點，從而出現對此對象物的模擬情態（歡欣、溫暖、充滿鄉愁、革命情感等）。但是，刺點卻是一種「刺傷」而導致的無法觀看，對象物雖在瞬間被取消，但刺點所造成的傷口卻會不斷地強力湧出，人彷彿是永不間斷的「被」襲擊，此即為德勒茲認為影像之所以能「運動」，正是影像與「我」出現脫領域情動。這裡不再是認知主體的內在運動，而是脫出了認知主體，呈顯一個漏洞。

「刺點」說明了虛構之外的存在，即不能顯現的存在，無法構成知面的深凹處，無限的他者，刺目的點，流血的點，以及空白維度的空洞，這些都是認知主體的漏洞，而卻是力的顯露；我們必須摸黑體驗力的運動，以及群量的騷動——「錯認！一切皆為錯認！」以一切錯認為正、以一切強力的意志為虛，這正是認知主體的一切作為，然而力不是意義，而恰好是意義的相反，那是無意義形式的波瀾，最大的沉默，但充滿反覆差異，多重多樣的綿折。取消表意，取消世界的指涉，生命即是域外。

在這裡，透過一位陪病者的心情來考察「力的意志」現象：

「今天陪著你，才真正有一種家屬的感覺，不知道為什麼，你的所有昏睡和發燒和突如其來的笑，都牽動著我，那已經不是擔心和親情，應該說是一種很讓人無力承受，卻又身陷其中，是流沙吧！今天認認真真地『看』你，好想好想哭，覺得很無助，只要一隻螞蟻就可以把我扳倒的那種無助。這不就是你嗎？可是我一點都救不回你來，我確確實實地不要你生病，我確確實實地想要跟你在一起很久很久。你說我對你好，其實是我害怕你那種『不知在何方』的不舒服，我按按你的身子，我靠著你，聽你發出夢囈般的呼吸，是一種難過的幸福，原來幸福並不是單純的擁有，這種難過的幸福，充滿太多的未知感，旋轉呀旋轉，不知道會被旋到哪裡去。就像與你一同吃飯，不也是什麼也沒有的擁有嗎？一種既是家屬又不是家屬的感覺。奇怪的是，這些『沒有』卻如山巒起伏，層層疊疊，讓我不斷地湧起對你想念，你簡單的笑容。」（〈病床陪伴者留話心語〉*The vigil: A life*, p.25）

病人的昏睡與陪伴者的無助，多種名相在隱約之間重疊，卻有著無法直接抓住常數項的流沙，一種擁有的不擁有，一再地以「永恆回歸」的方式出現。所有的肯認都不是片面的，而是起伏重疊的，即是群量的結果。箇中意義無法確定，所有想抓牢的意義都是不可靠的，一旦抓到立即如流沙從指間流走。

（二）破除傳統經驗論的狹義性

意識的更大基礎是譫妄（delirium），它是意識的母體空間，意識的不可思議。我們的想像與它接壤的部分是某種幻想，富有思維的幻想，在這其中有著非法的規則、虛幻的因果鏈、融接著意外、塗以語言的描繪，例如責任來自無責任，無可言的責任如何說出責任的話語，這不是奇怪的事，而是當無可言的責任成了一種自由的必然性，責任的應答就開始聚集，一開始只是沙粒般的碎碎，零星的聚集，一堆不顯眼卻有著無法不承擔的痛點，這裡沒有因襲成習的義務，反而是那隔開我與他者的分隔本身的性質造就關係：對我與他者區分的模糊或清晰來呼應著責任的承擔，但是這不是責任的增生，而是時而清晰時而模糊的明滅閃動，因為任何增強對他者的應答承擔來自不曾負責任的疼痛，正是呼應他者的增生使得疼痛減緩而使責任的應答停頓，因之，經驗必須在邊緣旋進旋出，在形與非形之際打轉，於是我們有了「純然的事件」（pure event）。

也因為如此，使得胡賽爾的現象學失去準頭，原本他要設立嚴格的社會科學，但是他的共現論（appresentation theory）卻以認知主體從已知呈顯未知，顯示出狹義的認知之我才是他的現象學核心，所謂超驗主體並非域外的生命，而是攸關我的沉思。雖然海德格已經抵達「空無的必要」，甚至主張空無的「無所不在」，但是對空無的動力學卻無著力之處，也因此後結構主義者在尼采的《權力意志》哲學的引導之下，將不顯現的存在當作認知主體的原初母體，空無是力場，而群量的差異與運動是認知主體的動力，意義的生產者，差異反覆、反覆差異與永恆回歸為其原則，生命才至此容身域外。

生病是不是一種犯禁？我們對此還持保留的態度。基本上，如果生病還偏重在認知主體的這一邊，就或落入林耀盛（2007）提出的「割喉割不斷」現象，仍舊被認知所阻擋；但如果生病進入「刺點」這一邊，也就什麼都不用說了——人跌落無限性當中，首次見到自己的脆弱，或者在被抓傷時瞥見他者，無對偶性的責任湧現，直接策反虛無主義，使虛無主義的有限責任失去了準頭，就像本來是自由式的「力爭上游」，現在卻一反常態而為仰游，讓身體獲得最大的被動。

柏格森、黑格爾等所談的全體性是指認知自我的極致，但我們的超越—經驗方法論是採用「割喉論」，端看認知主體被割到什麼程度。

（三）純然事件的可能

生命即是「域外」。生命不是知識，所以研究生命科學不是研究生命（A Life…），而是有關生命的知識，同樣的，心理不是心理學，心理學理沒有心理經驗。生命無法預知，也無法預料，它的存在與消亡，都超過認知主體，認知主體只能以瞎掰的方式揣測生命，那是認知愛玩的遊戲。生命則涵蓋所有的意外、災難以及症狀的合成，滴水不漏地承載著，但它不能被降低到認知主體的層次之下來管轄，亦即生命必須是認知主體的「域外」（the Outside）。於是，休謨的經驗論才出現真意。休謨的經驗論是科幻的想像行動，外星人的視野，粒子化的自我，完全的外在項。

德勒茲提出「年老性」的概念，試圖說明對生命的無時間性之切換：「一種無上的自由，一種讓人得以在生死之間的某個恩賜時刻的享樂，讓機器的所有零件都能夠組合起來，貫穿所有年齡層的未來飛鏢，純粹的必然性」[20]，因此《洪瑟的一生》是夏朵布里昂的年老性，是法國近代文學的起點，在那裡「一個時間、一個機會、情狀、景物、人物、條件以及未知數」，當時……、這時……、會是……、有……、他說……、情境如此鋪陳……不知道……為何……全都貫穿起來，對著Ami [21]說，彷彿是說出一段祕密，或揭露一段隱情，或宣告一次全新的告示與決定、或在敵手之前說出他的致命傷、揭露阿奇里斯的腳跟……最精彩的是說出「未知數」。然而，這未知數的說出不是獨斷的張論，而是撒向未來的網，這網可以是眼界、視野、場景、透視鏡或放大鏡、一些折射的光線、一束反光、幾許鏽線、幾根探針或任何探知器。未知數必須是異質關係的綜合，那是一種結構鬆散如行雲般的氤氳，散佈於法庭、行政、商場、運動、休閒、澡堂、7-11，而不是被獨斷提出某種同質的範疇或主題。

從先驗到獨異：任何早已決定的範疇、詞語、內在項、同質都是先驗項，而獨異關係則與之翻盤，外在、多重、等待、撞上、怎會？、下次、也許、以及發現動機與渴望的無益。先驗就好似預先做好的模型，雖然五顏六色，材質卻是同一，目標卻是一致，如「朋友」、「情敵」、「覬覦者」都是分開的「先驗」，它們彼此互斥、相隔，但是獨異性則是混在一起，在某個時間、機會、條件……，在經驗的直覺中建立起直觀附近的地盤，在那地盤上穿梭著跨越的各種overpass，以及運動的影像、質感、意念粒子，計算的邏輯、活動的框架……。

人間事件是一種因緣際會的聚集，其中加入休謨所謂的「人性」，在這裡，「人性」指的是「對給定已知項的推斷、預想、設計並賦予定數的規則」，因此，人性給出的是連結的定則（principle of association，如通道法則、轉換法則、推論法則），因此，人類的動機、意志在這定則的規劃裡扮演重要的角色；但純然事件並不是沿著某些人性的邏輯而出現，也不是沿著某些行為的動機而產生，事件的純然性指的就是去除任何人為設計的鑿痕，而是以機緣的各種聚集草擬地呈現出一種可供分辨的停歇點（resting point），因此，純然事件的呈顯本身即為斷裂點，事件是一種突兀、斷裂以及「非」。當事件被視為「過去了」，意味著事件的非接續性，也意味著因緣際會的消散。因此，純然事件往往被視為「邊界」的組構元素，有明顯的發生與結束兩種前後差異的狀態。但人間事件則完全不具有此性質。

由於純然的事件被界定為暫時性的外邊聚集，缺乏內在邏輯的設定，而使得主體彷若被淘空，在理論上似乎不足以說明生命，但是如果我們確實將自我與生命分開，將主體的動機、欲望返歸於自我，生命依舊在「域外」，那麼純然的事件必然是屬於生命事件，而不是自我事件。因之，當自我是人生目標的虛構者，而生命則服膺於命運，那麼幻想則反而介於其中，一端接連著意外，一端接連著非法的引申、幻想的摹本、語言的勾連；而理性正是在於努力棄絕delirium所出現的否定運動，使得自我、世界與神得以出現。如此論來，生命提供的必要虛構就是「信仰」（不是狹義的宗教信仰），如實證論的中性化信仰，做耙梳的知識信仰，以及合法化的自信、世界的現實之信、信神。休謨認為，在一切做為信仰的機制裡，最接近生命的內在介質是熱情，那是人與外邊的觸點，也是偏分點，而想像就在此處誕生，成為「人性」的第一層面，也意味著「連結法則」的第一步：要或不要、想或不想、爽或不爽、欲或不欲。而想像則是它的鋪排，它給點顏色，想像就開染房。但是，這還未能做出文化結構，實踐才是文化的生成者，想像只是構成的質素之一。

實踐的第一生成即在於概念的生成。概念或陳述的生成以函數的未知項來表述，那麼不僅是函數值，而是函數本身的曲巧性質，也不僅是變異項本身是順著非常數變化，函數本身也必須是非函數，否則就只能是「人性、太過人性」了。

（四）解讀德勒茲「特異性」（singularity）的概念

到底有沒有一種生命不要由你的「個體性」而控制，也就是說，不要因為你這個人的成長過程、性格、命運觀、宿緣關係等等所影響，即便在你身上活著，但卻完完全全擺脫你的生活習慣、你的習性，你作為某某人的標誌（mark），全都被塗抹掉；其次，這是一種獨異性的存在，這不是某人的個體性或某某人的存在，而是一種相當獨異的存在自身，迥異於認知主體。

一般所瞭解「看不見的」（the invisible），以為那是與個人的後設習性、社會結構有關（如社會習性、性格或族群特性等），但是德勒茲否定這類預設，他的「看不見的」是獨異的存在，我們稱為「獨異性」（singularity）。但這種獨異也不是用慷慨、寬量、慈悲等說詞想要捕捉某種模糊的感覺，雖然語言的確可以令某個不可見的東西顯露，但這顯露只有在符號邏輯上有意義；德勒茲並不使用這種語言喚令的作法，他也不是從某人可見的生活歷史、背景或社會結構等等來顯現出所謂的獨異性，反而指出這獨異性不能夠被語言所掌控，它本身必須要具有「語言補捉不到，以致於語言要不斷追求它」，因為追不到而努力追逐，因而開啟一個無法停步的語言生產，而卻又「說不中」。

所以，有沒有一種人類心智無法追逐到的、停不下來的生產？因為語言沒有辦法抵達，就變成一個人永遠做不到又永遠要做的無限未來，這就成為獨異的經驗——喝一杯茶，看一部影片，都可能成為一種獨異性；既是獨特經驗，又無法說出，所以經驗又成為空白；但是，既空白又令語言不斷生產，德勒茲就將這個虛實相生的現象稱做「純然的內在性」（pure immanence）。

在語意學上的清晰區別：我說「是」，它就是「是」，但是有一種沒有明白的是，沒有明白的非，一種無法辨識的東西，對德勒茲來講，無法辨識的純粹內在是一種原生質，流質的狀態，somehow 可以丟給語言，使其逐漸形成語言的結構，在談純粹性時，德勒茲想指出，有一種原生質在剛要開端時，有一個「還不能看出它是什麼」的狀態，一種不可能的形式（impossible form）。

（五）為何要談「純然的內在性」？

首先，我們從柏格森主義來看德勒茲的思考。柏格森有個很基本的理論，認為「任何一個生命的當下裡頭，除了生命力，還會沿著虛構的路線去建造所有能匯集的意義與時間、空間感」，虛構線是跟著生命的存在移動，沒有虛構就沒有現實，我們會令現實有現實可言，就像讓思想可理解，是因為我們動用了一個龐大的虛構機器，把所有的生命力做一種呈現，如果沒有這部強大的虛構機器來呈現，那麼這個形式的不可能——原生質是沒有意義的。事實上，我們的活著的世界是來自認知主體的出現，而認知主體是由虛構所建造，它不但讓我們的「純然的內在性」得以實現，還透過認知主體強大虛構機器，使得人得以「去生活」（to live）的同時也「被生活」（to be lived）。

虛擬機器不是工具，而是生產機具本身，它為人們生產生活，就像我們隨口就用語言在說話，其實我們是被語言說，但我們以為我們說語言；就如同被遣到異國，我們就說異國語，我們不僅生活在異國，還被異國生活，被它說，如果我們不會講異國語，我們就會失去異國世界，對我們來講異國語不但是一種工具，是在功能性上的問題，也是活著的基本介質，但當漢語是我們的母語，它也是我們的生活，並且已經到了佔領、殖民的地步，可以完全地代替了原生質；亦即，原生質早已經被虛擬機器提取、製造、搥打成一個樣貌。透過虛構機器本身的完美性，我們才沉迷於「被生活著」，顯然這裡頭的「去生活」和「被生活」的兩個層面已經是一體了。不過，人在某種關鍵時刻可以不被生活，就像原生質一樣，而不是一定要被語言活過去，而不純粹是我們支配語言。在我們理解存在之時，這點啟悟具有核心的重要性。

當虛構性完全成為生活的形式時，A Life……就會變成一種暴力，這裡用了不定冠詞A，是因為原生質是一種不能被確定、無邊無定之河。虛構變成「生命形式」的起點，因之我們可以用兩種層面來看我們自身，一是「虛構層面」，如「我是誰」、「我的出生」、「我的認同」、「我的族群」等等，這就是用人的某種整體的形式來看自己，這絕對是在虛構的層面，這裡頭所有的邏輯都是符號邏輯，因為所有的虛構都是語言可表達的，在語言和符號界上是成立的，若這符號可以相加減，它就可以很清楚變多變少。另一層面，在「原生質」的狀態裡頭，「虛」、「盈」是相互條件，如果沒有虛，就沒有充滿的動作，若沒有盈滿，就沒有空掉的必要，雖然這還是認知主體的語言，但稍微接近原生質的領域。其實原生質是直接操作、作用，所以在 A Life……就出現了莫名多樣的延伸。

原生質的邏輯若不進行虛構，人永遠都不知道他在做什麼，德勒茲在此提出一個問題：「有沒有一個可能性，當人的整體性、虛構性粉碎以後，自我開始消融？」（宗教文化的「無我」，但這是很有問題的語言，說無，卻相當有），「無」本身就在等待著填滿（虛構），當經驗不在意義底下，就會產生強大的意義吸附能力，若一開始就充滿意義，終有一天會完全崩毀，變成空虛的語言，就像「上帝愛你」這一句話在語言上其實沒有任何的內容，相當的空虛。當一個經驗萌芽之初，處在缺乏符號的空白維度的時候，它就成為一個相當富有意義的東西，這就是為何我們要談原生質，德勒茲談原生質是一種精緻的能源庫，一個無盡的能源，它是空的、沒有意義的，卻是一個無盡的能源，然而這個能源不是一開始就從語言過來，凡是那從語言過渡出來的，就像嬰兒鸚鵡學舌般講「我愛爸爸」，但是每天講了之後就失去感覺了。

例如，有一個病人在昏迷十幾天後開口講的第一句話是：「某某病人現在怎麼了？」這是相當有力量也令人迷惑的話，因為我們不知道在她昏迷的這段時間，是這件事一直放在她心上嗎？看不出她是很客套的說這句話；對我們來說，這句話是從「不知何處」而來，因為病人自己病得很重，它本身具有相當「不可能的可能」，他人的好壞與對他人的關懷本身已經無法具有太多的社會現實（產生勾連），所以當她從沉睡中醒了，無厘頭似地冒出這句話就具有相當原始的情動成分。原生質本身就是一種亂動、還會無序地相連——既不是邏輯性的連結，也不是意志上的連結，而是已經消除掉個體的連結，以一種無法理解的方式，甚至可以說是隨機、隨意的方式make connection，或是透過能量的運動使得連結成為可能，這是「無以名之」，是暫時性的將虛構抹掉，只是尚未抵達原生質。

（六）虛構的連結與原生質的脫領域化

當我們以為人和人之間是有意的連結，其實這是在語言層面的連結，都建立在虛構的邏輯必要性之上，也變成可理解的。好意思、不好意思；我理他、我不理他……這裡頭就有了各種可能性，但是在原生質裡頭沒有這些邏輯，原生質就是亂動、脫領域化的動作；在建構的虛構裡頭則不斷地領域化，不斷地圈圍，不允許茫然地工作、生活。但在原生質是完全的脫領域化——亦即，從虛構出軌，變成我們首要關心的問題。我們習於在虛構狀態裡看清事物，但這些太清楚的可見物常會讓我們誤以為，那全部的現實即是全部的真實。

我們有沒有辦法把這層虛構破壞掉？有沒有每一種瞬間，自我會溶掉，使得人的真實會反過來，不再以虛構為真實，而是以原生質為真實。原生質本來就是真實，但它從來不現身，我們就以為它不在；現在要談的可能性：有沒有某一個裂縫，使得它能夠顯在，並且反過來替換掉虛構？

如果要阻斷上述自我意識的邏輯廣延，未知必須是「他項」、「他者」，其中最初步的脫領域是加入想像層，亦即「不可見之層次」，但是此「不可見之層次」不能只是臆想，而需是「流溢」，亦即它必須如魅影般依附在已知項，例如夏淑怡22提出的「縈繞空間」的生產即為一例。

分析「縈繞空間」的生產過程，以一個病人女兒ＶＶ的實際過程來說明。當ＶＶ陪著父親臨終過程，由於宥於宿緣的約束，ＶＶ以習慣性的方式對待父親，僅管她的內心一直渴望有個更親近的父女情，但這父女情只在心理底層汩汩地流動，表面上父女落入現實的壓力，包括VV自己的生活負擔、工作壓力、難以承受的居家照顧重擔、住院陪病的生活安排，使得VV與父親之間好似一對怨氣的父女，甚至引來志工的批評。一直到父親去世，VV首次不敢回家、不敢一個人呆在房子裡，甚至發生一些令她忐忑不安的小意外，於是某一晚她在半睡半醒之際，「聽見」父親回來，「看見」父親出現在房門口，VV如夢般地嘶喊父親，整個感情直接溢流。

我們的問題在於探問這夢般如幻似真的「縈繞空間」的知識的出身。縈繞空間的生產從夢產生反轉，使得現實與真實整個翻轉過來，比真還真。若一開始將「實」與「幻」的分別呈現，就落入了認知主體的謬誤。

但若把「縈繞空間」視為虛擬實境，將存在的形式當作一種思維的模擬，那麼就會阻塞了「做連」的進路；如果我們把焦點放在「實」與「幻」的差異，我們也將會異化了「做連」的本體性；我們需要朝向「他項」（the Other term），那是「他處」，也是人的時間脫逃到非領域的「非時間」（傅柯引用布朗肖的用語，稱之為「純粹時間」，即不破壞一切的時間流23），那裡沒有現實卻有著一切的真實，在此夢般空間顯現之前，VV的少女時代就已經開始留著這份真實：她厭惡她的家庭所處的社區，認為那是一群無賴惡狼的地方，多次社區少女遭遇強暴、被迫賣淫，以及自己兄弟的惡形惡狀、母親的棄家，都一再使她興起「只要我、爸爸、姊姊」三個人和樂在一起的「歡樂他處」。VV的離家求學，發展與自己天性不搭的外向表面，就在父親來市區住院之際，居然獨力把老家的家具、父親的大照片全部搬到百里外的市區租屋。透過這個表徵，她將真實以可見的器物鋪陳開來，她就可以安安穩穩地活在那不見的真實；而當她父親過世之後，這份真實成了不可能的夢想，這「他處」真實突然破裂而以縈繞空間的方式，溢出現實的虛構，無法被維持在屋中器物的鋪陳之中。

何以夢幻的真實在瞬間變成真實？第一、立即取消物理時間，物理時間會消逝，當物理時間存在時，時間的移動會破壞一切，但「純粹的時間」並不會破壞任何事物，卻讓我們的知覺從外在的羈絆轉向內在無名的冥視空間，虛擬影像自生而獲得自足，這時刻經常出現在病人虛弱臥床，安靜地閉眼游神；其二，因現實的強大牽引，使人進入晶體時光，往日的影像在時間晶球內交互迸射，取代了現實的實在，而使潛在與現實相互顛倒，這常出現在災難過後的現場巡禮，人事已非，如重訪奧斯威辛集中營的家屬，九二一地震後的返家。

縈繞空間並不是虛擬想像的聚集地，而是原生質的出生地。湧現是在 in between，在某個間隙，而不是在某個牽亡、思念、回憶的時間，沒有任何期待與原因，也沒有醞釀與持存。在夏淑怡的論述裡，「縈繞空間」並不是VV的想像物的聚集處，而是「出生處」，就如作者引用吉本巴娜娜的一段情景：少女御影在祖母死後，無法在屋子裡入睡，最後找到電冰箱的旁邊，聽著冰箱馬達「搭搭……」的聲音才入眠。「搭搭……」不是祖母影像，也不是祖母話語，更非有意義的記憶，而只是聲音「搭搭……」。它是「他者」，不源自於祖母生前的「熟悉項」，所以無法沿著對祖母的記憶推延而出。對VV來說，她原以為腳步聲是小偷的聲音，嚇得心頭亂綳，但聽到腳步聲在門口停下，抬頭一看，居然是父親過來，在一種無法自抑的激情下，大喊一聲「爸爸」，立即嚎啕大哭。此時深情之急切如驟雨般襲來，無暇顧及是夢是真。

我們要保持「縈繞空間」是很困難的。就如同VV事後說的：「我要趕快回到現實，吉本巴娜娜的世界雖然美好，但也不能沉溺，太頹廢了。」現實是用自我、世界與物件的規則串連起來的，在現實裡人們不斷地做連，透過因果律、結合律、酬賞律、同步律等無數的律則建立起秩序，可決定、已決定的因素占據大半的現實，偶然被推至不見之處，而流質的空間不再存在，人們需要「堅實的基礎」，可是弔詭的是，人們因而把「自我」、「世界」、「物件」視為最終的詞項，不再懷疑它們的層次，以存在者取代了存在，以代理人取代了主體，以已知代換未知，以為「真實」即是「落實」。這就是現實，它吞併他者，掃除殘餘，取消空無，以模擬物充填視野，扭曲實在。

然而取消「自我」、「世界」、「物件」為最終的詞項的現象學還原則將以朝向未知項做努力，因之，「自我」虛構機器必須譫妄與瘋狂，這是後結構主義的一步棋，自我不能是終點，它所建構的現實也不能是終點，世界不能代換主體，所有的「陳述」必須推到邊界，在邊界那裡，未決的與可決的混在一起，內外相互滾動，沒有永遠、只有瞬間，沒有雋刻只有草擬，只有潛向沒有定向，只有曲折沒有直線。在〈Pure Immanence, A Life……〉一文中，德勒茲完全否認世界是最終項，它完全不是底限。我們的生活的麻煩就在於有太多的模擬物，人被淹沒了。如果我們回到十萬年前，也許我們的生活只需要一根棍子，但現在我們需要更多，原因是我們早已經被活了，生命的延長是來自外在的撐托，仰賴著醫學或任何的理性科學。從許多病人陳述的資料或者相關研究中都可以看出，其實不管是精神分裂、生病或者是瘋狂時，壓力其實就可以變得很小，坐在精神病患旁邊，會覺得輕鬆如仙，因為人間事件全都逃走了（逃走線），都不忌（記）了，唯一沒有的就是認知主體，也多少消失了一些。

建構本身不只有正面的連結，還有更多其他不可見之處，人是由非人支持，時間是由非時間[24]兼併等等。雖然純然的內在原生質必須依靠虛構機器的現實化，但德勒茲在「純然內在性」指出，在時間的間隙之間（in between），我們依舊可以窺探內在性的潛質：潛在的真實——一種不必然的處境（如死亡、災難與喝一杯紅茶）的可虛擬建構的必要，一種必要時由困頓舉發出來的「連結揭露」：影響連結、鬆脫連結、干擾連結、排解連結、重扣連結、多重連結、交互連結、相續連結……。例如，導演安東尼奧尼對日常庸俗性寧靜的驚人開發；對日常庸俗性的自動化滑落，只要給它一些困頓失衡，就會使之變得十分敏銳，在這裡它們取消客體的獨立性，而沿著想像與難以想像的注視所產生的現實混雜著心智或想像，透過話語與視象創生的現實，以其描繪取代原本的客體，真實與想像難分難解，以致於無人稱的某種變化生成如事端地運轉，差錯時間的極微介入。

回頭看「縈繞空間」。想像溢出現實的虛構，不再沿著柏格森的虛構線成形，而是將夢幻賦予真實，這是反轉的運動，本來的由內外轉的自動化停擺，而以脫領域化的方式擺脫自我的虛構，使得生命原質現身，但是我們立即感應到生命宛如無定之河（the river of indeterminated），這與自我建構的統一化、整全化與符號邏輯化完全是兩樣。

如果我們的創傷在真實界一層，那麼因斷而流的原生質會導致不可抑止的衝動，我們於焉獲得真正的療癒處境，而如果創傷是符號的、能指的、意義的，那麼認知主體出來收拾的方式就是填補（如失落模式PTSD），也就是一般心理治療的取向。

結語：臨終啟悟的可能

至此，我們抵達臨終啟悟的門檻。我們從本文的立論開始，就發現這個問題的探討必須採取逆反人化或人性的研究策略，從死亡的無的給定反過來探討我們的活著，並且得出「不可能形式」的純然內在性作為臨終啟悟的標的。當然，純然的內在性無法有效地提供超越—經驗論的研究途徑，它只能是一種可能的望見，而這望見最後注定是一種枉然，我們還需返回認知主體的幻見系統，藉著幻見的操作來接近經驗性的臨終啟悟。

於是，我們需要一種類型的理論，一開始就以死亡作為他者的立場，將主體樣態建立於無的標誌化，也就是對於死亡作為無法見及的永遠的亡失者所做出的理論說明。這類型的理論之翹楚當以拉岡的精神分析為最，並以紀傑克的斯洛文尼亞學派對真實界的論述最富有啟發性，因此，我們透過拉岡與紀傑克，從「真理的誤識」為起點，應可將臨終啟悟視為反落實化的過程，也就是被自我誤識為「空虛化」的還原。這個還原將透過種種幻見的交錯，對錯認、誤識的歪打正著，死亡之光才得以穿透厚重的知障，穿越混濁的認知主體，給出希望的微光。

註釋

1 本文原發表於第四百六十三期《哲學與文化》，二〇一二年十二月，p.17-40。

2 Deleuze, G.(2001). *Pure Immanence: Essays on A Life*…. Translated by Anne Boyman. New York: Urzone.

3 在此，我們準備與海德格分道揚鑣，有關海德格對死亡的論述及其進展，可參閱彭富春（2000），《無之無化：論海德格爾思想道路的核心問題》，上海：三聯。

4 尼采（F.W. Nietzsche）（1995），《道德系譜學》（*On the Genealogy of Morals*），陳芳郁譯，台北：水牛，序言部分。

5 德勒茲（2001），《尼采與哲學》，周穎、劉玉宇譯，北京：社會科學文獻。Gilles Deleuze(1962/1983), *Nietzsche and Philosophy*, translated by Hugh Tomlinson. New York: Columbia University Press.

6 例如，我們在醫院碰到一對母女，被她們重重地打到——那個小女孩已經十七歲，但是看起來卻只有七歲，因為七歲得病以後就長不大；第二次被震撼到，就是聽到她們母女倆在女兒生病後被父親拋棄，房子賣掉流浪異地。

7 參見Zizek, S.(2004). *Organs without bodies: On Deleuze and consequences.* New York: Routledge.

8 參見柏格森（Henri Bergson）（2013），《物質與記憶》（*Matière et mémoire*），姚晶晶譯，安徽：安徽人民出版社；及《柏格森主義》（*Le Bergsonisme*），收於德勒茲（G. Deleuze）（2002），《康德與柏格森解讀》，張宇凌、關群德譯，北京：社會科學文獻。

9 Deleuze, G. (1968/1994). *Difference and repetition*. Translated by Paul Patton. New York: Columbia University Press. 在此，由於柏格森的錐形圖是透過經驗的差異共存，所以在可能的線索誘發之下都成為可以記憶或回憶、設想的切面，在德勒茲的語言，這就是「可微分」的意思。

10 取自廣松涉（2003），《事的世界觀的前哨》，越仲明、李斌譯，南京：南京大學出版社。

11 見《事的世界觀的前哨》，p.206。

12 引自讓・博德里雅爾（鮑德里亞，Jean Baudrillard）（2000），《完美的罪行》（*Le crime parfait*），王為民譯，北京：商務，p.7。

13 MUD（Multi-User Dungeon），指一個網路、多人參與互動、使用者可以擴張的虛擬實境。

14 MPD（Multi-Personality-Disorder），一個人的人格分成幾個彼此不識的人格狀態而被診斷為失常。

15 見齊克果（基爾克郭爾，Kierkegaard）（2004），《概念恐懼・致死的病症》（*The Sickness unto Death*），京不特譯，上海：三聯。

16 參見齊克果（基爾克郭爾，Kierkegaard）（2011），《重覆》（*Gjentagelsen*），京不特譯，北京：東方出版社。

17 參見Deleuze, G.(1990). *The logic of sense*, p.109-117. New York: Columbia University Press.

18 莫倫（Dermot Moran）（2005），《現象學導論》（*Introduction to Phenomenology*），蔡錚雲譯，台北：桂冠，p.423。

19 羅蘭・巴特（Roland Barthes）（1995），《明室・攝影札記》（*La chambre claire*），許綺玲譯，台北：台灣攝影。

20 德勒茲、瓜達里（G. Deleuze, F. Guattari）（2004），《何謂哲學？》（*Qu'est-ce que la philosophie?*），林長杰譯，台北：商務，p.1-2。

21 意為「朋友」，但是在德勒茲那裡轉語為：「內具於思想的在場、一種思想本身的可能性條件、一種現有的範疇、一個先驗的實際經驗」。前揭書，p.3。

22 夏淑怡（2004），《臨終病床陪伴者的療癒經驗探討》，慈濟大學宗教與文化研究所碩士論文。

23 傅柯（M. Foucault）（2004），《外邊思維》（*La pensée du dehors*），洪維信譯，台北：行人。

24 「非時間」，過去比現在還現在，未來比現在還澄澈。原來的符號虛構時間表都毀掉。閃現，flash，語言開始哭嚎，發現自己的無能與不中用。

延伸閱讀

輯一、現實之非

1.克爾凱郭爾（1997）：《致死的疾病》。中國工人出版社。
2.Phil Cousineau（1998）：《靈魂筆記》。台北：立緒。
3.盧雲（1999）：《亞當：神的愛子》。香港：基道。
4.威廉·詹姆斯（2001）：《宗教經驗之種種》。台北：立緒。
5.于連（2004）：《聖人無意：或哲學的他者》。北京：商務。
6.杜小真（2004）：《遠去與歸來：希臘與中國的對話》。北京：中國人民大學出版社。
7.德里達（2005）：《宗教》。香港：漢語基督教文化研究所。
8.詹姆斯·霍爾博士（2006）：《榮格解夢書：夢的理論與解析》。台北：心靈工坊。
9.余蓮（2006）：《淡之頌：論中國思想與美學》。台北：桂冠。
10.蘇偉貞（2006）：《時光隊伍：流浪者張德模》。台北：印刻。

輯二、幻化生成

1.阿姜查（1995）：《靜止的流水》。中壢：圓光出版社。

2.羅貴祥（1997）：《德勒茲》。台北：東大。
3.篠原資明（2001）：《德魯茲：遊牧民》。石家庄：河北教育出版社。
4.余德慧（2001）：《詮釋現象心理學》。台北：心靈工坊。
5.維琪．麥肯基（2001）：《雪洞》。台北：躍昇出版社。
6.余德慧（2003）：《生死學十四講》。台北：心靈工坊。
7.阿姜查（2004）：《阿姜查的禪修世界：戒》。台北：橡樹林。
8.阿姜查（2004）：《阿姜查的禪修世界：定》（第二部）。台北：橡樹林。
9.阿姜查（2004）：《阿姜查的禪修世界：慧》（第三部）。台北：橡樹林。
10.傅柯（2004）：《外邊思維》。台北：行人。
11.基爾克郭爾（2004）：《概念恐懼．致死的病症》。上海：三聯。
12.雷諾．博格（2006）：《德勒茲論文學》。台北：麥田。
13.吉兒．泰勒（2009）：《奇蹟》。台北：天下文化。
14.庫伯勒—羅斯（2009）：《天使走過人間：生與死的回憶錄》（2版）。台北：天下文化。
15.鄧美玲（2010）：《遠離悲傷》。台北：心靈工坊。
16.余德慧（2010）：《觀山觀雲觀生死》。台北：張老師文化。
17.基爾克郭爾（2011）：《重覆》。北京：東方出版社。

德勒茲著作

1. 德勒茲（2000）：《德勒茲論傅柯》。台北：麥田。
2. 德勒茲（2001）：《福柯摺子》。湖南：湖南文藝。
3. 德勒茲（2001）：《尼采與哲學》。北京：社會科學文獻。
4. 德勒茲（2002）：《康德與柏格森解讀》。北京：社會科學文獻。
5. 德勒茲（2003）：《電影Ⅰ：運動—影像》。台北：遠流。
6. 德勒茲（2003）：《電影Ⅱ：時間—影像》。台北：遠流。
7. 汪民安、陳永國編譯（2003）：《遊牧思想：吉爾．德勒茲與菲力克斯．瓜塔里讀本》。吉林：吉林人民出版社。
8. 德勒茲、瓜達里（2004）：《何謂哲學？》。台北：商務。
9. 德勒茲（2004）：《斯賓諾莎的實踐哲學》。北京：商務印書館。
10. 德勒茲（2008）：《普魯斯特與符號》。上海：上海譯文出版社。
11. 德勒茲（2009）：《法蘭西斯．培根：感官感覺的邏輯》。台北：桂冠。
12. 德勒茲（2010）：《哲學的客體：德勒茲讀本》。北京：北京大學出版社。
13. 德勒茲、加塔利（2010），《資本主義與精神分裂卷2：千高原》。上海：上海書店。
14. 德勒茲（2012）：《哲學與權力的談判》。南京：譯林。
15. 德勒茲（2012）：《批評與臨床》。南京：南京大學出版社。
16. 德勒茲（2013）：《斯賓諾莎與表現問題》。北京：商務印書館。

致謝

「要感謝的人太多了，就謝天吧！」

然而，不能只感謝天上看著我們的余德慧老師，本書的面世，背後是一群想念著余老師的學生，無所求地盡己之力要成就余老師這本書。首先，是主要謄稿者彭聲傑、謝佳玲、藍寬驊、林耕宇、釋宗演法師等同學，他們十分辛苦地將聲音轉譯為文字，成就了基礎工程，其中彭聲傑聆聽了兩個年度的錄音，為我們的成書工作給出了很好的編輯建議，後續並給予無限支持與額外協助，在此特別感謝。余春蘭在後期挺身而出，協助潤稿、改稿甚至重新謄稿的工作，以嚴謹崇敬的精神，使徒精神式地無悔付出，讓人動容。鄧湘漪在最後幫忙看稿，指出書本的問題以及編輯上的重要建議，相當有貢獻。石佳儀、劉舜傑的友情贊助，潤稿挑錯字。朱志學、陳雅玲、張淑玫提供上課講義和筆記，顏凰如和余春蘭慷慨分享經驗文本，作為余老師講課的例證。蔡怡佳老師、釋道興法師給予珍貴的意見。最後是吳明鴻與心靈工坊徐嘉俊編輯，在前面許多人的基礎上，他們作為編輯成書上為最後一道關卡把關的工匠，在極度疲倦與無限思念中，完成此書。

當然，尤其要感謝師母顧瑜君老師，慷慨地促成此書完成，在此要特別向顧老師致上誠摯的謝意與敬意。

心靈工坊 PsyGarden
Master 044

宗教療癒與生命超越經驗

Religious Healing: Virtual Realization of Life

作者—余德慧（Yee Der-Heuy）

出版者—心靈工坊文化事業股份有限公司
發行人—王浩威　總編輯—徐嘉俊
特約編輯—吳明鴻　責任編輯—徐嘉俊　內頁排版—李宜芝
通訊地址—10684台北市大安區信義路四段53巷8號2樓
郵政劃撥—19546215　戶名—心靈工坊文化事業股份有限公司
電話—02）2702-9186　傳真—02）2702-9286
Email—service@psygarden.com.tw
網址—www.psygarden.com.tw
製版・印刷—彩峰造藝印像股份有限公司
總經銷—大和書報圖書股份有限公司
電話—02）8990-2588　傳真—02）2990-1658
通訊地址—248新北市五股工業區五工五路二號
初版一刷—2014年9月　初版三刷—2023年12月
ISBN—978-986-357-012-7　定價—360元

國家圖書館出版品預行編目資料

宗教療癒與生命超越經驗／余德慧作. -- 初版. -- 臺北市：心靈工坊文化, 2014.09
面；公分

ISBN 978-986-357-012-7（平裝）

1.宗教心理　2.心理治療

210.14　103017086

心靈工坊 PsyGarden 書香家族 讀友卡

感謝您購買心靈工坊的叢書，為了加強對您的服務，請您詳填本卡，
直接投入郵筒（免貼郵票）或傳眞，我們會珍視您的意見，
並提供您最新的活動訊息，共同以書會友，追求身心靈的創意與成長。

書系編號－MA044　　書名－宗教療癒與生命超越經驗

姓名　　是否已加入書香家族？ □是 □現在加入

電話（公司）　（住家）　手機

E-mail　生日　年　月　日

地址 □□□

服務機構／就讀學校　職稱

您的性別—□1.女 □2.男 □3.其他

婚姻狀況—□1.未婚 □2.已婚 □3.離婚 □4.不婚 □5.同志 □6.喪偶 □7.分居

請問您如何得知這本書？

□1.書店 □2.報章雜誌 □3.廣播電視 □4.親友推介 □5.心靈工坊書訊
□6.廣告DM □7.心靈工坊網站 □8.其他網路媒體 □9.其他

您購買本書的方式？

□1.書店 □2.劃撥郵購 □3.團體訂購 □4.網路訂購 □5.其他

您對本書的意見？

封面設計	□ 1.須再改進	□ 2.尚可	□ 3.滿意	□ 4.非常滿意
版面編排	□ 1.須再改進	□ 2.尚可	□ 3.滿意	□ 4.非常滿意
內容	□ 1.須再改進	□ 2.尚可	□ 3.滿意	□ 4.非常滿意
文筆／翻譯	□ 1.須再改進	□ 2.尚可	□ 3.滿意	□ 4.非常滿意
價格	□ 1.須再改進	□ 2.尚可	□ 3.滿意	□ 4.非常滿意

您對我們有何建議？

□ 本人＿＿＿＿＿＿（請簽名）同意提供真實姓名/E-mail/地址/電話/年齡/等資料，以作為心靈工坊聯絡/寄貨/加入會員/行銷/會員折扣/等用途，詳細內容請參閱：http://shop.psygarden.com.tw/member_register.asp。

廣　告　回　信
台北郵局登記證
台北廣字第1143號
免　貼　郵　票

心靈工坊 PsyGarden

台北市106 信義路四段53巷8號2樓

讀者服務組　收

免　貼　郵　票

（對折線）

加入心靈工坊書香家族會員
共享知識的盛宴，成長的喜悅

請寄回這張回函卡（免貼郵票），
您就成為心靈工坊的書香家族會員，您將可以——

⊙隨時收到新書出版和活動訊息

⊙獲得各項回饋和優惠方案